广州医科大学卫生法治与政策研究中心
广州医科大学法学省级一流本科专业建设点 | 系列丛书

公共卫生法学：
原理、案例与资料

GONGGONG WEISHENG FAXUE:
YUANLI/ANLI YU ZILIAO

主　编◎徐喜荣

副主编◎李棠洁　马竞遥　陈奕豪

中国政法大学出版社

2023·北京

图书在版编目（CIP）数据

公共卫生法学：原理、案例与资料/徐喜荣主编；李棠洁，马竞遥，陈奕豪
副主编. —北京：中国政法大学出版社，2023.7
ISBN 978-7-5764-1033-4

Ⅰ.①公… Ⅱ.①徐… ②李… ③马… ④陈… Ⅲ.①卫生法－研究－中国
Ⅳ.①D922.164

中国国家版本馆 CIP 数据核字（2023）第 144474 号

出 版 者	中国政法大学出版社
地 　 址	北京市海淀区西土城路 25 号
邮寄地址	北京 100088 信箱 8034 分箱　邮编 100088
网 　 址	http://www.cuplpress.com（网络实名：中国政法大学出版社）
电 　 话	010-58908285(总编室) 58908433（编辑部）58908334(邮购部)
承 　 印	北京旺都印务有限公司
开 　 本	720mm×960mm　1/16
印 　 张	18.5
字 　 数	307 千字
版 　 次	2023 年 7 月第 1 版
印 　 次	2023 年 7 月第 1 次印刷
定 　 价	69.00 元

目 录

CONTENTS

公共卫生法概论

◆【本章知识结构图】

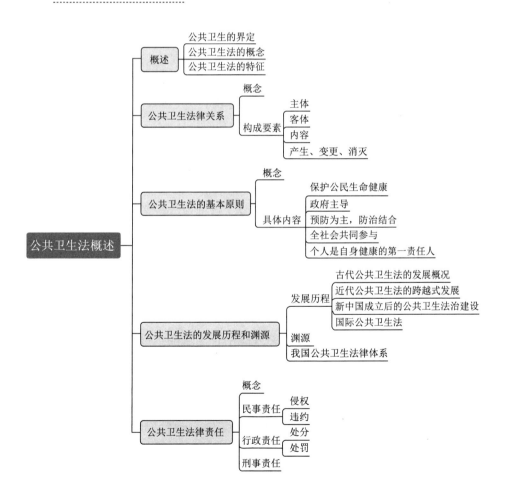

◆【引导案例】

王某与其亲属租住在北京市顺义区赵全营镇联庄村，私自开办"小饭桌"，为周边村镇的中小学生提供接送上下学及午餐、看管等经营服务。2020年12月底，顺义区多地被确定为新冠疫情（此处说明：2022年12月26日，国家卫生健康委员会发布公告将新型冠状病毒肺炎更名为新型冠状病毒感染，本书统称新冠疫情）中风险地区，当地政府按照上级要求采取疫情防控措施，要求村民非必要不前往人员聚集地区和场所，有发热症状需报告村委会。2021年1月初，"小饭桌"放假后，王某及其妻子马某先后出现发热等症状。二人未按疫情防控要求向村委会报告，自行到药店买药服用，并到私营诊所输液治疗三日。其间，王某还出入市场、饭店、药店、政务大厅等多处公共场所。同月8日上午，王某前往北京市昌平区某医院发热门诊就诊，在医护人员询问其是否到过顺义区的相关中风险地区、家中是否有其他发热人员等情况时，均未如实回答，致使医院未及时采取隔离诊疗措施。次日，王某被确诊为新冠病例。王某确诊后，昌平、顺义两区疾控中心多次对其开展流行病学调查和密切接触者排查工作，王某隐瞒家中开办"小饭桌"、此前自行就医及与他人聚集等信息。经北京市疾控中心确认，王某密切接触者共计927人，均被采取隔离措施；与王某同住的家属6人中，2人被确诊为新冠病例，4人被确诊为无症状感染者；"小饭桌"的2名学生及1名学生亲属也被确诊为新冠病例。[1]

思考：王某实施妨碍疫情防控行为应当承担何种公共卫生法律责任？

◆【基本原理】

第一节　公共卫生法概述

一、公共卫生的界定

公共卫生具有公平产品属性，其核心是公众健康，其实施状况直接关系

---

〔1〕 参见徐艳红："妨害疫情防控秩序，依法严惩！"，载《人民政协报》2022年5月10日，第12版。

到社会大众的健康水平。[1]公共卫生法的概念，与公共卫生内容的界定密切相关，公共卫生领域随着政治、经济的发展和健康理念的改变，而处在不断地变化和扩展之中。较早提出公共卫生概念的是美国耶鲁大学公共卫生学院教授温斯洛（Charles-Edward A. Winslow），其将公共卫生定义为："公共卫生是通过有组织的社区努力来预防疾病、延长寿命、促进健康和提高效益的科学和艺术。这些努力包括：改善环境卫生，控制传染病，教育人们注意个人卫生，组织医护人员提供疾病早期诊断和预防性治疗的服务，以及建立社会机制来保证每个人都达到足以维护健康的生活标准。以这样的形式来组织这些效益的目的是使每个公民都能实现其与生俱有的健康和长寿权利。"[2]温斯洛教授提出的公共卫生概念描述了公共卫生的范围、目的和工作方式，得到了广泛的认同。该定义强调公共卫生的终极目标是为了延长寿命，促进健康和工作效益，而不仅仅局限于预防疾病，并将该目标的实现视为保障与生俱来权利（人权）的方式。世界卫生组织（WHO）对公共卫生做了进一步的诠释，指出公共卫生主要是为增进人体健康，预防疾病，改善和创造合乎生理要求的生产环境、生活条件所采取的涉及预防、医疗、康复、健康的个人和社会的措施。[3]公共卫生的核心目的是最大限度地增进公众的健康。"公共卫生法治对于科学、有效防治传染疾病、保障公共卫生安全，维护公共卫生事件暴发后的社会稳定，保障公民基本权利，有着举足轻重的意义。"[4]

二、公共卫生法的概念

公共卫生法是指国家制定和认可的，调整人们在公共卫生活动中所形成的各种社会关系的法律规范的总称。新冠疫情不仅让我们认识到依法防控的重要性，更让我们意识到，一个国家建立起系统、完备的公共卫生法治体系是公共卫生治理实现现代化、科学化治理的必备要素之一。[5]"公共卫生法治为公众健康立命，面对公共卫生危机，法治虽不能直接成为对抗和消灭疾病

---

〔1〕　参见解志勇主编：《卫生法学通论》，中国政法大学出版社 2022 年版，第 246 页。

〔2〕　曾光、黄建始："公共卫生的定义和宗旨"，载《中华医学杂志》2010 年第 6 期。

〔3〕　参见乐虹、赵敏主编：《中国卫生法发展研究》，华中科技大学出版社 2020 年版，第 99 页。

〔4〕　申卫星主编：《卫生法学原论》，人民出版社 2022 年版，第 3 页。

〔5〕　参见钟南山、曾益康、陈伟伟："我国公共卫生治理现代化的法治保障"，载《法治社会》2022 年第 2 期。

的武器，但是它却通过常态化的、稳定的法律机制为公共卫生建设提供了坚强可靠的制度性保障，比单一的治疗发挥了更广泛、更深远的影响。"[1] "公共卫生法的研究内容包括：政府为确保人们享有健康生活（包括识别、预防与降低人群的健康风险）的条件应拥有哪些权力、承担哪些职责；政府为公共利益而限制个人自治、隐私、自由、所有权以及其他合法权益时，其权力应受到何种限制。公共卫生法的首要目标是：秉持社会正义价值观，追求最高水平的群体的身心健康。"[2] 公共卫生法的 "核心为规范政府保障公共健康的权力、义务及权力限制"。[3] "公共卫生法被界定为一个研究领域和实务领域，它涉及法律、政策和规制的一些方面，无论如何理解，他们或者推动了人群中、人群之间和跨人群的健康保护和促进，或者构成了相应的约束。"[4] "总之，公共卫生法是规范国家公共卫生权力行使的规制法，也是保障公众健康利益和个人自由权利的保障法，权力的行使规则和权利的保障规则构成公共卫生法理论与实践的两大主题。"[5] 换言之，公共卫生法的价值取向在于实现公众健康与个人权利之平衡。公共卫生法有狭义和广义的区分，狭义的公共卫生法是指全国人民代表大会及其常务委员会制定的公共卫生法律，而广义的公共卫生法则是指有权机关制定的各种公共卫生规范性文件的总称。本书对公共卫生法的定义采取的是广义的概念。

三、公共卫生法的特征

公共卫生法具有法律的一般特征：（1）公共卫生法是由国家制定和认可的，具有普遍约束力的法律规范。制定和认可是国家制定法律的两种主要方式，制定是指有权机关依据权限、程序制定法律的活动，认可则是国家承认某些习惯、行为准则具有约束力的活动；（2）公共卫生法是国家意志的体现，并由国家强制力保障实施。这是公共卫生法区别于一般公共卫生伦理道德规

---

〔1〕 申卫星："公共卫生法治建设：意义、价值与机制"，载《暨南学报（哲学社会科学版）》2022年第1期。

〔2〕 ［美］劳伦斯·高斯汀、林赛·威利：《公共卫生法：权力·责任·限制》，苏玉菊等译，北京大学出版社2020年版，第4页。

〔3〕 李燕、金根林：《公共健康法原论》，中国政法大学出版社2014年版，第1页。

〔4〕 ［英］约翰·科根、基思·塞雷特、A. M. 维安：《公共卫生法：伦理、治理与规制》，宋华琳等译，译林出版社2021年版，第132页。

〔5〕 李广德："我国公共卫生法治的理论坐标与制度构建"，载《中国法学》2020年第5期。

范的基础特征；（3）公共卫生法调整的是公共卫生活动所形成的法律关系，这些法律关系以增进公众的健康为主要内容。

此外，公共卫生法作为法学与公共卫生学、医学、预防医学等学科相结合的交叉学科，除了上述一般法律所具有的特征外，还有其自身的独立特征。这些特征主要有：（1）公共卫生法具有公共性。不同于临床医学，公共卫生的服务对象包括整个社会人群，目的在于维护社会群体的健康利益。因为"医学治疗与公共健康是有区别的，前者主要是治愈个体的疾病，后者服务于整体人口；医生会将稀缺资源优先用于对个体病人的治疗，而公共健康官员则会将它们优先用于整体人口的疾病预防"。[1]《基本医疗卫生与健康促进法》第15条第2款规定："基本医疗卫生服务包括基本公共卫生服务和基本医疗服务。基本公共卫生服务由国家免费提供。"可见，"公共卫生法与关注个体健康为目的的医事法不同，是以保障公众健康为出发点和归宿。"[2]具有明显的公共性。（2）公共卫生法具有明显的技术性。预防和治愈传染病是公共卫生法的重要目标，该目标的实现需要借助医疗科学技术，这些技术的发展推动了公共卫生法的完善。同时，人们在传染病的防治过程中，逐渐摸索出相应的防治方法和操作步骤，这些技术规范通过立法的形式确定下来，也就成为公共卫生法的内容；公共卫生法与医学、公共卫生学、预防医学、流行病学等自然科学，以及与心理学、伦理学、社会学、经济学、信息学等人文社会科学都有交叉，技术性特征比较明显。（3）公共卫生法亦具有一定的伦理性。政府在进行公共卫生治理的过程中，不可避免地会涉及公民的个人权利、个人隐私等领域，在采取医学隔离、治疗等措施时，需要遵循公共卫生伦理的要求。（4）公共卫生法具有综合性。公共卫生治理是一项综合性的社会工程，涉及对主体的资质要求（如对经营主体的许可），也包括对行为的规制（如疫情期间对患者采取隔离措施），需要全社会多元主体的参与，并实施综合性的社会治理方法，"公共卫生是旨在保障和促进公众健康的社会事业，它是通过国家与社会的多元共治，促进形成人人健康的环境，从而预防和控制疾病，保障公众的生命安全和身心健康。"[3]因此，公共卫生法调整的

---

〔1〕 参见史军：《权利与善：公共健康的伦理研究》，中国社会科学出版社2010年版，第46~47页。
〔2〕 王晨光："疫情防控法律体系优化的逻辑及展开"，载《中外法学》2020年第3期。
〔3〕 张守文："公共卫生治理现代化：发展法学的视角"，载《中外法学》2020年第3期。

社会关系非常广泛，具有综合性的特征。

第二节　公共卫生法律关系

一、公共卫生法律关系的概念

公共卫生法律关系，是指公共卫生法调整人们在公共卫生活动中所形成的权利和义务关系。这种法律关系与人们的健康利益相关，并为公共卫生法所确认。公共卫生法主要规制国家与各种主体在维护人群健康事务上发生的社会关系，性质为行政法。[1]卫生行政法律关系在公共卫生领域中具有普遍性，例如卫生行政部门在疫情期间对下级部门抗疫活动的指挥管理，卫生行政部门对传染病防治医疗行为的监督管理，卫生行政部门对有害人体健康因素的预防管理等。

公共卫生法律关系具有区别于一般法律关系的特点。具体来说：（1）公共卫生法律关系中的主体具有特殊性。在公共卫生管理关系中，必然存在一方为行政机关，而在公共卫生服务关系中，提供卫生服务的一方通常需要获得行政许可；（2）公共卫生法律关系的重点在于维护公民的生命健康利益，如食品安全监督管理关系、传染病防治法律关系等，均是以保障和维护公民健康权利为核心的；（3）公共卫生法律关系具有综合性的特点。由于公共卫生的实施涉及社会的方方面面，需要医防结合、多部门与社区的广泛参与，所以法律关系具有综合性。公共卫生法"实施的有效性依赖于社会各界的合作与参与"。[2]

二、公共卫生法律关系的构成要素

公共卫生法律关系的构成要素，是指每一个公共卫生法律关系所需具备的因素，这些因素包括主体、客体和内容三个方面。

（一）公共卫生法律关系的主体

公共卫生法律关系的主体，也就是公共卫生法律关系中权利的享有者和义务的承担者，是公共卫生活动的参加者。公共卫生是一项系统性的社会工

---

〔1〕　参见陈云良主编：《卫生法学》，高等教育出版社 2019 年版，第 16 页。

〔2〕　参见［美］斯科特·伯里斯、申卫星主编：《中国卫生法前沿问题研究》，北京大学出版社 2005 年版，第 7 页。

程，不仅需要依靠政府采取行动，而且需要全社会参与其中。公共卫生的主体类型包括各级政府部门、公共卫生服务机构、其他机构和组织、自然人。在公共卫生管理活动中，政府居于主导地位，履行公共卫生管理职责的政府机构主要包括国务院和地方各级人民政府、国务院下属的卫生行政部门和国家市场监督管理总局、各卫生行政部门和监督管理局下属的各级行政部门等。《基本医疗卫生与健康促进法》规定，国务院和地方各级人民政府承担领导医疗卫生与健康促进工作、加强医学基础科学研究、完善适应医疗卫生事业发展需要的医学教育体系、大力发展中医药事业、合理规划和配置医疗卫生资源等义务。国务院公共卫生行政部门则负责组织拟订国民健康政策、协调推进深化医药卫生体制改革、制定并组织落实疾病预防控制规划、组织拟订并协调落实应对人口老龄化政策措施，各级公共卫生行政部门和各级市场监督管理机构主要负责公共卫生的具体执法和监督工作。

公共卫生服务机构是指从事公共卫生服务的专业机构，具体类型有基层医疗卫生机构、医院、专业公共卫生机构。根据《基本医疗卫生与健康促进法》的规定，基层医疗卫生机构主要提供预防、保健、健康教育、疾病管理，为居民建立健康档案，常见病、多发病的诊疗以及部分疾病的康复、护理，接收医院转诊患者，向医院转诊超出自身服务能力的患者等基本医疗卫生服务。医院主要提供疾病诊治，特别是急危重症和疑难病症的诊疗，突发事件医疗处置和救援以及健康教育等医疗卫生服务，并开展医学教育、医疗卫生人员培训、医学科学研究和对基层医疗卫生机构的业务指导等工作。专业公共卫生机构主要提供传染病、慢性非传染性疾病、职业病、地方病等疾病预防控制和健康教育、妇幼保健、精神卫生、院前急救、采供血、食品安全风险监测评估、出生缺陷防治等公共卫生服务。

除了上述公共卫生服务机构以外，公共卫生的主体还包括企事业单位、社会团体和自然人。企事业单位基本上是作为行政相对人出现的，包括医疗产品和健康相关产品的生产经营单位、公共场所及企业和学校等，而社会团体则包括公共卫生科研机构和学术团体、红十字会、医药卫生领域的各种行业协会等。公共卫生科研机构和学术团体的职能主要是为完善我国公共卫生管理制度提出建议。红十字会的主要职责有开展救援和救灾的相关工作、普及公共卫生知识、协助人民政府开展与其职责相关的人道主义服务活动。医药卫生领域的各种行业协会，如医师协会、餐饮协会等则主要负责相关行业领域的管理，维护行业内从业人员的利益。另外，自然人有可能属于公共卫生服务机构内部的工作人员，或者是作为公共卫生服务的对象，而参与到公共卫生事业当中。

（二）公共卫生法律关系的客体

公共卫生法律关系的客体，是指公共卫生法律关系主体的权利义务所指向的对象。根据法律关系所涉及领域的不同，其客体可能为物、行为、智力成果、人身利益、精神利益等，公共卫生法所调整的对象涉及公民健康领域，其客体具有广泛性和多层次性。公共卫生法律关系的客体主要包括：

1. 存在于人体之外，能够为人所支配利用，具有一定交换价值和使用价值的物。公共卫生法律关系中所指向的物，主要是指进行各种公共卫生管理和服务活动所需要的生产资料和生活资料，包括食品、药品和医疗器械等。随着科技的发展，已经脱离人体的角膜、骨髓、脏器等器官也可以成为公共卫生法律关系的物。

2. 公共卫生义务人作出的能够满足权利人需求的公共卫生行为。这些行为有作为和不作为两种形式，前者如公共卫生监督行为和公共卫生服务行为，后者如医生替患者保守秘密。

3. 公共卫生主体脑力劳动所创造的智力成果，如医药知识产权。公共卫生法保护智力成果，能够促进医学技术的发展，提高人民健康水平。

4. 生命健康、隐私等人身利益。维护生命健康是公共卫生法的主要目标，人身利益属于公共卫生法的最重要和最基本的客体。

5. 精神利益等非物质利益。如医生对患者治疗需要征得其"知情同意"，这有利于维护患者的自我决定权。

（三）公共卫生法律关系的内容

公共卫生法律关系的内容，是指公共卫生法律关系的主体对客体享有的权利和承担的义务。公共卫生法的宗旨在于维护公民的生命健康，对该利益的保护构成公共卫生法律关系最核心和最基本的内容。各级政府部门、公共卫生服务机构是保护公民生命健康利益的主要义务方。例如，各级政府负有领导医疗卫生与健康促进工作的义务，医院等公共卫生服务机构承担提供医疗服务的义务。自然人在公共卫生法律关系中主要属于享有权利的一方。当然，公共卫生服务机构也享有一定的权利，如收取医疗服务费用，而自然人在公共卫生活动中，也负有配合防控措施、履行医疗服务合同约定的义务。

（四）公共卫生法律关系的产生、变更和消灭

公共卫生法律关系的产生，是指公共卫生法律关系主体之间权利义务关系的形成和确立。公共卫生法律关系的变更，是指公共卫生法律关系的主体、客体和内容发生了改变。公共卫生法律关系的消灭，是指公共卫生法律关系主体之间的权利义务关系的终止。

公共卫生法律关系的产生、变更和消灭，与公共卫生法律事实相关。这种法律事实根据是否与当事人的意志有关，可以分为事件和行为。公共卫生法律事件，是指与人的意志无关的，能够引起公共卫生法律关系产生、变更、消灭的客观事实。例如，突发重大传染病疫情的发生等。公共卫生法律行为，是指与人的意志相关，由人的行为引起的，能够导致公共卫生法律关系产生、变更和消灭的法律事实。例如，患者与医疗机构之间的公共卫生医疗服务合同，消费者向药品经营者购买药品、医疗器械等。

第三节 公共卫生法的基本原则

一、公共卫生法基本原则的概念

法律原则是法理学的重要概念，与法律规则和法律概念共同构成法律体系的要素。根据适用范围的不同，可以将法律原则分为适用于法律体系整体的原则和适用于各部门法自身的原则。前者的典型原则如法律面前人人平等、保护人权等，这是整个法律体系所共有的原则。这些原则是经过长期的理论探索和法律实践后形成的，揭示了法律体系所追求的价值目标。而后者则是在部门法的意义上使用的，贯穿于部门法的立法、执法和司法的全过程。部门法原则虽然不如法律体系整体的原则那般作用广泛，但也能够为部门法中的一般行为规范和价值判断提供指导。

法律原则体现了法的根本价值和追求目标，公共卫生法的基本原则作为联系内在体系与法律具体制度的外在体系的桥梁，体现了公共卫生法的价值理念。从这个意义上理解，公共卫生法的基本原则是指某些贯穿于整个公共卫生法律关系，集中体现公共卫生法的目的和价值，对公共卫生法律制度的制定、执行和适用具有指导作用的根本性法律准则。在这里需要注意的是，由于公共卫生法的分支较多，部分分支法律拥有自己特色的法律原则。而此

处公共卫生法的原则是指适用于整个公共卫生法律体系的原则，因而更强调其基础地位。

二、公共卫生法基本原则的具体内容[1]

（一）保护公民生命健康

生命健康是个人和社会发展的基础，实现国民健康长寿，是国家富强、民族振兴的重要标志，也是全国各族人民的共同愿望与维系国家安全的基础，既有利于个人，也有利于社会，健康权是一项关乎人类福祉的基本权利。党的二十大报告指出：人民健康是民族昌盛和国家强盛的重要标志。把保障人民健康放在优先发展的战略位置，完善人民健康促进政策。公共卫生法治领域内权利与义务之配置与平衡，最终乃是统一于"以人的生命、健康和安全为中心。"[2]中共中央和国务院印发的《"健康中国2030"规划纲要》提出以人民健康为中心，把健康融入所有政策，全方位、全周期地维护和保障人民健康，大幅提高全民健康水平。公共卫生法以促进公民生命健康作为最高价值和追求目标，在实现"健康中国"战略方面发挥着积极作用。《基本医疗卫生与健康促进法》第4条规定，国家和社会尊重、保护公民的健康权。国家实施健康中国战略，普及健康生活，优化健康服务，完善健康保障，建设健康环境，发展健康产业，提升公民全生命周期健康水平。国家建立健康教育制度，保障公民获得健康教育的权利，提高公民的健康素养，并在随后的法条中规定公民享有从国家和社会获得基本医疗卫生服务的权利，以及国家负有促进医疗卫生与健康的若干义务。《传染病防治法》第1条和《食品安全法》第1条也明文将保护公民生命健康作为最重要的追求目标。

保护公民生命健康原则要求政府卫生行政部门、医疗机构及其执业人员、社会组织和个人，必须将尊重和保护公民的生命健康作为其行动的首要准则。"生命健康权保障原则是卫生法的首要基本原则，要求卫生法对于人的生命健康权予以充分、优先的保障，该项原则集中体现了卫生法的根本目的、核心理念和价值追求。"[3]国家对公民的生命健康不仅负有不得侵害的消极义务，

---

[1] 参见王晨光："疫情防控法律体系优化的逻辑及展开"，载《中外法学》2020年第3期。

[2] 张海斌主编：《全球化时代的公共卫生法治：国别区域公共卫生法治动态》，法律出版社2022年版，第2页。

[3] 解志勇："卫生法基本原则论要"，载《比较法研究》2019年第3期。

而且还承担了促进公民生命健康的积极义务。这些积极义务包括推行和健全社会保险制度、建立医疗保障体系和传染病防治体系、积极改善环境以保障公民的健康等。任何社会组织和个人不得侵害公民的生命健康，否则应当依法承担刑事和民事责任。保护公民生命健康原则贯彻于公共卫生法的每个角落，包括医疗资源管理领域、公共卫生管理领域、医疗产品管理领域、食品药品安全管理领域等。行政机关和法院在裁断公共卫生纠纷时，也应当以保护公民的生命健康为出发点。

（二）政府主导

《基本医疗卫生与健康促进法》第6条第1款规定："各级人民政府应当把人民健康放在优先发展的战略地位，将健康理念融入各项政策，坚持预防为主，完善健康促进工作体系，组织实施健康促进的规划和行动，推进全民健身，建立健康影响评估制度，将公民主要健康指标改善情况纳入政府目标责任考核。""在现代观念里，国家政府对人民的健康负有责任。"[1]公共卫生涉及个人的生命健康安全，政府必须对涉及公共卫生的相关活动进行规范和管理，保障公众的生命健康权不受到侵犯。一般来说，出于传染病对公民身体健康的危害，政府对传染病的传播风险进行严格控制，规定了传染病的监测与报告制度、信息发布和信息举报制度等。政府通过对健康相关的产品、医疗机构执业人员的行为、环境卫生和传染病风险预防的监督管理，来实现对公民生命健康权的保障。在与健康相关的产品方面，国家对食品、药品、保健品、化妆品、医用卫生材料、生物制品等的生产和经营行为实行严格的市场准入制度或者监督制度。食品和医疗产品的安全对保障公众健康具有重大意义，在市场经济条件下，生产经营者出于营利的动机，有可能生产不合格的食品或医疗产品，因而政府必须严格监管食品或医疗产品等与健康相关产品的生产经营活动。

（三）预防为主，防治结合

《基本医疗卫生与健康促进法》第20条规定："国家建立传染病防控制度，制定传染病防治规划并组织实施，加强传染病监测预警，坚持预防为主、防治结合，联防联控、群防群控、源头防控、综合治理，阻断传播途径，保护易感人群，降低传染病的危害。任何组织和个人应当接受、配合医疗卫生

---

〔1〕 〔美〕乔治·罗森：《公共卫生史》，黄沛一译，译林出版社2021年版，第450页。

机构为预防、控制、消除传染病危害依法采取的调查、检验、采集样本、隔离治疗、医学观察等措施。"《传染病防治法》第 2 章设置了"传染病预防"，《职业病防治法》也设有专章"前期预防"和"劳动过程中的防护与管理"，这些规定均体现了预防为主，防治结合原则。我国针对公共卫生工作采取预防为主，防治结合原则，一方面是由公共卫生本身的性质决定的。在公共卫生治理中，预防与治疗是同等重要的，预防要求政府建立和改善合乎生产、生活需求的环境，这能够保障人体健康，防止传染病、职业病的流行。另一方面，预防为主是在考虑医疗资源与公共卫生治理成本的基础上采取的合理原则。我国医疗资源与发达国家相比，仍然有一些的差距，并且在地理上分布不均，如果对传染病等公共卫生问题不采取预防为主的策略，那么一旦传染病暴发，将给医疗机构及其工作人员造成过大的压力。不仅如此，采取预防为主的原则，也能够降低公共卫生的治理成本。例如与治疗传染病的费用相比，事先采取预防措施所需的费用肯定低很多。需要强调的是，重视预防原则并非轻视治疗，在公共卫生事件中，预防与治疗是相辅相成的。

（四）全社会共同参与

公共卫生的维护是一项系统性社会工程，虽然政府机关在其中占据着主导地位，但公共卫生工作不能单纯依靠政府，而是需要全社会的共同参与。社会组织和个人在公共卫生的防护工作中起着举足轻重的作用。首先，就生命健康而言，每个人都是最佳的决策者和选择者，健康中国的建设，离不开每个人对生命健康的重视。群众主动参加卫生活动，接受健康教育，并养成良好的生活作息习惯，积极进行户外运动，能够强健国民的体魄。其次，重大公共卫生事件的出现，往往需要社会组织和个人的配合，才能够解决事故危机。例如在新冠疫情中，政府征用社会组织的酒店作为隔离场所，感染者应当配合政府隔离、社会大众外出时注意戴口罩等。再次，公民可以通过参与政府涉及公共卫生的决策和行政决定，来使相关决策和决定更科学。公共卫生决策和行政决定，与公民息息相关，政府只有在吸纳公众意见、集思广益的基础上，才能够使公共卫生政策和决定更加科学、合理。最后，公民认为政府对于公共卫生问题的处理不合理的，可以提出改进建议，对政府做出的公共卫生行政行为进行监督。

（五）个人是自身健康的第一责任人

《基本医疗卫生与健康促进法》第 69 条规定："公民是自己健康的第一责

任人，树立和践行对自己健康负责的健康管理理念，主动学习健康知识，提高健康素养，加强健康管理。倡导家庭成员相互关爱，形成符合自身和家庭特点的健康生活方式。公民应当尊重他人的健康权利和利益，不得损害他人健康和社会公共利益。"习近平总书记指出："没有全民健康，就没有全面小康。"健康既是个人的财富，也是一个国家的公共资源，个人的健康水平是一个国家公共健康水平的基础，只有所有的个人都对自身的健康负责，在个人与政府、社会的紧密合作中，才能形成真正的全民健康。

第四节　公共卫生法的发展历程和渊源

一、公共卫生法的发展历程

（一）古代公共卫生法的发展概况

公共卫生法律的发展源远流长，我国早在殷商时期就有若干典籍记载了公共卫生法的相关内容。例如，《周礼》详细记载了当时的医事管理制度，《秦律》禁止杀婴堕胎等。唐、宋时期的公共卫生立法有了长足的发展，在《唐律》中不仅有许多涉及医疗事故的救济规定，而且对饮食卫生等也有一些管理规范。《唐律》中的制度在《宋刑统》中得到继承，并且，宋代还设立了管理宫廷内外的专门药政机构。元朝的《元典章》和明代的《大明会典》中，增加规定了医师管理制度。到了清代，《大清会典》中还设置了一些传染病的防治法令。

国外早在公元前 3000 年左右，就已经发布了一些公共卫生管理法律法规。例如，古埃及的法令对尸体掩埋和排水等公共卫生事项作出规定，古印度的《摩奴法典》规定了死者火葬和酗酒重罚，古巴比伦王国的《汉谟拉比法典》更是对医师管理、医疗事故和食品卫生等设置了详细的法律法规。早在古罗马时代，人类就有了值得称赞的公共卫生法治实践，[1]罗马共和国时期的《十二铜表法》和《阿基拉法》等，对医生的监督管理、食品卫生监督等方面也进行了规定。由此可见，古代公共卫生管理制度已经萌芽，内容也比较丰富。

---

〔1〕　参见徐国栋："罗马公共卫生法初探"，载《清华法学》2014 年第 1 期。

（二）近代公共卫生法的跨越式发展

工业革命使西方进入了资本主义时代，这一时期工业化的大生产以及人口往大城市的聚集，导致职业病、传染病等卫生安全隐患频发。为了应对这种情况，许多国家制定了专门的卫生管理法规。例如，英国率先在 1601 年规定了《伊丽莎白济贫法》，1848 年就制定了第一部现代意义上的公共卫生法典，这标志着公共卫生法开始迈入"法典化时代"。[1]近代的公共卫生法律实现了跨越式发展，各国普遍重视公共卫生立法，形成了体系完整、内容丰富的公共卫生治理体系。

（三）新中国成立后的公共卫生法治建设

公共卫生法治建设是中国特色社会主义法治体系构建任务的重要一环。新中国成立以来，我国的公共卫生法治建设经历了四个阶段，分别是新中国成立到 1965 年的公共卫生法治探索阶段、1966 年到 1976 年的公共卫生法治停滞阶段、1978 年到 1996 年的公共卫生法快速发展阶段以及 1997 年至今的公共卫生法治全面推进阶段。

在公共卫生法治的探索阶段，当时起临时宪法作用的《中国人民政治协商会议共同纲领》第 48 条就规定了"提倡国民体育。推广卫生医药事业，并注意保护母亲、婴儿和儿童的健康"，1954 年颁布的宪法对公共卫生也作出了规定。这一时期还颁布了若干公共卫生法规和条例，如《国境卫生检疫条例》《急性传染病管理条例》《职业病范围和职业病患者处理办法的规定》《食品卫生管理试行条例》。在我国社会主义现代化建设时期，健全社会主义民主和加强社会主义法制，是我国在这一时期的主要任务。这一时期颁布的公共卫生法律法规有《食品卫生法（试行）》《国境卫生检疫法》《传染病防治法》。相比较探索阶段，这一阶段我国将不少试行成熟的条例上升为法律。随着全面推进依法治国战略的实施，我国在第四阶段制定并颁布了大量的公共卫生法律法规，如《职业病防治法》《人口与计划生育法》，并在这一时期修订了《水污染防治法》等法律法规。

（四）国际公共卫生法

国际公共卫生法，是指国际组织制定的公共卫生方面的国际公约或者其

---

〔1〕 参见李广德："我国公共卫生法治的理论坐标与制度构建"，载《中国法学》2020 年第 5 期。

他法律文件，这些公约或者法律文件只有在各成员国批准或认可后才能对其产生约束力。国际公共卫生法制定的初衷在于促进各国在公共卫生领域的合作，共同抵御传染病等健康威胁，提高人口寿命和素质。最早的国际公共卫生法律文件，是1851年在巴黎举办的国际卫生会议上通过的《国际卫生公约》。后来，该公约通过数次修改，重新命名为《国际卫生条例（2005）》，并从最初只关注数种严重传染病，逐渐扩展到国际关注的一系列公共卫生事件，要求各国采取积极的措施应对这些事件。世界卫生组织在1948年成立以后，积极组织国与国之间关于医学和公共卫生立法的交流，隶属于组织下面的各专家委员会积极制定食品、药品的国际标准，并在各国之间推广。目前，世界卫生组织制定的文件有《药品生产质量管理规范》《放射卫生防护基本安全标准》《一九七一年精神药物公约》等。这些国际公共卫生领域的规范性文件，对各国公共卫生立法产生了示范效应。此外，还存在一些由公共卫生领域的国际性学会和非政府组织制定的文件，典型的代表如世界医学会所制定的《日内瓦宣言》、《赫尔辛基宣言》和《悉尼宣言》等文件，同样对各国公共卫生立法产生了积极影响。

二、公共卫生法的渊源

公共卫生法的渊源，又被称为公共卫生法的法源，是指公共卫生法的各种表现形式。我国公共卫生法的渊源主要包括：宪法、法律、公共卫生行政法规、公共卫生规章、司法解释、地方性公共卫生法规、公共卫生自治条例和单行条例、地方政府公共卫生规章、特别行政区有关公共卫生的法律规定、我国承认的国际公共卫生公约等。

（一）宪法

宪法是国家的根本大法，宪法是由全国人民代表大会按照法定的严格程序制定的，规定了我国最根本的政治、经济和社会制度、国家的根本任务和国家机关的组织结构、规定了公民的基本权利义务等重要内容。我国涉及公共卫生的基本法律，如《基本医疗卫生与健康促进法》基本上都会言明"根据宪法，制定本法"，宪法是公共卫生法律的母法。不仅如此，《宪法》规定了不少涉及公共卫生的法律条款，作为国家保障公民健康生活的义务规定。例如，第21条第1款规定了国家发展医疗卫生事业、第25条规定了国家推行计划生育、第26条规定了国家保护和改善环境、第42条第2款规定了国家保障劳动权益、第45条规定国家保障退休职工养老权益等。

（二）法律

法律分为狭义和广义的法律。广义的法律是指法律规范，是宪法、行政法规等具体法律部门的上位概念，是各种法的总称；狭义的法律是指全国人大及其常委会按照法定程序制定的法律，这里仅指狭义的法律。狭义的公共卫生法律主要包括《基本医疗卫生与健康促进法》《食品安全法》《传染病防治法》《职业病防治法》等。其中，《基本医疗卫生与健康促进法》是我国公共卫生领域的基础性、综合性法律，规定了基本医疗卫生服务、医疗卫生机构和人员、药品供应保障、健康促进、资金保障、监督管理和法律责任等内容，整合了公共卫生领域零散的法律法规。

（三）行政法规

行政法规是由国务院根据宪法和公共卫生法律制定的规范性法律文件。在我国，行政法规是一种重要的法律渊源，其效力仅次于宪法和法律。我国公共卫生领域存在大量的行政法规，如《艾滋病防治条例》《医疗保障基金使用监督管理条例》《医疗事故处理条例》《食品安全法实施条例》《突发公共卫生事件应急条例》等。

（四）行政规章

行政规章是指特定行政机关出于执行法律、行政法规和地方性法规的需要，在本部门的职权范围内发布的规范性法律文件。其分为部门规章和地方政府规章。公共卫生部门规章，是指国务院下属的部委在涉及公共卫生事项，在本部门的权限范围内制定的规章。例如，卫生部（已撤销）发布的《消毒管理办法》《结核病防治管理办法》等。地方政府规章是省、自治区、直辖市和较大的市的人民政府，根据法律、行政法规和本省、自治区、直辖市的地方性法规制定的规章。

（五）司法解释

我国法院和行政机关在处理涉及公共卫生的纠纷、事件时，有可能由于相关法律法规存在规定不细致周严，或者是待处理事件处于模棱两可的交叉地带，或者因为特殊新情形的出现等原因，而面临裁判或管理上的困难。为了阐明法条的真实含义，并规范统一司法裁判、便于公共卫生管理，我国最高人民法院、最高人民检察院陆续出台了相关的司法解释。涉及公共卫生的司法解释主要有《最高人民法院关于依法妥善办理涉新冠肺炎疫情执行案件若干问题的指导意见》（法发〔2020〕16 号）、《关于办理妨害预防、控制突发传染病疫情等灾害的刑事案件的解释》（法释〔2003〕8 号）、《最高人民法院关于审理食品药品纠纷案件适用法律若干问题的规定》（法释〔2021〕17 号）、《最高人民法院关于审理食品安全民事纠纷案件适用法律若干问题的解释（一）》（法释〔2020〕14 号）等。

（六）其他法律渊源

公共卫生法除了上述法律渊源之外，还存在地方性法规、自治条例和单行条例、地方政府规章、特别行政区有关公共卫生事务的规范性法律文件。根据《立法法》的规定，公共卫生地方性法规，是指省、自治区、直辖市及其人民政府所在地的市和经国务院批准较大的市，其人民代表大会、常务委员会根据该行政区域的具体情况和实际需要，制定的规范性法律文件。公共卫生自治条例和单行条例，则是民族自治地方的人民代表大会根据《宪法》和区域自治法的规定，根据本行政区域的实际情况，在职权范围内发布的规范性法律文件。除此之外，特别行政区根据《宪法》的规定，所制定的公共卫生规范性法律文件，也属于我国公共卫生法的渊源的组成部分。

上述对公共卫生法的渊源的陈述主要针对的是我国的国内法，另外，我国同外国缔结的双边或者多边条约、协定，以及我国加入的有关国际组织制定的卫生公约，同样是我国公共卫生法的渊源的重要组成部分。

三、我国公共卫生法律体系

我国公共卫生法律体系由众多的法律法规、部门规章、地方性法规、自治条例和单行条例等组成。其中法律有《基本医疗卫生与健康促进法》《传染病防治法》《食品安全法》等；行政法规有《医疗事故处理条例》《药品管理法实施条例》《乡村医生从业管理条例》等；部门规章有《结核病防治管理办法》《医疗美容服务管理办法》《药品生产监督管理办法》等。此外，我国还存在大量的公共卫生地方性法规和规章，自治条例和单行条例，这里不一一进行列举。这些公共卫生方面的法律规定，根据调整的具体法律关系的不同，可以分为以下八个方面，分别是人口与计划生育、疾病预防、妇幼卫生保健、医政监督管理、与人体生命健康相关产品的监督管理、公共卫生监督管理、卫生资源配置与管理、应对突发公共卫生事件应急管理。

在该法律体系中，由于各法律的制定主体、制定程序、时间、适用范围等因素的不同，其效力也不一样。根据我国《宪法》和《立法法》的规定，各类型公共卫生法律的效力是，《宪法》的效力处于最高层级，然后依次是公共卫生法律、行政法规、地方性法规、部门规章与地方性规章（这两者处于同一效力层级）。当下级规定与上级规定发生冲突时，应当以上级规定为准，而同级的部门规章和地方性规章发生冲突时，由国务院裁决。例外的是，在地方性法规与部门规章发生冲突，而国务院认为应当适用部门规章时，可以提请全国人民代表大会常务委员会裁决。

第五节　公共卫生法律责任

一、公共卫生法律责任的概念

公共卫生法律责任，是指公共卫生法律关系主体由于违反公共卫生法律规范规定或自行约定的义务所应承担的否定性法律评价后果。[1]公共卫生法律责任具有以下特点：

1. 公共卫生法律责任是行为人违反公共卫生法律或双方约定的义务而应当承担的责任。公共卫生法律责任是以违反法律义务为前提的。

2. 公共卫生法律责任通常表现为损害赔偿、行政处罚、刑事处罚等责任方式。从另一个角度来看，公共卫生法律责任是由特定法律事实所引起的对损害予以赔偿、强制履行的特殊义务，是由于违反第一性义务而引起的第二性义务。

3. 公共卫生法律责任具有内在逻辑性，即违反义务行为与损害后果之间必须存在因果关系。

4. 公共卫生法律责任是以国家强制力保障实施的。

根据行为人违反公共卫生法律规范的性质和社会危害程度的不同，可以将公共卫生法律责任分为民事责任、行政责任和刑事责任三种。

二、公共卫生民事责任

公共卫生民事责任，是指行为人违反法律规定或者合同约定的民事义务，

---

〔1〕　参见余军、朱新力："法律责任概念的形式构造"，载《法学研究》2010 年第 4 期。

造成他人损害而应当承担的赔偿责任，主要涉及侵权责任和违约责任。

（一）公共卫生侵权责任

自然人享有生命权、身体权、健康权、隐私权等权利，行为人侵害他人的权利或者受保护的其他生命健康利益的，应当承担公共卫生侵权责任。该侵权责任的构成要件包括行为人实施了违法行为、行为人主观上具有过错、他人的民事权益受损、损害与过错之间具有因果关系。这些要件的内容如下：

1. 违法行为是行为人承担侵权责任的前提，该违法行为可以是行为人实施了法律禁止的行为，也可以是行为人未履行法律规定的义务。

2. 行为人具有过错是要求其承担责任的必要条件。在风险社会中，除非存在转移风险的正当理由，否则任何人应当自行承担风险所造成的损失，行为人的过错是转移风险的正当理由。行为人主观上具有故意容易判断，但过错的认定则较为困难，需要借助"合理第三人"标准。该标准意味着过错应当遵循客观判断，即以一个"合理第三人"站在行为人的角度观察，其是否能够预见到该行为会给他人造成损失。在专家责任中，该"合理第三人"对损害的注意义务明显更高。此外，在公共卫生侵权责任中，还存在过错推定的情形，即医疗机构在诊疗活动中存在违反诊疗规范、隐匿或者拒绝提供病历、违法销毁或者篡改病历资料情形的，推定医疗机构存在过错。

3. 行为人的违法行为给他人造成的损害，既可能是实际损害，也可能是对他人权益的现实威胁。

4. 行为人的违法行为与损害后果间是否具有因果关系，应当根据条件因果关系和相当因果关系进行判断。条件因果关系遵循"若无、则否"的规律进行判断，然而，在公共卫生侵权责任中，违法行为与损害之间的因果关系往往并不明确，此时需要法官运用相当因果关系，也就是由法官根据生活经验进行推断。

侵权责任的承担方式有停止侵害、排除妨碍、赔偿损失、消除危险、返还财产、恢复原状、赔礼道歉等。在公共卫生侵权案件中，损害赔偿是填补当事人损失的最重要方式。例如，医疗机构在存在过错的情况下导致医疗事故的，应当赔偿受害人医疗费、护理费等为治疗和康复所支出的合理费用、误工损失；造成受害人残疾的，需要赔偿辅助具费和残疾赔偿金；造成受害人死亡的，还应当赔偿丧葬费和死亡赔偿金。只有属于下列法定情形，才能够免除行为人的侵权责任：（1）损害是受害人故意或者第三人造成的；（2）损害是因不可抗力、正当防卫或者紧急避险造成的。在受害人对损害的发生也有过失时，应当减轻行为人责任。

（二）公共卫生违约责任

当双方当事人之间存在合同关系时，守约方可以请求不履行合同义务或者履行合同义务有瑕疵的违约方承担责任。例如，在药品安全事故中，受害者可以根据药品买卖合同，主张药品生产经营者承担赔偿责任。类似于侵权责任的构成要件，公共卫生违约责任也需要满足违约行为、损害后果、违约与损害之间的因果关系要件，只是我国针对违约责任采取无过错原则，因而不需要行为人主观上存在过错。违约责任的承担方式有继续履行、采取补救措施、赔偿损失等，为了维持交易秩序和促进交易效率，继续履行或采取补救措施在违约责任中应当优先适用。公共卫生违约责任的免除只能是不可抗力或者合同中约定的免责情形的出现。

三、公共卫生行政责任

公共卫生行政责任，是指行为人因实施违反公共卫生行政管理法律、法规的规定，但尚未构成犯罪的行为，依法应当承担的具有惩戒或者制裁性的法律责任。公共卫生行政责任包括行政处分和行政处罚两种形式。

（一）公共卫生行政处分

公共卫生行政处分，是指行政主体对于具有违法失职行为的下级国家机关公务人员的一种惩罚措施，针对的是卫生机关内部的执法人员、公务人员，以及医疗机构内部的医疗卫生人员。根据《公务员法》规定，行政处分的类型主要包括警告、记过、记大过、降级、撤职、开除六种。行政机关内部工作人员对行政处分不服的，可以提出申辩。

（二）公共卫生行政处罚

行政处罚，是指行政主体依据法定职权和程序对违反行政法律法规的行政相对人实施的一种行政制裁，其针对的对象是被行政机关管理的公民、法人和其他组织。按照《行政处罚法》的规定，行政处罚的类型主要有警告、罚款、没收违法所得、没收非法财物、责令停产停业、暂扣或者吊销许可证、暂扣或者吊销执照、行政拘留等。

如果行政相对人存在下列情形的，卫生机关在作出行政处罚决定时，应当从轻或者减轻处罚：主动消除或者减轻违法行为危害后果的；受他人胁迫的；配合行政机关查处违法行为，有立功表现的；违法行为人已满14周岁不满18周岁的；有其他依法从轻或减轻行政处罚情形的。对行政相对人不具有行为能力或者是违法行为轻微并及时纠正没有造成危害后果的，不予行政处罚。除法律另有规定外，行政相对人的违法行为在两年内未被发现的，也不再给予处罚。

行政相对人认为行政机关的行政处罚决定错误的，可以提起行政复议或诉讼。行政复议是公共卫生行政法律给予行政相对人的重要救济方式，是指当行政相对人认为行政机关的具体行政行为侵犯其合法权益的，可以按照法定程序和条件向作出该行政行为的机关的上一级主管部门提出申请，由受理申请的主管部门作出复议决定的活动。根据《行政复议法》的规定，卫生行政复议的受案范围包括：（1）对卫生行政机关作出的行政处罚决定不服的；（2）对卫生行政机关采取的强制性措施不服的；（3）认为卫生行政机关侵犯其合法经营自主权的；（4）申请卫生行政许可未获得批准或没有收到回复的；（5）其他可以申请卫生行政复议的具体行政行为。卫生行政机关在收到复议申请后，应当在5日内进行审查，决定是否受理。决定受理的，需要在60日内作出行政复议决定。经过卫生行政复议或者行政诉讼，确定卫生行政机关及其工作人员违法行使职权的，行政相对人可以就其受侵害的合法利益主张行政赔偿，该行政赔偿属于国家赔偿的一种类型。

四、公共卫生刑事责任

公共卫生刑事责任，是指行为人违反了与公共卫生相关的刑事法律规定，损害了刑法所保护的社会关系而应承担的消极法律后果。刑事责任的一般构成要件包括：（1）行为人必须具备刑事责任能力，单位犯罪必须由法律明文规定；（2）行为人的主观方面需要具有可归责性，并且只有在法律有规定时，才可以要求行为人负刑事责任；（3）行为人实施的必须是危害我国刑法所保护的社会关系的行为。

我国《刑法》规定了二十余个与公共卫生活动相关的罪名，这些罪名主要有：生产销售有害药品食品的行为类型，如生产、销售假药罪，生产、销售劣药罪，生产、销售不符合卫生标准食品罪；违反规定的诊疗行为类型，如医疗事故罪、非法行医罪、非法进行节育手术罪；涉及人体血液、器官非法活动的类型，如非法组织卖血罪、强迫卖血罪、非法采集、供应血液、制作、供应血液制品罪、组织出卖人体器官罪；违反传染病防治的行为类型，如妨害传染病防治罪、传染病菌种毒种扩散罪、妨害国境卫生检疫罪、逃避动植物检疫罪。

我国刑事责任的形式主要是刑罚，刑罚分为主刑和附加刑。主刑有拘役、管制、有期徒刑、无期徒刑、死刑，附加刑有罚金、剥夺政治权利、没收财产，针对外国人，还可以适用驱逐出境。这些附加刑可以与主刑一并适用，也可以单独适用。

食品安全法律制度

◆ 【本章知识结构图】

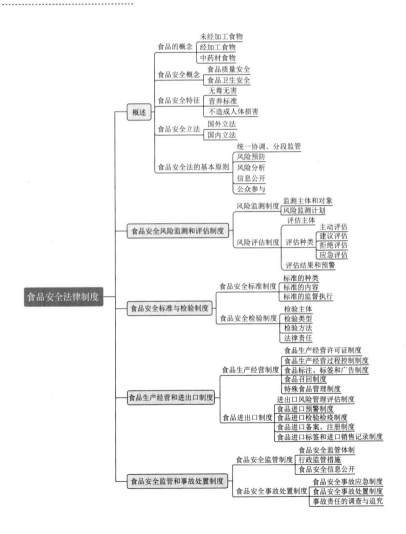

◆【引导案例】

2008 年 6 月，兰州市解放军第一医院陆续在就诊婴儿体内发现肾结石。至 9 月，仅甘肃省内就发现了 59 例患肾结石的婴儿。其中，部分患病婴儿发展为肾功能不全（不可逆），同时已经死亡 1 人。经过调查，这些婴儿均食用过三鹿奶粉。该事件引起人们对三鹿奶粉是否符合食品安全标准的质疑，但三鹿集团多次否认奶粉存在质量问题，企图通过媒体公关或者发布虚假检验信息蒙混过关，并阻止他人揭发。事实上，早在 2007 年底，三鹿集团就已经收到关于奶粉质量问题的投诉。2008 年 8 月 1 日，三鹿集团内部抽取奶粉样本进行检测，在 16 个婴幼儿奶粉样品中，竟有 15 个样品检测出了三聚氰胺的成分。4 日，三鹿集团通过对 200 份原料乳进行检测，最终确认在三鹿奶粉中，有"人为向原料乳中掺入三聚氰胺"的问题。三聚氰胺是一种化工原料，可以提高奶粉中的氮元素，借此使蛋白质的检测值虚高。人体长期摄入三聚氰胺，会导致肾脏和泌尿系统产生结石，严重的还会诱发膀胱癌。事件发生后，国家质量监督检验检疫总局对国内的乳制品生产厂家进行抽检，发现多个知名厂家的奶粉含有三聚氰胺。截至 2008 年 9 月 21 日，在食用问题奶粉而接受门诊治疗的婴幼儿中，治愈出院的有 39 965 人，正在住院的有 12 892 人，死亡 4 人。

该事件受到党和政府高度重视，国务院启动国家安全事故 I 级响应机制（即特别重大食品安全事故），来处理含三聚氰胺的毒奶粉事件。采取的措施包括：对患病婴幼儿实行免费医疗救助，对三鹿奶粉生产的全过程（包括奶牛养殖、原乳采集）等展开检查。2009 年 1 月 22 日，石家庄市中级人民法院一审宣判，集团董事长和总经理田文华被认定为生产销售伪劣产品罪，判处无期徒刑；三鹿集团作为单位被告，被判处罚金 4937 余万元。涉嫌制造和销售含三聚氰胺的奶农张玉军等人被认定构成以危险方法危害公共安全罪，判处死刑。知情并销售三聚氰胺原乳给三鹿集团的董少英等人，被判处生产、销售有害食品罪，判处有期徒刑。

思考：在预防和处置相关食品安全问题时，立法和司法所能发挥的积极作用。

◆【基本原理】

第一节　食品安全法律制度概述

"民以食为天，食以安为天"，食品安全与每个人息息相关。我国是一个粮食生产和消费的大国，2021年全国规模以上食品工业企业实现利润总额7 369.5亿元，而食品和烟酒的支出更是占到居民人均消费支出的29.8%，[1]保障食品安全对我国至关重要。目前，我国的食品安全面临严重的挑战。一方面，不法商人为了牟取暴利，以假充真、以次充好的现象不断出现。如将老鼠肉充当牛肉、地沟油冒充食用油等；另一方面，为了延长食品的保质期或者增加食品的销量，过分使用保鲜剂、食品添加剂。不仅如此，转基因食品也存在安全问题。也需要引起重视。这些现象反映了对食品安全问题的处理刻不容缓，食品安全法律制度的构建和完善成为处理该问题的良方。

一、食品安全简介

（一）食品的概念

由于各地的饮食文化、习惯有差异，人们对食品的定义不同，间接影响到食品安全的概念内涵。根据《食品安全法》第150条第1款的规定，我国对食品的定义为，各种供人食用或者饮用的成品和原料，以及按照传统既是食品又是中药材的物品，但是不包括以治疗为目的的物品。因此，我国的食品类型可被区分为三类，即未经加工可供食用的食物、经过加工的食物成品和具有药疗功效的中药材食品。同时，该条以反面规定的形式，将以治疗为目的的物品排除在食品的范围之外。

相比较欧盟和日本，我国《食品安全法》对食品的定义偏窄。欧盟议会和理事会178/2002法规第2条对食品的定义是，"任何用于人类或者可能被人类摄入的物质和产品"。《日本食品安全基本法》第2条，将食品界定为"除药事法规定的药品、准药品以外的所有饮食物"。事实上，我国《食品工

---

〔1〕　参见"中国食品工业协会：2021年中国食品工业经济运行报告"，载 http://finance.sina.com.cn/tech/2022-06-16/doc-imizirau8711628.shtml，最后访问日期：2022年6月16日。

业基本术语》（GB/T 15091-1994）对食品的定义为，可供人类食用或饮用的物质，包括加工食品、半成品和未加工食品，不包括烟草或只作药品用的物质。这两者相对比之下，《食品工业基本术语》能够涵盖虽然没有营养，但可以增加食物色香味的食品添加剂、调味剂、色素和保鲜剂等。此外，国际食品法典委员会（CAC）将口香糖等用于制造、制备或处理食品的物质，也视为食物。这些食物添加剂等物质与食品一样，都需要满足严格的食用安全标准。

〔疑难案例〕 卤味加当归是否存在食品安全问题？[1]

原告 X 先生到厦门旅游期间购买了一些卤味，在食用之后身体感觉不适，原来该卤味添加了当归。根据《食品安全法》、《卫生部关于进一步规范保健食品原料管理的通知》和《关于"黄芪"等物品不得作为普通食品原料使用的批复》文件的相关规定，当归作为药材不能加入食品当中。X 先生于是以该卤味存在食品安全问题为由，向法院起诉。法院认为，当归属于药品，只能用作保健用途，不能作为食品配料使用。销售公司作为食品经营者，应当熟悉相关的规定，判处其承担惩罚性赔偿。

【案例评析】根据《食品安全法》第 38 条的规定，食品中不能添加药品，既是食品又是药品的除外。根据《卫生部关于进一步规范保健食品原料管理的通知》，当归被收录于其附件 2：《可用于保健食品的物品名单》，但并未纳入附件 1：《既是食品又是药品的物品名单》。然而，需要思考的是，按照中国传统注重食疗的饮食习惯，在食品中加入当归无可厚非。在本案中，于卤味里面加入当归甚至是民间习俗，法院不考虑当地的惯常做法存在不妥，而且给了职业打假人可乘之机。再者，有些中药材实际上是作为香料使用，对这一部分也应当放松管制，要求食品经营者在配料表中明确即可。

在对食品的区分中，作为中药材的食品与药品的划分是十分重要的。根据《药品管理法》第 2 条第 2 款的规定，我国的药品是指"用于预防、治疗、诊断人的疾病，有目的地调节人的生理机能并规定有适应症或者功能主治、用法和用量的物质，包括中药、化学药和生物制品等"。而属于中药材的食品

---

〔1〕 参见"卤味里添加当归，销售方被判退一赔十！"，载 https://www.chinacourt.org/article/detail/2019/09/id/4428529.shtml，最后访问日期：2019 年 9 月 4 日。

范围，则在《卫生部关于进一步规范保健食品原料管理的通知》中进行了明确。其中有丁香、山药等既属于食品又是药品的物品、也包括人参等可用于保健的食品。根据《卫生部政务公开办公室关于普通食品、保健食品和新资源食品原料有关问题的说明》，在《既是食品又是药品的物品名单》中的物品可用于生产普通食品。另外，在《可用于保健食品的物品名单》所列物品仅可用于制作保健食品，这些保健品原料除非按照《新食品原料安全性审查管理办法》的规定经过审批，否则不能用于生产普通食品。食品和药品的区分具有重要意义，1906 年《美国纯净食品和药品法》对食品与药品的不同生产条件、标签的不同要求和相应的管理责任，都做了严格的区分。

【扩展资料】食品与农产品的联系

各国对食品的概念界定存在差异，有些国家规定只有经过加工的物品才属于食品，而有些国家则不以加工作为食品的条件，后者通常将农产品也认定为食品。从《食品安全法》第 150 条关于食品定义的规定来看，我国的食品范围涵盖了农产品。在欧盟议会与理事会 178/2002 食品安全法规第 2 条和《英国食品安全法》第 1 条关于食品概念的规定里面，其食品的概念同样包含农产品。相反，有些国家则是规定农产品包含食品，如《加拿大农产品法》第 2 条第 2 款规定，农产品包括：（1）动物、植物或动植物产品；（2）整个或部分来自动植物的产品，包括任何食品和饮料；（3）该法案规定的产品。相同规定的还有《日本农林产品标准化与适当品质标识法》。[1]

（二）食品安全的概念

"食品安全"的概念最早出现在古罗马时期，但在中国古代法律中，也有食品安全的相关规定。《唐律疏议》第 18 卷中记载，"脯肉有毒，曾经病人，有余者速焚之，违者杖九十；若故与人食并出卖，令人病者，徒一年；以故致死者绞；即人自食致死者，从过失杀人法。"从这些规定可以看出，我国古人也十分重视食品安全问题，只是没有制定专门的食品安全法。

食品安全的内涵伴随科技和社会生产力的发展而发生变化，标准也不断

---

〔1〕 参见孙建："我国出口贸易中食品安全的法律问题"，载《政法论坛》2009 年第 5 期。

提高。最初，人们对食品安全关注的是数量安全，禁止缺斤少两的情况出现，同时严格处罚食品掺假行为。在食品数量充足以后，食品安全的标准要求也越来越严格，如要求商家严格执行保质期的规定。学说对食品安全存在广义和狭义两种理解。广义的食品安全是指食品数量安全、食品来源可持续性安全、食品质量安全和食品卫生安全，狭义的食品安全仅指后两者。在世界卫生组织发表的《加强国家级食品安全性指南》中，对食品安全和食品质量、卫生进行了区分，食品安全是指"对食品按其原定用途进行制作和食用时不会导致消费者受害的一种担保"，食品质量是指"食品满足消费者明确的或者隐含的需要的特性"，而食品卫生是指"为确保食品安全性和适合性在食物链的所有阶段必须采取的一切条件和措施"。[1]

根据我国 2006 年施行的《国家重大食品安全事故应急预案》的规定，食品安全是指"食品中不应包含有可能损害或威胁人体健康的有毒、有害物质或不安全因素，不可导致消费者急性、慢性中毒或感染疾病，不能产生危及消费者及其后代健康的隐患"。《食品安全法》第 150 条第 2 款规定了食品安全的定义，指"食品无毒、无害，符合应当有的营养要求，对人体健康不造成任何急性、亚急性或者慢性危害。"与前述规定相比，该条特别强调"应有的营养要求"，显然是受到 2008 年发生的三聚氰胺毒奶粉事件的影响。学者对食品安全的定义，普遍强调食品中不包含可能损害人体健康的有毒、有害物质。[2]实际上，对于合理食用或者是正常食量的情况下，不会导致对健康损害的食物，一般情况下也应认定为符合食品安全的标准。从不同学科角度，可以对食品安全进行观察，上述主要是从卫生学角度对食品安全下定义。而从法律的角度看，食品安全要求食品的生产、加工、运输等活动，应当符合法律的强制性标准和要求。

（三）食品安全的特征

1. 食品应无毒无害。无毒无害是食品安全的最重要特征，是指人们在正常摄入量的情况下，食品不会危害人体的健康。随着对科学食品安全标准的认知提升，人们逐渐意识到绝对的食品安全是不可能的，因而目前采取的是相对的食品安全标准。相对的食品安全标准要求在保证食用方式和控制食用

---

〔1〕 参见张涛：《食品安全法律规制研究》，厦门大学出版社 2006 年版，第 21 页。
〔2〕 参见杨洁彬等编著：《食品安全性》，中国轻工业出版社 2019 年版，第 5 页。

量的情况下，食品不会对健康造成损害。

2. 食品应满足营养标准。该营养标准要求食品不仅要包括维持人体代谢的蛋白质、脂肪、碳水化合物等，还应包含维持人体健康机能的维生素、矿物质。另外，食品中的营养物质还要易于吸收，如果食品中的营养物质溶解率低，难以被人体吸收，那么也不符合相关的营养要求。

3. 对人体健康不造成任何急性、亚急性或者慢性损害。其中，对人体造成亚急性损害，是指摄入某种有害物质，导致身体机能在短时间内出现异常。此外，该要求还包括食品不得存在危及人类后代健康的隐患。

【扩展资料】食品认证标志简介

　　食品认证标志包括食品质量安全标志、绿色食品标志、无公害农产品标志、有机食品标志。食品安全标志也被称为 "QS" 标志，是英文 quality safety 的简称。该标志既是食品生产许可证标志，同时也是食品质量安全市场准入标志。绿色食品标志是由中国绿色食品发展中心认定的，印在企业产品及其包装上的质量证明标志，凡具有绿色产品生产条件的国内企业，均可以按照《绿色食品标志管理办法》规定的条件申请绿色食品认证。无公害农产品标志，是指对无污染、无毒害和安全优质食品的认证标志。企业申请该标志的，需要满足食品生产地环境清洁、采用无公害栽培（饲养）技术及加工技术等条件。有机食品标志是指经农业农村部所属中绿华夏有机食品认证的，用于证明食品是通过有机的耕作和加工方式获得的标志。有机食品来自生态农业生产体系，在生产过程中不使用农药、化肥、化学防腐剂等，属于高品质和安全环保的生态食品。

图 2-1：食品质量安全标志、绿色食品标志、无公害农产品标志、有机食品标志的图形

二、食品安全的立法概况

食品安全法的概念有狭义和广义的区分。在狭义上，专指《食品安全法》；在广义上，则是指国家干预调整及监督管理食品生产经营活动、规定食品安全责任的法律法规的总称。因此，食品安全法所调整的社会关系包括两个层面：一是食品安全生产监督法律关系，该关系主要发生在负有食品监督管理职能的行政机关与食品生产经营者之间，是一种行政管理关系；二是食品安全责任关系，该关系主要是指食品生产者与消费者之间，因食品的安全问题所引发的赔偿关系，是一种典型的平等主体之间的民事关系。以下从广义的角度，介绍国内外食品安全的立法概况。

（一）国外食品安全立法

国外食品安全立法有上百年的历史，这些法律经过不断的修改、完善，形成了体系完整、内容缜密的法律制度。在这上百年的历史演变中，国外食品安全立法由零散、以一般的道德责任为基础的法律制度，发展为相对完善的、以交易合约为基础的法律体系。而随着现代科学技术的发展，人们对食品中存在的掺杂物和病菌有了先进的探测手段，各国纷纷制定详细的食品安全体系。这一时期的食品安全法是以产品责任为基础的，并且不再局限于合约的当事人。

1. 美国。美国有关食品安全的法律十分健全，自 1906 年以来，美国制定了《纯净食品和药品法》《联邦肉类检验法》《公共卫生服务法》《联邦食品、药品和化妆品法》《禽类食品检验法》《蛋类产品检验法》《食品质量保护法》《联邦杀虫剂、杀真菌和灭鼠剂法》。其中，《联邦食品、药品和化妆品法》为食品安全管理提供了基本的原则和框架，并规定行政机关通过市场监督，而非强制性的售前检查来管理食品行业。不仅如此，为了配合该法的实施，美国食品药品监督管理局还制定了大量的技术性法规，对食品的质量标准、标签、生产工序等进行了详细的规定。对于食品安全的责任问题，与其他工业产品一致，适用产品责任法的规定。

美国的食品安全监督管理机构有：（1）确保美国本土生产或进口的食品、化妆品、药物、生物制剂、医疗设备和放射产品安全的食品与药物管理局（FDA），该管理局隶属于美国卫生教育福利部；（2）负责美国国内生产与进口肉类、家禽、蛋制品安全的食品安全与检验局（FSIS），该检验局隶属于农业部。所有肉类、禽类和蛋类必须经过该局检验后才允许入口；（3）负责防止动植物有害物和疾病的动植物健康检验局（APHIS），该检验局同样隶属于农业部；（4）负责调查和防治所有食源性疾病的疾病控制与防治中心（CDC），和负责保障公众健康免遭农药污染风险的美国环境保护总署（EPA），其对于杀虫剂的使用具有核准审批权；[1]（5）海关与边境保护局（CBP）和上述机构合作，确保入境货物符合食品安全要求。此外，美国还建立了联邦、州和地方政府的食品安全监督机构。

2. 欧盟。欧盟制定食品安全法律体系的时间晚于美国，但发展迅猛，目前已经形成完善的法律体系。欧盟食品安全制度的核心是《食品安全白皮书》和178/2002号法令，前者搭建起欧盟的食品安全框架，包括食品安全原则和政策体系、食品安全专项管理机构、食品法规框架及食品管理体制；后者则属于欧盟食品安全的基本法，规定了食品安全的总体目标、原则和适用范围等。欧盟还制定了《食品卫生法》《添加剂、调料、包装和放射性食物的法规》《供人类消费的动物源性食品具体卫生规定》等。欧盟的食品安全保护在世界范围内属于最严格的标准，是世界上食品安全壁垒最高的地区之一。

在一般情况下，欧盟关于食品安全的法律不能够直接适用于各成员国，而是由成员国结合本国的实际情况，将欧盟颁布的食品安全法律转化为国内法。例如，德国制定了《食品和日用品管理法》《食品卫生管理条例》《HACC方案》《指导性政策》，作为德国食品安全法律的支柱。在其中，《指导性政策》就是德国直接根据欧盟通过的《欧洲议会指导性法案》转化而来的。

欧盟食品安全管理局（EFSA）是欧盟的食品安全监督管理机构，但该机构主要是为欧盟成员国的食品安全问题提供立法和政策建议。该机构日常需要开展食品安全的相关研究，对动植物健康、转基因食品和营养问题等提出科学建议，并收集存在食品安全问题的相关信息，更像一个技术支撑机构。

3. 日本。日本的食品安全法律体系，主要包括《食品安全法》《农林产品标准化与适当品质标识法》《家畜传染病防治法》《植物防疫法》《农药管理法》《农药取缔法》。其中，《食品安全法》强调食品安全理念，对违法者规定较为严格的责任。此外，日本还有一些比较有特色的制度，如对食品营养进行规制的《营养转化法》、保障食品安全执法部门财政的《食品卫生法实行国库补助的政令》等。另外，日本还有众多的食品安全标准。

日本的食品监管机构主要是农林水产省和厚生劳动省，前者负责国内生

---

〔1〕　参见徐楠轩："外国食品安全监管模式的现状及借鉴"，载《中国卫生法制》2007年第2期。

鲜农产品生产的安全管理工作，后者则履行食品加工和流通环节的安全监管职责。此外，为了填补两者的监管空隙，日本内阁中还专门设置了食品安全委员会来协调工作。

4. 英国。英国作为最早实现工业化的国家，在食品安全立法方面有着悠久的历史。1202 年英国就颁布了禁止在面包中掺入豌豆粉的《面包法》。目前，英国调整食品安全的主要法律是《食品安全法》和《食品标准法》。食品标准局是英国监督和解决食品安全问题的主要机构，能够对其他食品监管机关的执法活动进行监督、评估和检查。

（二）我国食品安全立法

我国食品安全法律最初是以一些零散的卫生标准和管理办法组成的，直到 1979 年国务院才颁布了《食品卫生管理条例》（已失效），我国的食品安全立法开始步入正轨。1982 年全国人大常委会通过了《食品卫生法（试行）》（已失效），标志着我国的食品安全法律制度实现了真正的体系化、正规化。这两个法律法规构成了我国改革开放初期食品安全法律体系的核心，尽管已经失效，但对我国当时的食品安全起到了重要的保障作用。

目前我国关于食品安全的法律体系，主要由法律和相关的行政法规构成。《食品安全法》是我国食品安全立法的核心，该法在 2009 年 2 月 28 日第十一届全国人民代表大会常务委员会第七次会议通过，并分别在 2015 年修订、2018 年和 2021 年由全国人民代表大会常务委员会修正。同时，国务院在 2009 年 7 月，根据《食品安全法》制定了《食品安全法实施条例》，并在 2016 年、2019 年经过两次修订。另外，为了保障粮食安全，防止粮食浪费，2021 年 4 月 29 日第十三届全国人民代表大会常务委员会第二十八次会议，通过了《反食品浪费法》。《刑法》也有涉及食品安全保护的相关法律，如第 143 条生产、销售不符合安全标准的食品罪，第 144 条生产、销售有毒、有害食品罪和第 408 条之一的食品、药品监管渎职罪。

除此之外，包括市场监督管理总局在内的多个政府部门，颁布了一系列规章，包括《食品生产许可管理办法》《食品安全抽样检验管理办法》《食品安全风险监测管理规定》《食品安全风险监测问题样品信息报告和核查处置规定（试行）》《网络食品安全违法行为查处办法》《网络餐饮服务食品安全监督管理办法》《保健食品注册与备案管理办法》《绿色食品标志管理办法》《食品召回管理办法》《进出口食品安全管理办法》等。

最高人民法院针对食品药品纠纷案件也颁布了若干司法解释，包括《最高人民法院关于审理食品药品纠纷案件适用法律若干问题的规定》《最高人民法院关于审理食品安全民事纠纷案件适用法律若干问题的解释（一）》。还有国家食品药品监督管理总局、公安部、最高人民法院、最高人民检察院、国务院食品安全办联合印发的《食品药品行政执法与刑事司法衔接工作办法》。综上，我国的食品安全立法经历了从无到有，再到逐渐完善的过程。为了配合上述法律法规的实施，各地还积极制定食品安全的地方配套法规，例如，上海市制定了《处置食品安全事故应急预案》和《农药经营使用管理规定》等。

〔典型案例〕 婚宴上嘉宾集体中毒事件

某酒店同时举办两场婚礼，到场的嘉宾共有 640 余人。由于场地和人手不够，该酒店将歌舞厅、茶厅临时作为餐厅使用，但食品加工烹饪场所却无法增加，卫生设施不能满足需求，临时雇佣的从业人员也缺乏基本的卫生知识。宾客参加完婚宴后，陆续出现恶心、呕吐、腹痛、腹泻和乏力等症状。经统计，本次共有 164 人发病，所幸无危重和死亡病例。经过省疾控中心的检测，婚宴上的食品受到"副溶血性弧菌"的污染，并且大肠杆菌群和细菌总数超标。根据医学调查的综合结果，诊断出嘉宾们的症状属于细菌性食物中毒。省卫生厅对该酒店负责人作出处罚决定：没收酒店违法经营所得，并处违法所得 4 倍的罚款；对于未取得健康合格证明的食品从业人员，并处罚款。

【案例评议】食品安全关系到人民群众的生命财产安全，因而国家对食品安全实施严格的管理，制定了大量的食品安全法律法规，食品生产经营者应当严格遵守这些规定。本案中涉案酒店片面追求经济效益，盲目接单导致就餐人数超过正常接待能力上限。并且，从该酒店的食品生产场所条件和从业人员素质来看，该酒店的食品生产经营卫生条件堪忧。酒店负责人的卫生管理意识薄弱，食品加工过程的卫生状况缺乏有效的内部管理，其行为严重违反了食品安全法律法规。从长远的发展来看，该酒店应当设置专职的食品卫生管理员，严控食品加工操作流程，对食品的采购、加工、储存和从业人员的个人卫生实施有效的日常管理。

传统的食品安全保障体系，注重以政府为主导，建立自上而下的一元化食品安全监管模式，该体制以行政监管为主，企业自律和社会监管的作用并不凸显。这种过分依赖政府监管的模式，不仅使得政府的职能负担过重，而且忽视了食品经营者在食品安全中的重要作用。以《食品安全法》为代表的食品安全法律体系，建立了社会共治的治理体系，并注重引导社会力量（消费者、行业协会、新闻媒体）参与到食品安全治理的过程中。除此之外，我国《食品安全法》构筑了严格的食品安全保障体系，特别是规定了较为严厉的网络平台首负责任制、明知他人从事违法行为仍提供服务等情形下的连带责任制和惩罚性赔偿等制度。这些制度是矫正我国严峻的食品安全形势的一剂良药，能够充分发挥民事责任的惩罚和预防功能。

然而，从《食品安全法》的责任规定上来看，食品安全的相关规制仍然倾向于行政责任而非民事责任。相比较行政监管责任，民事责任条款的规定不仅少，而且内容粗疏，责任范围较窄，大部分仅作为行政责任的附属条款。不仅如此，民事责任主体的涵盖范围不足，仅包括部分市场主体，而像食品原料提供者、运输者、仓储者、食品行业协会等，则被排除在外。关于消费者所能主张的民事责任也较为笼统，诸如精神损害赔偿的标准过于模糊，导致司法实践裁判难以统一。此外，就虚假广告、代言和推荐适用无过错责任原则，也有进一步探讨的空间。

总的来说，我国食品安全治理体系已经初步完善，在治理模式上也从单一的行政监管，认识到需要多元主体承担食品安全治理责任。我国新修订的食品安全制度体系，希望通过苛求严格的责任，来扭转我国严峻的食品安全形势，这能够起到预防损害的作用。然而，我国的食品安全治理对社会监管的重视程度不够，对若干主体苛求无过错责任也过于严格。后面这个问题的解决，需要平衡食品生产者、销售者及相关辅助人员的利益，这也是基于风险社会理念所重点关注的。食品安全的法制体系建设，需要持续推进食品安全治理体系的法治化、现代化，维护多元社会主体的利益，调动多方积极性，实现社会食品安全的共管共治。

【扩展资料】风险社会理论与食品安全规制

风险社会是随着工业社会的发展而产生的概念。在工业社会中，科技的进步使人们抵御风险的能力大大提升，但也催生出了不少新类型的社会风险。针对这种现象，德国学者乌尔里希·贝克在1986年首次提出了"风险社会理论"。贝克认为，在风险社会中，不明的和无法预料的后果将成为历史和社会的主宰力量。[1] 风险社会理论与食品安全规制需求天然契合，因为在食品生产经营过程中，充斥着各种对食品安全构成威胁的因素。这些因素既有食品本身可能存在的天然有害物质，也有食品生产、加工、运输、储存中因外来有害因素（如细菌、病毒等）导致的食品安全风险。在风险社会理论看来，食品安全危险是不可避免的，关键是要将该风险控制在大众所能承受的范围以内。

控制食品安全风险，需要在风险社会理论的基础上，对食品安全风险进行科学分析。该分析是由风险评估和风险管理要素组成的科学规制体系。我国《食品安全法》第二章专章规定了完整的食品安全风险规章制度，下文将会进行详细介绍。

三、食品安全法的基本原则

《食品安全法》第 1 条规定："为了保证食品安全，保障公众身体健康和生命安全，制定本法。"该条相比较立法草案中的相关规定，精简了很多，但核心依然是强调保障公众的身体健康。并且《食品安全法》删除了草案当中的"促进食品产业发展"的规定，也使得该法保障健康的焦点更加聚集。目前在食品安全领域中，需要遵循包括统一协调、分段监管原则，风险预防原则，风险分析原则，信息公开原则和公众参与原则，并将这些原则贯彻到《食品安全法》的相关制度中，以实现该法保障公众身体健康的立法目的。

（一）统一协调、分段监管原则

按照政府部门关于食品安全监管职能设置的不同，可以将食品安全监管区分为分段监管模式、统一协调监管模式和单一部门监管模式。分段监管原则是与分段监管模式相对应的，是指由各专门机构负责食品生产、加工、流通阶段的食品安全监管工作，一般采取分段监管为主，品种监管为辅，各部门各司其职的食品安全多环节、多阶段监管原则。[2]

新中国成立之初，由于实行高度集中的计划经济体制，国家依靠指令计划管理经济，尽量剔除商品经济的影响。政府指导社会按计划生产、分配各种资源，这一时期的食品安全问题较少发生，食品安全监管还不受重视。后

---

〔1〕　参见刘畅："基于风险社会理论的我国食品安全规制模式之构建"，载《求索》2012 年第 1 期。

〔2〕　参见蒋慧："论我国食品安全监管的症结和出路"，载《法律科学（西北政法大学学报）》2011 年第 6 期。

来，随着对卫生法制的重视，国务院在 1965 年发布了《食品卫生管理试行条例》。然而，由于计划经济包生产分配，食品安全监管问题简单，因而确定了以卫生部为主管，其他单位配合监管的单一部门监管模式。我国改革开放后，社会主义市场经济快速发展，亟须明确食品安全监督管理体制。从 1995 年开始，我国的食品工业发展迅猛，单一部门的监管模式在应对日益严重的食品安全问题时力不从心。2004 年国务院颁布的《关于进一步加强食品安全工作的决定》，正式确立了以分段监管为主、品种监管为辅的食品安全监管体制，并在以后关于食品安全的立法中得到遵循。2010 年我国根据《食品安全法》的规定，设置了食品安全委员会，作为领导、协调我国食品安全工作的最高层级行政机构，共有 15 个部门参与其中。[1]2018 年，根据国务院机构改革方案的要求，食品安全委员会仍然保留，但具体职责由国家市场监督管理总局承担。目前，我国国家层级的食品安全监督管理机构主要包括食品安全委员会和国家卫生健康委。其中，食品安全委员会的职能是：分析国家的食品安全形势，部署、统筹全国的食品安全管理工作；提出食品安全监管的重大政策措施；督促各部门落实食品安全监管工作、责任。而国家卫生健康委的职责则包括拟定国民健康政策、与健康事业发展相关的法律法规和标准、协调深化医疗卫生体制改革的方针和政策建议。此外，国家卫生健康委在疾病的预防和传染病的监测、检疫、应对人口老龄化的相关问题上，也承担了重要职责。

我国以往严格执行分段监管为主、品种监管为辅的多机构分段监管原则。例如，根据《国家食品药品监督管理总局主要职责内设机构和人员编制规定》，农业部门负责从种植养殖到批发的食用农产品，国家卫生和计划生育委员会负责食品安全风险评估和食品安全标准的制定，国家质量监督检验检疫总局负责食品包装材料和食品生产经营，行政管理部门负责保健食品的监督检查。这种机制在保证落实各机构职责、实行食品安全生产的全过程监管的同时，存在着领导机构协调不足、分工过细导致的职能重叠，造成监管部门之间相互推诿等问题。[2]2018 年《国务院机构改革方案》通过设立国家市场监督管理总局，下辖食品安全协调司、食品生产安全监督管理司、食品经营安全

---

[1] 参见黄薇："《食品安全法》解读"，载《法学杂志》2009 年第 6 期。
[2] 参见吴迪："论欧盟食品安全法的最新发展：前瞻与启示"，载《河北法学》2014 年第 11 期。

监督管理司、特殊食品安全监督管理司和食品安全抽检监测司等食品安全监督执法机构。日常具体的食品安全监督工作由相应的部门执行，然后这些部门需要听从统一机构协调，这种分段监管、统一协调管理模式的转变，能够较好地解决严格分段监管下的职能混乱问题。此外，我国应当充分发挥行业协会，在监督食品生产、流通、销售等食品安全方面的积极作用。行业协会可以通过制定协会章程、职业道德标准和相应的惩罚规定来约束会员单位，实现食品安全的社会共管。

【扩展资料】"马肉危机"促进欧盟对食品安全的统一监管

2013 年，英国发现市场上不少在售的牛肉汉堡中混杂着马肉，抽检的 27 款产品中，有 10 款被发现包含马肉。在英国文化中，马和狗一样是人类的忠诚伙伴，因而食用马肉是禁忌。然而，由于在欧洲马肉的价格只有牛肉的 1/3，不法商人在利益的驱使下，不惜铤而走险。据调查，英国出现的马肉汉堡来源于罗马尼亚屠宰场，经过荷兰、卢森堡和法国等多个商家的加工，最终进入英国市场。"马肉危机"成为"疯牛病"后在欧洲范围内暴发的重大食品安全事故。

"马肉危机"发生后，欧盟委员会于 2013 年 5 月 6 日出台了与食品安全相关的一系列提案，这些提案于 2016 年正式生效。提案中有两点关键内容，一是赋予欧盟食品安全局跨国集中监管的权力，建立超国家监管体系。欧盟食品安全局可在全欧盟范围内对涉及食品安全的各个环节进行临时抽检，发现违法行为时直接给予行政处罚。并且，欧盟还统一了食品安全进出口准入机制，建立了一个新的监管机构 BCP，统一履行监管职责；二是提高食品安全要求，这主要体现在扩大食品安全法律范围和提高安全标准两个方面。前者是将食品安全法的适用范围扩大到与食品安全相关的内容，甚至包括动物福利保护；后者是对可能出现的动物疾病和风险进行详细列举并标明风险等级，同时要求进口的货物也需要满足可追溯系统，并改变到案货物监管制度。[1]

（二）风险预防原则

风险预防原则，是指当将来很可能发生损害健康的事件时，即便目前的证据尚不足以证明损害能够发生，或者现有证据不足以证明行为与损害之间

---

[1] 参见吴迪："论欧盟食品安全法的最新发展：前瞻与启示"，载《河北法学》2014 年第 11 期。

存在因果关系，但仍然在现阶段采取暂时性措施以防止损害发生的原则。预防风险发生，与风险发生后采取补救措施同样重要。但需要注意的是，预防风险不是无节制、不计成本地采取严格措施消除风险威胁。食品安全监管作为行政行为，同样需要满足比例原则的要求。因此，食品安全风险预防所需采取的措施应当根据事故发生的概率和发生事故的严重性等因素进行评估。并且，在措施实施一段时间之后也应当及时评价，对采取的措施强度、范围和期限进行重新确定。《欧盟食品基本法》第 7 条第 2 款规定，食品预防风险措施应当"恰如其分，对贸易的限制作用不超出实现共同体所选择的高水平健康保护所必须的、技术经济上可行的以及考虑事情的其他合法因素。应在适当时期根据鉴定评估对生命及健康危害的风险……并开展更全面的风险分析。"

我国贯彻食品安全预防原则的法律制度主要包括：食品生产经营许可制度、食品安全标准制度、食品安全强制检验制度和食品安全标签制度。食品安全关涉到国计民生，因而从事食品生产、流通、开展餐饮服务的企业和个人，应当依法取得食品生产许可、流通许可和餐饮服务许可。申请食品安全许可证的必备条件包括干净卫生的生产环境、满足标准的生产设备、加工工艺及过程、原材料要求等。任何企业或者个人未取得许可即进行食品相关生产经营活动的，行政机关可以对之进行相应的行政处罚。食品安全标准制度针对的是食品生产行为。我国规定了一系列严格的食品安全标准，这些标准可以被分为国家标准、地方标准和企业标准，后两种标准通常是在没有国家标准的情况下制定的。当生产者的食品不符合安全标准时，应当立刻停止生产，对于已经销售的不符合安全标准的食品，需要按照食品召回制度召回。这种召回有可能是企业主动实施的，也可能是在食品质量监督管理部门的要求下进行的，召回的方式可以是换货、退货、补充或修正消费说明等。食品生产企业应当建立检验设施，不具备自检条件的，强制实行委托检验。未经检验或者经检验不合格的食品，不得对外销售。根据《食品安全法》和《食品标识管理规定》，生产者必须在外包装上标明食品的质量特性、营养和成分信息、储存条件与时效信息以及食用指导信息等。法律强制企业在食品外包装上贴标签，主要是为了降低消费者的调查成本，并通过信息公开的方式，促进生产商之间的竞争。生产商如果不披露食品的相关信息，或者是披露虚假和误导消费者的信息，那么不仅需要接受行政处罚，而且消费者还可以要求生产商承担惩罚性赔偿。

（三）风险分析原则

风险分析原则，是指有关机构对于食品中可能存在的风险进行评估，然后政府部门根据评估所得的风险程度报告来决定降低风险的管理措施，该原则同时要求在风险评估和风险管理的过程中，各方应保持良好的风险交流状态。遵守这一原则能够对食品安全进行科学管理，也是避免各国采取隐形贸易保护措施的良方，能够为食品安全监管措施和食品安全标准的制定提供重要依据。按照世界卫生组织的分类，食品安全风险分析包括风险评估、风险管理和风险交流三个部分。具体来说，食品安全评估是人体接触食源性污染后，对健康可能产生危害的科学评估；风险管理是政府在风险评估的基础上，结合社会、经济等方面的因素，选择最合适的措施对风险进行管控；为了达到上述两个目的，风险评估者、管理者、社会大众和公众之间应当进行高效的沟通交流，这是风险交流的要求。

我国《食品安全法》明确提出建立食品安全风险监测和评估制度，食品安全风险监测制度包括食品安全风险监测管理部门、监测机构、监测内容、监管计划、监测范围和监测效果。根据是否属于日常检测计划的内容，分为常规检测和非常规检测。常规检测是国务院卫生行政部门会同其他部门，实施国家食品安全风险监测计划；非常规检测是指国务院卫生行政部门在收到并核实食品安全风险信息后，及时调整食品安全风险监测计划并对可能发生的风险实施监测。食品安全风险评估制度，是国务院卫生行政部门组织医学、农业、食品和营养等方面的专家，组成食品安全风险评估专家委员会，对食品、食品添加剂中的生物性、化学性和物理性危害因素进行科学评估。风险评估分为四个具体步骤：危害识别、危害特征描述、摄入量评估和危险性特征描述。在进行食品安全评估后，当出现风险预警时，国务院卫生行政部门应当提出食品安全风险警示。当结论为食品不安全时，各监管部门应当立即采取措施，确保该食品停止生产流通，并告知消费者停止食用。

（四）食品信息公开原则

食品信息公开原则，是指为了保障公众的知情权，除了依法不得公开的信息之外，食品监管部门和生产经营者应当将与食品有关的任何信息向公众公布的原则。在食品生产、流通和销售领域，相比生产经营者，消费者对食品的相关信息一无所知，处于弱势地位。而在利益的驱使下，食品生产经营者有较大的动机欺骗消费者来达到非法获利的目的。此时，为了解决交易双方的地位和信息不对称问题，需要公权力介入双方的交易关系，要求食品生产经营者主动公布食品信息。

食品安全涉及公众的生命健康权，食品安全行政管理机关和生产经营者应当积极履行信息公开义务，保障公众的知情权。我国《食品安全法》建立了食品安全信息统一公布制度，这有利于食品安全信息的公开，并避免食品安全信息公布不统一导致的公众恐慌和对食品安全的不信任。该制度按公布主体和相应信息内容的不同，可以分为三个层面：一是由国务院卫生行政部门统一公布国家食品安全总体情况、食品安全风险警示信息、食品安全风险评估信息、重大食品安全事故及相应处置信息和其他重要的食品安全信息；二是对于食品安全的影响仅限于特定区域的，由各省、自治区、直辖市人民政府卫生行政部门公布上述信息；三是县级以上的食品安全主管机关，对本地区内违反《食品安全法》的处罚信息和本辖区内授予行政许可的情况进行公布，并对有关食品可能产生的危害进行解释和说明。

在信息的时效性方面，下级食品安全行政部门对于需要国务院卫生行政部门统一公布的相关信息，应当及时报告上级主管部门，由上级主管部门立即向国务院行政部门报告。但在涉及食品安全重大事故等紧急事项下，可以由下级食品安全行政部门向国务院卫生行政部门汇报。此外，《食品安全法》还规定，县级食品安全行政管理部门之间，对获悉的食品安全信息应当进行共享。

（五）食品安全公众参与原则

公众参与原则，是指公民根据《食品安全法》等相关法律赋予的权利和义务，通过法定的程序和途径，参与和食品安全监督管理相关的决策活动的原则。食品安全问题的解决，除了加强和落实食品安全监管部门的监督职责之外，还需要鼓励公众积极参与。在互联网经济下，美团等平台上存在不少小型的食品卖家，单靠食品安全监管机关的日常执法检查，不能有效遏制威胁食品安全的相关行为。而有了公众的积极参与和举报，政府对于食品安全的执法工作将更为有效。从这个角度看，公众参与到食品安全监督管理工作中，也可以节约行政机关的执法成本。

2012年公布的《国务院关于加强食品安全工作的决定》要求，动员全社会广泛参与食品安全工作。《食品安全法》对之进行细化，规定组织或者个人可以举报食品生产经营者违反该法的行为，有权向有关部门了解食品安全信息，并对食品安全监督管理工作提出意见和建议。《美国食品安全法》中明确规定一般公众可以通过公益诉讼的方式，起诉违反食品安全规定的食品生产商、销售商。如果该公益诉讼胜诉，公众可以从该诉讼的惩罚性罚款中获得一定比例的奖励。我国也有针对食品安全的公益诉讼，只不过主体限制在法律规定的主体或者组织，如人民检察院、社会公益团体，未来可以考虑扩展到公民个人。当然在使公民获利方面需要进行一定的限制，否则可能会导致大范围的诉讼。

第二节　食品安全风险监测和评估制度

现代食品生产规模急剧扩大，与之相伴随的食品污染与中毒事件也频频发生，食品安全问题日趋严峻。如何对抗包括食源性疾病、食品污染以及食品中的有害因素等在内的食品安全风险，成为食品安全法律制度亟须解决的难题。客观上分析，造成上述难题的根源有环境污染，企业加工水平低、安全意识淡薄、相关技术不完善或者试图违法牟利，监管信息不健全和信息不对称等原因，而解决这些难题的钥匙就在于建立食品安全风险监测与评估制度。我国对食品安全风险的关注是在 20 世纪 90 年代中后期，2009 年《食品安全法》首次提出并构建了食品安全风险监测与评估制度，标志着我国对食品安全的监管从经验监管和传统监管走向了科学监管和现代监管。

一、食品安全风险监测制度

（一）食品安全风险监测的概念

国家卫生健康委印发的《食品安全风险监测管理规定》第 2 条指出，食品安全风险监测是系统持续收集食源性疾病、食品污染以及食品中有害因素的监测数据及相关信息，并综合分析、及时报告和通报的活动。其目的是为食品安全风险评估、食品安全标准制定及修订、食品安全风险预警和交流、食品安全监督管理等提供科学支持。食品安全风险监测针对某类或者某种食品的食用安全性展开监测，有利于掌握特定食品的污染水平，能够为制定和实施食品安全监督管理政策和食品安全标准提供依据。

（二）食品安全风险监测制度概述

食品安全风险监测制度，主要是监测可能发生的食品污染的范围和程度，对可能发生的污染状况和污染水平进行预测和提前预报，同时为采取有针对性的控制措施做准备。我国在 1999 年参照欧盟 96/22 号和 96/23 号指令，建立了"动物及动物源性食品中残留物质监控计划"，并建立了相关的动物食品药物残留监控计划基准实验室。后来，我国又通过了《出口植物源性食品残留物质监控计划》，并在 2004 年根据该规定，建立了植物食品药物残留监控计划基准实验室。2009 年《食品安全法》将食品安全风险监测制度上升到法律的高度加以确认，有利于我国食品安全制度的完善和实施。

（三）食品安全风险监测的主体与对象

1. 食品安全风险监测计划主体。《食品安全法》第 14 条第 2 款规定了食品安全风险监测计划的主体是国务院卫生行政部门和国务院食品安全监督管理等部门。具体来说，由国家卫生健康委会同工业和信息化部、商务部、海关总署、市场监管总局、国家粮食和物资储备局等部门，来制定实施国家级食品安全风险监测计划。省级卫生行政部门会同食品安全监督管理部门，根据国家食品安全风险监测计划，结合本行政区域的具体情况，制定本行政区域的食品安全风险监测方案，报国家卫生健康委备案并实施。县级以上卫生行政部门及其同级食品安全监督管理等部门，根据本辖区的食品安全风险监测数据，形成食品安全风险监测分析报告。从上面的规定可以看出，食品安全监测计划需要由国务院卫生行政部门牵头，会同其他相关部门共同完成。

2. 食品安全风险监测对象。我国食品安全风险监测的对象包括食源性疾病、食品污染和食品中的有害因素。食源性疾病，是指通过摄食而进入人体内的各种致病因子引起的感染性和中毒性疾病。食源性疾病中的致病因子，有可能是细菌、病毒、寄生虫、有毒的化学物质、真菌毒素和动物性或者植物性毒素。食源性疾病有四种类型，分别是急性或者亚急性疾病、变态反应性疾病、肠道传染病（如口蹄疫）和慢性毒害疾病。食品污染，是指根据国际食品安全管理的一般规则，在食品生产、加工或流通等过程中因生产经营者的疏忽而导致食品被外来污染物污染。这类造成食品安全隐患的污染物有三类：一是物理污染，是指食品生产过程中混入其他杂质，例如放射性核素；二是化学污染，即食品在加工过程中可能产生了亚硝酸盐等有害物质，或者是使用了不符合规定的农用化学物质、食品添加剂等导致的污染；三是生物污染，一般是食物在加工、运输、储藏、销售过程中被有害的病毒、细菌和微生物等污染。食品中的有害因素，是指除食品污染以外，在食品的生产、流通等环节中，有可能通过其他路径进入食品的有害因素。这种有害因素有三大类，分别是食品内源性有害物、违法添加的非食品物质和作为食品添加剂使用的有害物质。食品内源性有害物质，是指食品中本身就带有一定的毒性物质（如毒蘑菇），违法添加的非食品物质如在牛奶中添加的三聚氰胺，作为食品添加剂使用的有害物质，如在食物中加入罂粟壳。

（四）食品安全风险监测计划的内容

国家食品安全风险监测计划包含的内容有：监测目标、监测范围、工作要求、组织保障措施和考核内容。该监测计划应当征集国务院有关部门、国家食品安全风险评估专家委员会、农产品质量安全评估专家委员会、食品安全国家标准审评委员会、行业协会以及地方政府相关部门的意见。食品安全风险监测计划的实施内容包括隐患监测、监测方法的规定、数据汇总、信息发布、费用保障、检验管理、质量控制和结果反馈。

食品安全风险监控计划应当遵循高风险食品监测优先原则，这些高风险食品监测因素包括：健康危害较大、风险程度较高以及风险水平呈上升趋势的食品安全风险；易于对婴幼儿、孕产妇等重点人群造成健康影响的食品安全风险；以往在国内导致食品安全事故或者受到消费者关注的食品安全风险；已在国外导致健康危害并有证据表明可能在国内存在的食品安全风险；新发现的可能影响食品安全的食品污染和有害因素；食品安全监督管理及风险监测相关部门认为需要优先监测的其他内容。此外，针对处置食品安全事故、开展食品安全隐患风险评估需要的新监测数据支持的情形，应当及时调整国家食品安全风险监测计划和省级监测方案。

二、食品安全风险评估制度

（一）食品安全风险评估的概念

食品安全风险评估，是指对食品、食品添加剂中包含的有害因素，以及这些因素对人体健康可能造成的不良影响进行的科学评估，该评估包括危害识别、危害特征描述、暴露评估和风险特征描述四个阶段。在危害识别阶段，评估人对食品中可能存在对人体健康有害影响的因素进行定性描述；在危害特征描述阶段，评估人对危害的量效反应或危害作用机理进行记录；在暴露评估阶段，主要是评估人对人体接触到有害因素后造成健康危害的评估；而风险特征描述，则是指评估人根据上述流程获得的信息，综合分析该危害产生不良健康影响的严重性和可能性。食品安全风险评估有利于加强监管，能够为监管部门提供科学的决策依据，使得食品安全标准的设计更科学、更准确，有利于食品安全的实现。

（二）食品安全风险评估制度概述

食品安全风险评估制度起源于美国，1997 年美国发布了食品安全计划，该计划明确了食品安全风险评估的重要地位，并指令在食品安全监管机构中设立"机构间风险评估协会"。欧盟于 2002 年设立了食品安全局，负责食品安全风险的监管和评估工作。日本在 2003 年的《食品安全基本法》中，也建立了食品安全风险评估制度，规定由食品安全委员会负责食品安全风险评估与交流工作。

食品安全风险评估制度的构建，有利于对食品安全加强事前管理。食品安全事故的发生容易导致严重、不可逆的社会后果，卫生行政部门根据食品安全监测的结果，对发生食品安全事故的概率进行评估，并果断采取相关的预防措施，能够有效防止食品安全事故的发生，该制度是食品安全管理理念和方式的重大突破。自 2000 年以来，我国卫生部（现国家卫生健康委）在全国建立起了食品污染物和食源性疾病致病因素监测网，并组织中国疾控中心对国内外食品安全热点问题开展风险评估工作。2003 年中国农科院农业质量标准与检测技术研究院建立，该院设立了风险分析研究室。在三聚氰胺毒奶粉事件中，这些相关机构出具的风险评估结果，为出台三聚氰胺临时管理限量值提供了重要的技术根据。

（三）食品安全风险评估的组织机构

国家卫生健康委负责组织食品安全风险评估工作，根据食品安全风险的不同，成立由医学、食品、农业、生物、营养、环境等方面的专家组成的食品安全风险评估专家委员会进行风险评估，并公布食品安全风险评估结果。农药、肥料、兽药、饲料和饲料添加剂等也属于食品安全风险评估的范围，对这些项目的评估，应当由相应领域的专家进行，这些专家同样被纳入食品安全风险评估专家委员会。2009 年 12 月，我国卫生行政部门组建了第一届国家食品安全风险评估专家委员会，并开展了相关的评估工作。

《食品安全法》第19条规定，国务院食品安全监督管理、农业行政等部门在监督管理工作中发现需要进行食品安全风险评估的，应当向国务院卫生行政部门提出食品安全风险评估的建议，并提供风险来源、相关检验数据和结论等信息、资料。由此可见，农业行政等部门属于食品安全风险评估的辅助机构。

地方的食品安全管理机构，在风险评估中也发挥一定的作用。省级以上人民政府卫生行政、农业行政部门应当及时相互通报食品、食用农产品安全风险监测信息。县级以上人民政府食品安全监督管理部门和其他有关部门、食品安全风险评估专家委员会及其技术机构，应当根据科学、客观、及时、公开的原则，组织食品生产经营者、食品检验机构、认证机构、食品行业协会、消费者协会以及新闻媒体等，就食品安全风险评估信息和食品安全监督管理信息进行交流沟通。

（四）食品安全风险评估的内容

食品安全风险评估的种类有主动评估、建议评估、拒绝评估和应急评估。

1. 主动评估。根据《食品安全法》第18条的规定，国务院卫生行政部门主动进行食品安全风险评估的情形有：通过食品安全风险监测，发现食品可能存在危害健康因素的；接到举报发现食品、食品添加剂存在安全隐患的；为制定科学的食品安全国家标准而进行风险评估的；为确定监督管理的重点领域、重点品种需要进行风险评估的；发现新的可能危害食品安全因素的；需要判断某一因素是否构成食品安全隐患的；国务院卫生行政部门认为需要进行风险评估的其他情形。出现上述事项国务院卫生行政部门应当主动开展食品安全风险评估。

2. 建议评估。农业行政等部门在监督管理工作中发现需要进行食品安全风险评估的，向国务院卫生行政部门提出食品安全风险评估的建议，由国务院卫生行政部门根据建议进行食品安全评估。农业行政部门在建议展开食品安全风险评估时，需要填写《食品安全风险评估项目建议书》，并提供下列信息资料：开展风险评估的目的和必要性；风险的可能来源和性质（包括危害因素名称、可能的污染环节、涉及食品种类、食用人群、风险涉及的地域范围等）；相关检验数据、管理措施和结论等信息；其他有关信息和资料（包括信息来源、获得时间、核实情况等）。此外，国家卫生健康委可以根据风险评估工作需要，向相关部门提出补充或核实信息、资料的要求。

3. 拒绝评估。在违法添加或其他违反食品安全法律法规的行为导致食品安全隐患、通过检验和产品安全性评估可以得出结论、或者是国际权威组织有明确资料对风险进行了科学描述且国家食品安全风险评估中心研判认为适于我国膳食暴露模式，以及现有数据信息尚无法满足评估基本需求的情形下，国务院卫生行政部门可以拒绝评估。对作出不予评估决定的，国务院卫生行政部门应当向有关方面说明原因和依据。

4. 应急评估。对于处置食品安全事故需要的、或者是公众高度关注且亟须解决的食品安全风险、或者是发现食品和食品相关产品可能存在安全隐患，以及开展风险评估需要新的监测数据支持的情形，国家卫生行政部门可以要求食品安全风险评估专家委员会立即组织开展评估，并要求在限定时间内提交应急风险评估报告。应急风险评估报告应当经国家食品安全风险评估专家委员会临时专家组审核，同时经专家委员会主任委员或副主任委员审核签字。

（五）安全风险评估的结果和预警

国务院食品安全监督管理部门下达开展食品安全风险评估的任务时，应当向提出风险评估建议的部门就需要收集的信息进行说明。在其根据信息认为有必要开展评估时，向国家食品安全风险评估专家下达任务，由后者制定评估方案并实施评估，最后将评估结果汇报给国务院卫生行政部门。经食品安全风险评估，得出食品、食品添加剂不安全的结论时，国务院食品安全监督管理等部门应当依据各自的职责立即向社会公告，通知消费者停止食用或者使用，并采取相应措施，确保该食品、食品添加剂、食品相关产品停止生产经营。需要制定、修订相关食品安全国家标准的，国务院卫生行政部门应当会同国务院食品安全监督管理部门立即制定、修订。承担食品安全风险监测、风险评估工作的技术机构、技术人员提供虚假监测、评估信息的，依法对技术机构直接负责的主管人员和技术人员给予撤职、开除处分；有执业资格的，由授予其资格的主管部门吊销执业证书。

食品安全工作的首要任务是防范食品安全事故的发生，而食品安全风险的监测与评估，为防范食品安全事故提供了技术性和基础性手段。经过监测与评估，专家发现可能具有较高程度安全风险的食品，国务院食品安全监督管理部门应当及时提出食品安全风险警示，并向社会公布。借助此种食品安全风险预警制度，我们能够达成早期预防、最大限度降低食品安全事故造成损失的目的。

【扩展资料】 我国食品安全风险评估制度的不足与完善

食品安全风险评估制度有利于提高行政机关对食品安全的监管效率，确保食品生产产业和经营行业的健康发展，遏制食源性疾病的传播。我国国务院行政部门早在 2007 年就设立了农产品质量安全风险评估专家委员会，并开展相应的食品安全风险评估工作，后在 2011 年专门设立了食品安全风险评估中心，全面承担食品安全风险的评估、监测、预警和交流等技术性工作，食品安全风险评估取得一定的进展。但是，我国的食品安全风险评估制度还存在若干不足。

具体来说，首先我国的食品安全风险评估制度缺乏风险评估规划，多数情况下的风险评估工作是在媒体的推动下进行的，食品安全风险评估充当各类食品安全事故的"消防员"角色。其次，食品安全风险评估的启动机制采取的是卫生行政部门单方启动模式，协商机制明显不足，这使得作为评估主体的风险评估者处于被动地位。再次，食品安全风险评估通常只是公开评估结果，对评估的数据、方法、程序等重要内容没有公开，存在信息公开不足的弊端。最后，法律规定我国的食品安全风险评估由风险评估委员会和相应的技术机构独立承担，但这些机构的组成人员具有较强的行政隶属性，缺乏一定的独立性。

对此，我国针对一些威胁食品安全的重要因素应当制定风险评估规划。例如，我国应该主动建立针对微生物的定点监测网络，并定期对可能引起疾病的常见致病细菌进行危险评估。[1]在风险评估的启动程序方面，规定风险评估专家委员会在启动评估时的核心地位，并明确在该程序中听取公众意见。在信息公开方面，风险评估的过程应该保持客观、透明且记录完整，保证公众可以查询到包括专家组成、评估的基础材料、方法和结果等评估记录。最后，为了确保风险评估机构的独立性，风险评估机构的人员应当以具有一定独立性的专家为主，并吸纳第三方研究机构和其他社会力量参与，保障食品安全风险评估的客观性和公正性。[2]

---

〔1〕 参见孙建："我国出口贸易中食品安全的法律问题"，载《政法论坛》2009 年第 5 期。
〔2〕 参见丁国峰："我国食品安全风险评估制度的反思和完善"，载《江淮论坛》2014 年第 1 期。

第三节 食品安全标准与检验制度

一、食品安全标准制度

（一）食品安全标准的概念

食品安全标准，是指政府管理部门为保证食品安全，对食品中的营养、安全等与健康相关指标的科学规定。我国的食品安全标准包括食品安全基础标准、食品有毒有害物质限量标准、食品安全检验检测方法标准、与食品接触材料卫生要求标准、食品安全控制与管理标准、食品安全标签标识标准、特定食品安全标准（绿色食品、有机食品、无公害产品和特殊膳食食品标准）等。我国食品安全标准的制定和实施规定，应当遵守《标准化法》和《食品安全法》。《标准化法》是统一技术要求的综合性法律；《食品安全法》将食品安全标准作为食品安全生产经营、监管和追责的依据，该标准本质上已经等同于食品安全技术法规。在《标准化法》与《食品安全法》存在冲突时，需要根据一般法和特别法的关系处理，遵循《食品安全法》的规定。

我国食品安全标准具有强制性、唯一性和科学性的特征。食品安全标准是确保食品安全的最重要路径，涉及社会公众身体健康等切身利益，必须作为强制性规范，贯彻到食品安全生产和经营活动中。《食品安全法》第 25 条规定，食品安全标准是要求被强制执行的标准。食品安全标准的唯一性，则主要是为了防止国内各地区、各行业人为制造技术门槛，从而达到垄断市场的目的。正是因为食品安全标准具有强制性和唯一性的特征，因而相关机构在制定食品安全标准时应当谨慎，必须根据食品安全风险监测和评估的结果，并参照相关的国际标准来确定。在这个过程中，还需要听取食品生产经营者和消费者的意愿。此外，食品安全标准制定后，还需要根据社会和科学技术的发展而不断更新。

〔疑难案例〕　以工业原料充当食品原料涉嫌销售伪劣产品罪还是非法经营罪？[1]

被告人倪某经营谷润和睿钧公司，经营的范围为销售饲料、饲料原料和化工原料。2009 年开始，倪某与顾某洽谈，将其进口的工业牛羊油出售给顾某用作食用牛羊油。据悉，工业牛羊油是用动物的内脏和骨头加工而成，在进口时所进行的检验程序与食用牛羊油不同。公诉机关认为，倪某出售未经食品安全检验的工业牛羊油，属于销售伪劣产品罪。倪某认为，工业牛羊油与食用牛羊油的本质是一样的，只不过是进口的检验程序不一样，其行为不构成销售伪劣产品罪。法院认为，进口食品需要按照食品安全标准进行检验，倪某的行为违反了《食品安全法》第 34 条规定的禁止生产经营"用非食品原料生产的食品"。倪某的行为违反了《办理危害食品安全刑事案件的解释》第 11 条第 1 款的规定，构成非法经营罪，公诉机关指控的罪名不当，予以变更。

【案例评析】在该案例中，被告人和公诉人均对产品进行了鉴定，但两份鉴定的结果不同，原因在于两份鉴定报告所采取的鉴定标准不同。被告人主张采用食品卫生标准，公诉人主张采用食品安全标准。从案件的结果来看，法官采信的是食品安全标准，理由在于食品安全关系到公民的生命健康权，应当适用更加严格的标准，食品安全标准优位于食品卫生标准。再者，食品安全标准是经由长久的人类实践经验而形成的，在检验食品安全上更具有合理性。另外，尽管法官在专业知识上存在不足，但法官依然有义务针对食品安全的鉴定报告进行审查，不能直接将鉴定意见作为定案依据。在司法实践中，法官可以通过专家辅助人制度，帮助其在庭审时审查鉴定报告的合理性。

（二）食品安全标准制度的概述

食品安全标准化体系，能够辅助国家实现保障人民群众身体健康的重要目标，是国家卫生法律制度的重要组成部分。食品安全国际标准有 ISO 框架下的食品安全标准体系，以及 WTO 协议框架下的 CAC 体系。按照世界贸易组织 SPS 协定，CAC（国际食品法典委员会）标准是 WTO 认可的唯一食品安

---

〔1〕　上海市第一中级人民法院（2013）沪一中刑终字第 1529 号判决。

全领域的国际标准，从而确保消费者健康和营造公平的贸易环境。CAC 自成立以来，编撰了 8000 多个国际食品标准，出版了 13 卷，共涉及 300 多项食品通用和专用标准。

域外许多国家和地区构筑了完善的食品安全标准体系，同时由独立的机构进行执法。欧盟在欧洲食品安全白皮书、EC No. 178/2002、EC No. 396/2005 中涉及了大量的食品安全标准，其食品安全标准的执法监督机构是欧洲食品安全局。美国涉及食品安全标准的法律有联邦食品、药品与化妆品法、联邦肉检 30 法、禽肉制品检验法、蛋制品检验法、食品质量保护法以及公共健康服务法。美国的执法监督机构复杂一些，包括食品与药品管理局、食品安全检验署、动植物卫生检验署和环境保护署。日本在食品卫生法、日本农业标准法、食品中残留农业化学品列表制度中，也规定了大量的食品安全标准。日本食品安全标准的主要执法监督机构同样比较复杂，有全国食品安全委员会、厚生劳动省和农林水产省。上述提及的食品安全标准建设比较完善的国家，其制度有如下特点：（1）食品安全标准体系健全，法律作用强；（2）食品安全标准种类繁多，技术水平高；（3）食品安全标准的管理和运作非常规范；（4）国内的食品安全标准注重与国际标准接轨。

我国的食品安全标准制度建设始于 20 世纪 50 年代，发展迅速。2009 年《食品安全法》的出台，标志着国内的食品安全标准体系建设初步完善。我国的食品安全标准及其制定主体相对"一元化"，国家标准化管理委员会统一管理中国食品标准化工作，食品安全国家标准由其统一立项、统一审查、统一编号和发布。完善的食品安全标准建设，不仅能有效保障国内食品生产和经营安全，而且可以阻止外国低劣产品的输入，降低食源性疾病的发生概率，使得国民健康得到有效维护。

我国未来构建食品安全标准时需要着重提高标准的总体水平，特别是借鉴域外国家严格的食品安全标准，纠正我国某些有害物质限制标准过于宽松的问题。对于存在冲突的若干标准，也需要仔细梳理，确定明确的准则。同时，不断补充完善食品安全标准体系，增加缺漏的重要标准，并在执法实践中加强食品安全标准的实施。

（三）食品安全标准的划分

我国的食品安全标准分为国家标准、行业标准、地方标准和团体标准、企业标准。《食品安全法》第 27 条规定，食品安全国家标准由国务院卫生行政部门会同国务院食品安全监督管理部门制定、公布，国务院标准化行政部门提供国家标准编号。食品中农药残留、兽药残留的限量规定及其检验方法与规程由国务院卫生行政部门、国务院农业行政部门会同国务院食品安全监督管理部门制定。屠宰畜、禽的检验规程由国务院农业行政部门会同国务院卫生行政部门制定。国务院卫生行政部门是负责食品安全卫生标准制定的主管部门，《食品安全法》改变了以往由国务院卫生行政部门与国务院标准化行政部门联合发布标准的规定，转而由国务院卫生行政部门和食品安全监督管理部门制定和公布，这样有利于食品安全国家标准的及时发布，明确相关的责任主体。当然，为了确保国家标准的统一，食品安全标准的编号还是需要国务院标准化管理部门提供。这种统一规定，是为了防止由于我国食品标准太多而出现混乱的局面。考虑到农药、兽药残留标准和屠宰畜、禽的检验规程与农业行政部门的职责和专业相关，因而该标准由国务院农业行政部门和国务院卫生行政部门共同制定。

2009 年的《食品安全法》第 24 条第 1 款规定，没有食品安全国家标准的，可以制定食品安全地方标准。2021 年的《食品安全法》第 29 条对该规定进行了修改，将省、自治区、直辖市人民政府卫生行政部门制定食品安全标准的权限，限制在地方特色产品。并且，对保健食品、特殊医学用途配方食品、婴幼儿配方食品等特殊食品，排除在地方特色食品之外。而企业只能在国家食品安全标准的基础上，制定更高的企业标准。国家支持这类标准的制定，有利于鼓励企业通过竞争的方式，提高食品生产质量。

（四）食品安全标准的内容

《食品安全法》第 26 条规定，食品安全标准有：①食品、食品添加剂、食品相关产品中的致病性微生物，农药残留、兽药残留、生物毒素、重金属等污染物质以及其他危害人体健康物质的限量规定（致病性微生物是指细菌、病毒和真菌，而农药残留分为两种情形，有可能是含有剧毒农药或者是相关农药含量超标。重金属是指密度大于 $4.5g/cm^3$ 的金属，重金属超标容易造成慢性中毒）；②食品添加剂的品种、使用范围、用量的标准。食品添加剂是指为改善食品品质和色香味，以及防腐、保鲜和加工工艺而加入食品中的人工合成或天然物质。食品添加剂的不当使用有可能具有毒副作用，因而需要严格限定品种、使用范围和用量；③专供婴幼儿和其他特定人群的主辅食品的营养成分要求。由于婴儿和其他特定人群对食品的营养有特别的要求，因而需要特殊规定。2012年，卫生部等印发的《食品安全国家标准"十二五"规划》，提出将婴幼儿食品标准的明确作为食品安全标准制定的优先领域。

除了上述三类主要的安全标准之外，为了辅助食品安全的监测，以及保护群众对食品信息的知情权，对于与卫生、营养等食品安全相关的标签、标志和说明书，《食品安全法》要求制定明确的标准。由于食品的生产经营过程、食品的质量和食品检验方法与规程是保证食品安全的重要环节，国家对此也制定了统一的标准。此外，国务院卫生行政部门可以根据情况，制定需要的食品安全标准。上述食品安全国家标准应当经国务院卫生行政部门组织的食品安全国家标准审评委员会审查通过。该委员会由医学、农业、食品、营养、生物、环境等方面的专家以及国务院有关部门、食品行业协会、消费者协会的代表组成，对食品安全国家标准草案的科学性和实用性等进行审查。

（五）食品安全标准的监督执行

根据《食品安全法》第32条的规定，省级以上人民政府卫生行政部门是食品安全标准执行监督的主管部门，协同同级的食品安全监督管理和农业行政部门，分别对食品安全国家标准和地方标准的执行情况进行跟踪评价，并根据评价结果及时修订食品安全标准。省级以上人民政府食品安全监督管理和农业行政部门应当对食品安全标准执行中存在的问题进行收集、汇总，并及时向同级卫生行政部门通报。此外，食品生产经营者、食品行业协会发现食品安全标准在执行中存在问题的，也应当立即向卫生行政部门报告。

为了便于食品安全标准的执行，我国应当全面清查、检查现行食品标准，解决标准之间的交叉、重复和矛盾问题。一方面国务院卫生行政部门应当突出食品安全标准的重点，加强标准的基础性研究和危险性评估，创新监管执行方式。另一方面，卫生行政部门需要协同食品安全管理部门和农业行政部门，大力开展标准的宣传贯彻和培训，进而强化食品安全标准的实施。

［典型案例］ "毒豆芽" 安全标准的认定[1]

2013年被告人杨某从他人处购买"无根水"，将其添加到豆芽的生产过程中，随后杨某被公安机关逮捕。该"无根水"（6-苄基腺嘌呤）是一种植物生长调节剂，具有抑制植物体内叶绿素、核酸、蛋白质的分解以及保绿防

---

［1］ 参见曾祥华主编：《食品安全法治热点事件评析》，法律出版社2017年版，第114页。

老的作用。2011 年国家质量监督检验检疫总局《关于食品添加剂对羟基苯甲酸丙酯等 33 种产品监管工作的公告》，禁止食品生产者使用 6-苄基腺嘌呤。一审人民法院认为其行为已经构成生产、销售有毒有害食品罪，判处有期徒刑一年两个月，宣告缓刑两年，并处罚金人民币 12 000 元；禁止被告人杨某在两年内从事食品生产、销售及相关活动。后检察院抗诉，认为杨某的行为恶劣，造成的社会影响极大，不应该对其适用缓刑。二审人民法院终审撤销了对杨某的缓刑决定。

另外，同期还存在大量其他的案件，在这些案件中没有对食品中 6-苄基腺嘌呤的含量进行界定，只要使用该物质即认定为构成犯罪。事情的转机发生在 2015 年国家食品药品监督管理总局和农业部等部门联合发布的《关于豆芽生产过程中禁止使用 6-苄基腺嘌呤等物质的公告》（以下简称《公告》），该文件认为，目前豆芽生产过程中使用 6-苄基腺嘌呤等物质的安全性尚不能确定。法院本着疑罪从无的原则，将此前因"毒豆芽"事件而被认定为犯罪的被告人改判无罪。

【案例评析】"毒豆芽"事件在 2015 年、2016 年连续两年被评为当年度的"食品安全法治十大事件"，该案件对我国处理涉及违反食品安全标准的食品生产经营行为的犯罪认定具有指导意义。事实上，由于我国对若干物质在食品中的含量标准规定不确定，甚至存在反复的情况，因而对现实中司法机关规制此种行为造成困难。国家卫生计生委委托中国食品工业协会豆制品专业委员会制定的《食品安全国家标准 豆芽》（草稿）中，已经将"6-苄基腺嘌呤"定性为"植物生长调节剂"，并将其列为豆芽生产中允许使用的物质，其理化指标被限定为小于或等于 0.2 mg/kg。如果从该文件出发，那么上述案件的关键问题并非豆芽生产经营者是否使用了 6-苄基腺嘌呤，而是其使用量及豆芽中残存的含量是否超出法定标准。然而，《公告》明令，禁止生产者在豆芽生产过程中使用 6-苄基腺嘌呤。上述规定的反复给生产有毒、有害食品的认定造成困难，并且，公安机关和司法机关对生产、销售有毒有害食品罪的认定也较为呆板。实际上，该罪的构成需要生产销售的食品具有确实的"毒害性"，没有满足此标准的，不能认定为犯罪。当然根据上述文件，生产者在豆芽中添加 6-苄基腺嘌呤的行为最起码可以被认定为违法，应该受到行政处罚。

二、食品检验制度

（一）食品检验的概念

食品检验，是指具备检验资质的食品检验机构，以食品安全法律法规、标准为根据，借助科学仪器、工具等，用科学的检验技术和方法，对食品及其相关产品的质量作出评定的活动，这是食品检验的狭义概念。从广义上理解，食品检验还能代指评定食品质量的一门学科，它根据物理、化学的基本理论和方法，按照制订的技术标准，对原料、辅助材料和成品的质量进行检验。食品检验的特点包括：检验主体的多样性、检验对象的复杂性、食品检验方法的科学性和检验行为性质的双重性。检验主体的多样性，指的是检验机构存在多种类型，分别是中国检验认证集团等直接由国家设立的机构、上海英格尔认证检测机构等由民间设立的检测机构和企业内部设立的检验机构。食品检验行为性质的双重性，是指食品检验机构有可能接受食品生产经营者的民事委托而进行检验，也可能是食品监管部门出于职责，对食品是否安全以及食品生产经营者的行为是否符合法律规定进行检测，这属于行政确认。

食品质量监督机构对食品定期或不定期的抽检，能够规范食品生产经营者的行为，及时发现存在安全风险的食品，是对食品安全的有力保障。通过食品检验，对不合格的食品生产经营者进行严厉的处罚，对市场上的其他生产经营者具有警示作用，从而规范食品市场。食品检验对促进贸易发展、保证食品进出口贸易有序进行具有重要的现实意义。

【扩展资料】 建立我国食品安全二级检验体系

我国食品安全检验体系的完善，直接关系到对企业食品安全生产经营的有效监督和及时发现问题食品，避免食品安全事故的发生。2003 年亨氏美味源食品有限公司的"美味源"辣椒酱被检验出含有苏丹红一号，如果没有先进有效的食品安全检验体系，这些隐秘的食品安全问题将难以发现。鉴于我国食品安全事故的多发情况，我国有必要加强食品安全检验体系的建设。

目前，美国和日本等发达国家均建立了以政府食品安全管理检测机构为主，社区食品安全检测机构为辅的二级管理检测体系。我国的食品安全检验机构具有多元性，既有国家设立管理的中国检验认证集团，又有民间设立的检验机构。然而，这些机构多集中在大中城市，三四线城市和广袤的农村地区缺乏这类检验机构。因此，有学者提出，我国需要在食品安全体系中发挥地方公共团体的作用，在有条件建立社区服务的地区，可以由社区完成食品检验服务工作。该观点值得赞同，国家应积极推广这种模式，并主动制定法律进行规制，对社区食品检测机构的法律性质与地位、检测事项、资金来源、任职人员条件、检验报告的法律效力等作出规定。[1]

（二）食品检验制度的内容

1. 食品检验主体。广义上的食品检验主体包括食品检验机构及其检验人员、食品安全监督管理部门、食品生产经营者、食品行业协会组织和消费者。而狭义上的食品检验主体则专门指我国《食品安全法》第84条规定的，取得国家有关资质认定的食品检验机构。食品检验机构的资质认定条件和检验规范，由国务院食品安全监督管理部门规定。根据原卫生部印发的《食品检验机构资质认定条件》（卫监督发〔2010〕29号）的要求，食品检验机构应当满足组织机构、检验能力、质量管理、人员、设施和环境、仪器设备等条件。

［典型案例］ 疾控中心能否检验食品安全?

受甲市卫生监督所的委托，甲市疾控中心的一名工作人员对某蛋糕房的裱花蛋糕样品进行检测，发现该批蛋糕的霉菌数量超标。于是，疾控中心出具了质量监测报告，邮寄给该蛋糕房。甲市的卫生监督所根据该质量监测报告，进行立案并调查取证，于5月22日发出《行政处罚事先告知书》。因为蛋糕房拒收，所以无法送达。6月23日，卫生监督所通过留置送达的方式，送达该告知书。6月25日，卫生监督所发出了《行政处罚决定书》，要求蛋糕房停止经营检验不合格的同批次裱花蛋糕，并销毁已经被检验不合格的蛋糕，同时罚款1000元。7月2日，蛋糕房业主向甲市人民政府提出行政复议，要求撤销《行政处罚决定书》，并退回检测费用100元。后申请人主动撤销了行政复议申请。

【案例评析】 本案中，甲市卫生行政管理部门将食品监督采样的工作委

---

〔1〕 参见李晓安、钱星："论建立与完善食品安全二级检验体系——由苏丹红事件引发的法律思考"，载《河北法学》2005年第7期。

托给甲市疾控中心，存在问题。按照《食品安全法》的规定，只有国务院和省级的卫生行政部门才有权确定食品卫生检验单位，这些被确定的食品卫生检验单位应该具备相应条件。检验单位也不具有监督执法职能，不能主动到食品生产经营者处采样检验。并且，本案是"疾控中心"的一名工作人员主动去采样检验，不符合食品安全现场检查和采样应当由两名以上卫生监督员完成的规定。再者，疾控中心的工作人员对采样检验收取费用也是不合法的。从卫生监督所发出的《行政处罚事先告知书》和《行政处罚决定书》的间隔时间来看，剥夺了蛋糕房申请复检的权利。相关的《行政处罚事先告知书》在被退回重寄的过程中，也没有修改日期。

2. 食品检验类型。《食品安全法》第87条规定，县级以上人民政府食品安全监督管理部门对食品进行定期或者不定期的抽样检验。由于食品安全问题关涉到人民群众的健康，因而对食品安全的检测不得实行免检。对食品的抽查分为两种类型，一类是企业内部日常定期或不定期的抽查检验，这是食品日常监管的需要；另一类是执法抽检，即食品安全执法机关对食品质量的状况是否符合有关的法规和标准进行抽检。食品安全执法机关应当购买抽取的样品，不得向食品生产经营者收取检验费和其他相关费用。食品生产经营者对食品抽检结果有异议的，应当自收到检验结论之日起7个工作日内向实施抽样检验的食品安全监督管理部门或者其上一级食品安全监督管理部门提出复检申请，复检机构出具的复检结论为最终检验结论。复检机构与初检机构不得为同一机构。

3. 食品检验方法。食品检验方法包括感官检验法、理化检验法和微生物检验法。感官检验法，是指凭借人体自身的嗅觉、味觉、视觉和听觉，对食品的状态进行综合性的鉴别和评价。食品理化检验，是指采用物理或化学的检测方法，对食品的一般成分、添加的食品添加剂情况、食品中矿物质、食品中功能性成分及食品中有毒有害物质进行检测。食品微生物检验法，是指借助微生物学的相关研究，对食品中存在的微生物种类、数量及可能对人体健康产生的影响进行检验。

〔典型案例〕 李某诉银川某百货连锁超市买卖合同纠纷案[1]

原告李某在被告处购买两瓶白酒，饮用时发觉该酒口感苦涩，属于酒精勾兑酒，同时以该酒的标签不符合《食品安全法》的相关规定为由，向法院起诉，要求被告退还价款并支付 10 倍的赔偿。为了证明该酒存在质量问题，李某委托机构进行鉴定。白酒生产厂家为了证明自家的白酒不存在质量问题，同样委托机构进行鉴定，并出具了一份国家质量监督检验中心出具的检验报告，同时还提供了食品标签合法的相关证明（全国白酒标准化技术委员会秘书处关于白酒标签标示问题的回复函 1 份、白酒国家标准第一起草人——郭新光《关于液态法白酒相关标准的解读》1 份）。法院经过审理后认为，该白酒的生产符合 GB/T 20821-2007《液态法白酒》国家标准，原告的举证不足以证明被告的产品存在质量安全问题，故判决原告败诉。

【案例评析】 食品安全标准不仅是一项技术性规范，而且具有准法规性质，这些标准能够对食品生产企业的行为提供指引。目前我国在白酒生产领域的安全标准有 GB/T 17204-2008《饮料酒分类》、GB 2757-2012《蒸馏酒及其配制酒》、GB/T 20821-2007《液态法白酒》。此外，GB 7718-2011《预包装食品标签通则》对产品的标签标识作出了明确的规定。食品生产企业一旦违反这些标准，那么根据《食品安全法》的规定，应承担相应的法律责任。在实践案例中，当事人通常会采取鉴定机构出具鉴定报告、专家证人证言的方式来支持自己的主张。法官一方面要审查当事人选取的质量标准是否合理，另一方面要对第三方提供的鉴定报告的可采纳性进行判断。本案中被告提供鉴定报告采取的是 GB 7718-2011 国家标准，而原告依据的是《关于进一步加强白酒质量安全监督管理工作的通知》（食药监〔2013〕244 号文），后者的效力低于前者。

（三）违反检验规定的法律责任

食品检验机构或者检验人员，违反规定出具虚假检验报告的，根据《食品安全法》第 138 条的规定，由授予其资质的主管部门或者机构撤销该食品检验机构的检验资质，没收所收取的检验费用，并处检验费用 5 倍以上 10 倍

---

[1] 宁夏回族自治区银川市兴庆区人民法院（2015）兴民初字第 8067 号判决。

以下罚款，检验费用不足 1 万元的，并处 5 万元以上 10 万元以下罚款。对该食品检验机构的直接负责主管人员和出具虚假检验报告的检验人员给予撤职或者开除处分。如果导致了重大食品安全事故的发生，那么对直接负责的主管人员和食品检验人员给予开除处分。食品检验机构出具虚假检验报告，使消费者的合法权益受到损害的，应当与食品生产经营者承担连带责任。

对遭受开除处分的食品机构检验人员，将被禁业 10 年。而如果是因食品安全违法行为受到刑事处罚或者因出具虚假检验报告导致发生重大食品安全事故的，那么受到开除处分的食品检验机构人员，终身不得从事食品检验工作。食品检验机构聘用不得从事食品检验工作人员的，由授予其资质的主管部门或者机构撤销该食品检验机构的检验资质。

第四节　食品生产经营与进出口制度

一、食品生产经营制度

食品生产经营，是指一切食品生产、采集、加工、运输、销售等活动。对食品生产经营的严格控制，能够从源头上保证食品安全。为了防止因食品生产经营者的不规范或违法行为，导致危害群众健康的公共卫生事件，《食品安全法》规定了食品生产经营许可制度、从业人员健康管理制度、记录制度、标注标签制度、召回制度和食品广告制度，对食品生产经营者的行为进行严格规制。

（一）食品生产经营许可证制度

食品生产经营许可是一种行政许可，是指有关的行政机关根据拟从事食品生产经营的公民、法人或者其他组织的申请，依法审查其提交的申请材料，经审查合格后准许其从事特定食品生产经营活动的行政行为。食品生产经营许可是一种事前控制食品安全的手段，属于授益行政行为，意在准予申请人从事食品生产经营活动。实施行政许可的部门为县级以上地方人民政府食品安全监督管理部门。

企业或者个人想要从事食品安全生产的，应当先申请食品生产经营许可，只有获得了食品生产经营许可，才能够办理工商登记。除了一般的许可申请条件外，食品生产经营许可应当按照《食品安全法》第 33 条第 1 款第 1 项至第4项的规定提交相关材料。食品安全监督管理部门收到申请材料后，必要时可以对申请人的生产经营场所进行现场核查。食品安全监督管理部门认为当事人的申请不符合规定条件的，不予许可并书面说明理由。除了食品之外，我国对食品添加剂和对直接接触食品的包装材料等具有较高风险的相关产品也实施行政许可制度。食品添加剂生产者申请许可时，也需要具有与所生产食品添加剂品种相适应的场所、生产设备或者设施、专业技术人员和管理制度。

食品生产许可的有效期限是5年，如果食品生产经营者的生产经营条件发生变化，不再符合食品生产经营要求的，食品生产经营者应当立即采取整改措施，需要重新办理许可手续的，应当依法办理。

根据我国国情，《食品安全法》对食品生产经营许可制度设置了若干的例外情形，包括农民个人销售其自产的食用农产品、销售预包装的商品，还有食品生产加工小作坊和食品摊贩销售商品。其中，仅销售预包装商品的，应当报所在地县级以上地方人民政府食品安全监督管理部门备案。县级以上地方人民政府有义务对食品生产加工小作坊、食品摊贩等进行综合治理，加强服务和统一规划。

［典型案例］ 食品经营范围是否需要许可？[1]

无锡质量技术监督局高新技术产业开发区分局（以下简称质监局）对无锡美通食品科技有限公司（以下简称美通公司）进行检查，发现该公司生产的浆鸡小块等肉制品超出了经营许可范围，因而以涉嫌未经许可从事食品生产经营活动对该产品进行查封，并要求美通公司针对该产品制定新标准。后美通公司擅自转移了被查封的产品，质监局发现后追回并再次查封。质监局针对美通公司的行为作出行政处罚决定，美通公司申请复议失败后，提起诉讼，认为该纠纷应适用《食品生产加工企业质量安全监督管理实施细则》（以下简称《实施细则》）和《中华人民共和国工业产品生产许可证管理条例》（以下简称《条例》），而不是《食品安全法》，美通公司所进行的也仅是生产而没有销售行为。法院经审理后认为，《食品安全法》的效力层级较高，针

---

[1] 参见"无锡美通食品科技有限公司诉无锡质量技术监督局高新技术产业开发区分局质监行政处罚案"，载《中华人民共和国最高人民法院公报》2013年第7期。

对案件的处理应当适用该法。本案中美通公司超出了经营范围进行食品生产行为，同样为违法行为，应当受到规制，判决美通公司败诉。

【案例评析】我国对食品生产经营实施目录许可证制度，企业应当严格按照许可的食品品种进行生产活动。企业超出该许可范围的，属于未经许可从事食品生产经营活动，除了没收违法所得和生产经营工具以外，对于货值金额超过 1 万元的，还应当并处货值 5 倍以上 10 倍以下的罚款。在本案中，质监局的处罚决定是基于美通公司的违法行为，并且其处罚决定也是严格依照法定程序作出，质监局的行政处罚行为认定事实清楚、程序合法。关于法律的效力层级问题，《食品安全法》是由全国人大常委会制定的法律，较此前国务院制定的《条例》和《实施细则》而言，具有更高的法律效力层级，应当优先适用。

（二）食品生产经营过程控制制度

1. 食品从业人员健康管理及培训制度。为了杜绝因从业人员携带细菌、传染性疾病等原因而污染食品，导致危害公众身体健康的食品安全事故，根据《食品安全法》第 44 条、第 45 条的规定，食品生产经营企业应当建立健全食品从业人员健康管理及培训制度。对经考核不具备食品安全管理能力的人员，不得上岗。对患有痢疾、甲型和戊型病毒性肝炎、活动性肺结核、化脓性或者其他渗出性皮肤病的，食品生产经营者应当将其调整到不影响食品安全的岗位。从事接触直接入口食品工作的人员，应当每年进行健康体检，并在取得健康证明后，方可上岗工作。除此之外，这类人员在平时的体检中发现自己有不宜从事直接接触入口食品工作的，应当及时向单位反映，调往其他岗位。食品安全监督管理部门对企业食品安全管理人员随机进行监督抽查考核并公布考核情况。

2. 食用农产品生产记录制度。《食品安全法》第 49 条规定，食用农产品生产者应当按照食品安全标准和国家有关规定使用农药、肥料、兽药、饲料和饲料添加剂等农业投入品，严格执行农业投入品使用安全间隔期或者休药期的规定，不得使用国家明令禁止的农业投入品。禁止将剧毒、高毒农药（如敌敌畏等）用于蔬菜、瓜果、茶叶和中草药材等国家规定的农作物。食用农产品的生产企业和农民专业合作经济组织应当建立农业投入品使用记录制度。该记录应当记载所使用农药、兽药的名称、来源、用法和用量等情况，生产者应当真实准确记录上述内容，并对记录的真实性和完整性承担责任。

3. 食品生产企业进货查验记录和出厂检验记录制度。《食品安全法》建立了食品信息追溯制度，集中体现在食品生产经营者进货查验记录制度和食品出厂、销售检验记录制度。（1）食品生产、经营企业进货查验记录制度。食品生产经营者应当建立食品原料、食品添加剂、食品相关产品进货查验记录制度，如实记录食品原料、食品添加剂、食品相关产品的名称、规格、数量、生产日期或者生产批号、保质期、进货日期以及供货者名称、地址、联系方式等内容，并保存相关凭证。食品生产经营者对这些记录和凭证保存期限不得少于产品保质期满后 6 个月，如果没有明确保质期的，那么保存期限不得少于两年。食品生产经营者采购生产食品的原材料时，应当到证照齐全的单位采购，并向销售者索取购物凭证。例如，在采购生猪肉时，应当到具有相关证照的屠宰企业，购买为定点屠宰企业屠宰、相关检验检疫齐全的产品。在与他人签订合同后，食品生产经营者发现所进货物不符合食品安全要求时，可以拒绝进货。（2）食品出厂、销售检验记录制度。食品生产者和经营者在出售食品时，应当进行出厂、销售检验，查验食品的检验合格证和安全状况，如实记录食品的相关信息。食品生产经营者对这些记录和凭证的保存期限不得少于产品保质期满后 6 个月，如果没有明确保质期的，那么保存期限不得少于两年。该记录和凭证可以为食品召回制度提供关键的信息，特别是能够协助迅速找到购买问题产品的消费者。除此之外，在往后与消费者发生和食品安全有关的纠纷案件时，也可以将食品检验记录作为重要的证据。

〔典型案例〕 食品批发企业的进货查验记录制度应如何完善？〔1〕

山东若森商贸有限公司（以下简称若森公司）从上海某公司购入进口啤酒，转销给济南某超市。该超市后来接到投诉，称该超市销售的啤酒不符合食品安全标准。山东省济南市历城区市场监督管理局（以下简称历城区市场监管局）经过调查后，直接向上游的若森公司作出行政处罚决定。该处罚决定写明"甜味剂：甜菊糖苷、抗氧化剂：抗坏血酸"在中文标签中没有标注，不符合《预包装食品标签通则》（GB 7718-2011）及《食品安全法》的相关规定。考虑到若森公司在购入该啤酒时，留存了报关单、检验检疫合格证明

---

〔1〕 山东省济南市中级人民法院（2020）鲁 01 行终 160 号判决。

和供货者的经营许可证，并不知晓该批啤酒不符合食品安全标准，并能如实说明商品来源，决定没收公司违法所得，并处货值金额的 2.5 倍罚款。另外，处罚决定书还写明，若森公司没有组建完善进货查验记录制度。若森公司不服，认为其已经履行了相关义务，对小公司的审查要求不应过于严格，于是向法院起诉。法院认为，食品经营进货查验制度属于《食品安全法》的规定，食品批发企业应当严格遵守并履行该义务，若森公司未严格遵循该规定，应当受到行政处罚。

【案例评析】关于《食品安全法》第 136 条规定了食品经营者免于处罚的条件，针对该条主要有两个问题，一是对食品经营者的过错要件问题，行政处罚不仅是为了惩罚行为人，同样也具有教育目的，只有主观上存在过错的主体，才具有教育的必要性。对食品经营者的过错认定，应当立足于食品安全风险防控的要求；二是建立完善的食品追溯体系包含在进货查验义务之内。食品追溯体系的任务包括食品经营者的进货查验和食品销售记录制度。从案件事实来看，若森公司虽然没有违法的故意，但是其未能满足食品经营企业建立完善的进货查验制度要求，说明其没有按照《食品安全法》的相关标准履行义务，主观上存在过失，因而不具备免予处罚的条件。

（三）食品标注、标签和广告制度

食品的标注、标签和广告的内容是消费者了解食品相关信息的主要途径，生产者或销售者等应当确保食品的标注、标签和广告内容真实可靠。《食品安全法》对食品、食品添加剂及食品相关产品的标注、标签制度和广告制度作了详细全面的规定。

1. 食品标注、标签信息。食品标注，是指粘贴、印刷、标记在食品或者包装上，用以表示食品名称、质量等级、商品数量、食用或者使用方法、生产者或者销售者等相关信息的文字、符号、数字、图案以及其他说明的总称。食品标签，是指预包装食品容器上的文字、图形、符号以及一切说明物，其功能同样是向消费者表明被标识食品的名称、配料表、生产者名称、批号等信息。通过要求食品生产经营者明确标注产品信息，可以帮助食品生产经营者扩大品牌影响力，让消费者明确食品的营养成分，防止食品生产者或者经营者以假充真、以次充好；便于追究相关法律责任。《食品安全法》第 67 条规定对预包装食品（即预先定量包装在包装材料或容器中的食品）的标签应当包含如下内容：（1）名称、规格、净含量、生产日期；（2）成分或者配料表；（3）生产者的名称、地址、联系方式；（4）保质期；（5）产品标准代号；（6）贮存条件；（7）所使用的食品添加剂在国家标准中的通用名称；（8）生产许可证编号；（9）法律、法规或者食品安全标准规定应当标明的其他事项。对于专供婴幼儿或者其他有特殊营养需求的特定人群的主辅食品，标签还应当表明主要营养成分和含量。食品和食品添加剂与其标签、说明书的内容不符的，不得上市销售。《食品安全法》第68条对散装食品（即无预包装的食品、食品原料及加工半成品，但不包括新鲜蔬菜水果以及需清洗后加工的原料、冻畜禽和水产品）的标注作出规定，要求在散装食品的容器、外包装上标明食品的名称、生产日期或者生产批号、保质期以及生产经营者名称、地址、联系方式等内容。对于特殊的食品，如转基因食品，应当显著标识。

〔典型案例〕　食品标签欠缺成分含量标注是否属于不安全食品？[1]

原告程浩在被告南京欧尚超市有限公司江宁店（以下简称欧尚超市）购买了东阿公司生产的阿胶糕食品，该食品明确标注了"桃花姬阿胶糕"，产品外包装的配料表中标注了该产品的原料，但没有明确标明含量。该食品的执行标准是 Q/DEB0002S，食品生产许可证号为 QS371528011299。但后来山东省食品药品监督管理局发布了《山东省食品药品监督管理局关于进一步加强阿胶糕类食品生产许可工作有关问题的通知》，要求在食品标签上写明阿胶、黑芝麻等有价值、有特性的配料及含量。程浩向法院主张，阿胶糕没有标明阿胶含量违反该规定，根据《食品安全法》第26条、第67条、第148条的规定，要求退货并返还价款，同时要求10倍惩罚性赔偿。法院认为，尽管阿胶糕未标注含量的行为有瑕疵，但并非不安全产品，因而不适用惩罚性赔偿。

【案例评析】生产不符合食品安全标准的食品或者是销售明知不满足食品安全标准的食品，除了应当返还价款之外，还需要支付消费者购买价款10倍的赔偿。但食品不安全通常是指食品包含有毒有害等因素，而食品标签和说明不会影响食品安全且不会对消费者造成误导的，则该食品不属于不安全食品。在本案中，涉案阿胶糕缺乏阿胶糕的含量标注，属于标签存在瑕疵的

---

〔1〕　参见"程浩诉南京欧尚超市有限公司江宁店等产品生产者、销售者责任案"，载《中华人民共和国最高人民法院公报》2018年第9期。

商品，对原告要求退货并返还价款的请求予以支持。而对程浩主张的惩罚性赔偿，由于阿胶公司生产阿胶糕具有食品生产许可证，相关检测报告也显示阿胶糕满足食品安全标准，因此该阿胶糕属于安全食品，不适用惩罚性赔偿。

2. 食品广告。食品广告是指食品生产者为促销产品，利用媒体向大众宣传，以便获得更多销售额的手段。《食品安全法》第 73 条规定，食品广告的内容应当真实合法，不得含有虚假内容，不得涉及疾病预防、治疗功能。食品生产经营者对食品广告内容的真实性、合法性负责。在广告中对食品作虚假宣传，欺骗消费者，或者发布未取得批准文件、广告内容与批准文件不一致的保健食品广告的，依照《广告法》的规定给予处罚。广告经营者、发布者设计、制作、发布虚假食品广告，使消费者的合法权益受到损害的，应当与食品生产经营者承担连带责任。社会团体或者其他组织、个人在虚假广告或者其他虚假宣传中向消费者推荐食品，使消费者的合法权益受到损害的，应当与食品生产经营者承担连带责任。禁止县级以上人民政府食品安全监督管理部门和其他有关部门以及食品检验机构、食品行业协会以广告的方式向消费者推荐食品。消费者组织不得以收取费用或者其他牟取利益的方式向消费者推荐食品。

（四）食品召回制度

食品召回，是指食品生产经营者发现其生产或销售的食品不符合安全标准时，召回已经上市销售的食品，并采取相应的措施及时处置危害的行为。[1]食品召回的制度目的是预防不安全的食品对人体造成损害，我国对食品实施严格的质量安全标准，要求企业对不符合质量标准的食品在一定期限内召回，能够保障我国的食品安全。2002 年北京实行"违规食品限期追回制度"，成为我国食品召回的开端。国家质量监督检验检疫总局于 2007 年正式颁布《食品召回管理规定》（已失效），该规定标志着我国正式建立了食品召回制度。

《食品安全法》第 63 条规定，食品生产者、经营者应当根据食品召回制度立即停止生产，召回已经上市销售的食品，通知其他相关生产经营者和消费者，并记录召回和通知情况。食品生产经营者应当对召回的食品采取无害

---

〔1〕《食品召回管理规定》第 4 条"召回"的定义，是指食品生产者按照规定程序，对由其生产原因造成的某一批次或类别的不安全食品，通过换货、退货、补充或修正消费说明等方式，及时消除或减少食品安全危害的活动。

化处理、销毁等措施，防止其再次流入市场。但对于因标签、标志或者说明书不符合食品安全标准而被召回的食品，食品生产者在采取补救措施且能保证食品安全的情况下可以继续销售；销售时应当向消费者明示补救措施。食品生产经营者未依照本条规定召回或者停止经营的，县级以上人民政府食品安全监督管理部门可以责令其召回或者停止经营。从上述规定可以看出，我国按照企业主动召回与否，将食品召回区分为主动召回和责令召回两种类型。另外，根据可能造成食品安全事故的严重程度，还可以将我国食品召回分为三个等级。第一个召回等级是食品可能严重危害消费者身体健康；第二个召回等级是问题食品对消费者的身体健康只会造成较低程度的影响；第三个召回等级是食品包装或者标签有瑕疵，但不会影响消费者健康。

我国目前的食品召回管理体制采用"二级监管"模式，由国家市场监督管理总局统一协调和负责全国食品召回的监管工作，省级质监部门负责本行政区域食品召回的监管工作。国家市场监督管理总局建立食品召回信息管理系统，食品生产者应当及时向所在地的质监部门及时报告不安全食品的信息。

【扩展资料】食品召回制度

食品召回的制度目的主要是让食品生产经营者及时召回问题产品，避免发生食品安全事故。然而，我国对食品生产经营企业违反召回规定的处罚过轻，例如，我国《食品召回管理办法》第38条规定，食品生产经营者对问题产品存在不立即停止生产经营，不主动召回等情形的，由市场监督管理部门给予警告，并处1万元以上3万元以下罚款。不少企业在权衡主动召回的巨大损失后，往往不会主动采取措施召回问题食品。相比之下，美国政府鼓励企业对其生产经营的问题产品采取迅速且果断的召回措施，监管部门往往也会提供协助，并对主动召回的企业采取宽大处理。如果美国企业对问题产品隐瞒处理，那么不仅会面临行政处罚（往往会被处以巨额的罚款），而且企业负责人还可能面临牢狱之灾。[1]美国政府的做法使得食品召回的制度目的充分实现，值得我们借鉴。

另外，考虑到召回成本巨大，而我国生产经营食品的企业大多规模较小，因而我国可以尝试建立食品召回责任保险制度，确保在问题产品造成食品安全事故

---

〔1〕　参见韩国莉："我国食品召回制度评析"，载《兰州大学学报（社会科学版）》2014年第1期。

之前，企业能够有足够的资金采取措施召回问题食品，进而辅助实现问题食品召回的制度目的。

（五）特殊食品管理制度

特殊食品，主要是指保健品、婴幼儿配方食品和特殊医学用途配方食品，国家对这类食品实行严格的监督管理。保健品不是药品，而是指对人体健康有一定帮助和促进作用的食品，保健功能应当有科学依据，不得对人体造成损害。国务院食品安全监督管理部门会同国务院卫生行政部门、国家中医药管理部门制定、调整并公布保健食品原料目录和保健功能目录。该目录应当包括原料名称、用量及其对应的功效，列入保健食品原料目录的原料只能用于保健食品生产，不得用于其他食品生产。

对于使用食品原料目录以外的原料和首次进口的保健食品，应当经国务院食品安全监督管理部门注册，而补充维生素、矿物质等营养物质的保健食品，则需要报国务院食品安全监督管理部门备案。保健食品在注册时，需要提交产品配方、生产工艺等信息。保健食品的标签、说明书不得涉及疾病预防、治疗功能，并应当载明适宜人群、不适宜人群、功效成分或者标志性成分及其含量等，同时声明"本品不能代替药物"。保健食品广告应当经生产企业所在地省、自治区、直辖市人民政府食品安全监督管理部门审查批准。特殊医学用途配方食品也应当经国务院食品安全监督管理部门注册，在注册时需提交产品配方、生产工艺、标签、说明书以及表明产品安全性、营养充足性和特殊医学用途临床效果的材料。

生产保健食品，特殊医学用途配方食品、婴幼儿配方食品和其他专供特定人群的主辅食品的企业，应当按照良好生产规范的要求建立与所生产食品相适应的生产质量管理体系，定期对该体系的运行情况进行自查，保证其有效运行，并向所在地县级人民政府食品安全监督管理部门提交自查报告。其中，婴幼儿配方食品生产企业应当实施严格的质量控制，对出厂的婴幼儿配方食品逐批检验，保证食品安全。

二、食品进出口制度

（一）食品进出口制度概述

食品进出口制度在国际贸易中有重大影响，涉及国际贸易规则的遵守和本国食品安全的维护。并且，对国外商品的出口也会影响我国的形象和对外市场的开拓。2008 年的三聚氰胺毒奶粉事件，导致我国的食品安全声誉在国际上受损，不少国家禁止中国奶制品的进口，国外经销商纷纷退货并取消订单。与此同时，国外进口的问题产品也严重威胁我国的食品安全问题。2021年，根据海关总署公布因质检不合格而未准入境的食品信息，有问题的进口食品共计 2893 个批次，这些食品来自全球 86 个地区。[1]其中涉及的问题或者是资证不全、存在动物疫病，或者是违规使用食品添加剂等。

我国食品进出口面临的问题较多，一方面，像欧盟等制定了较高的食品安全标准，形成技术性的贸易壁垒，不利于我国食品的出口。还有不少国家也对我国食品出口人为制造阻碍，例如我国在 2004 年暴发禽流感，一些国家禁止我国禽肉进口，该禁令一直持续到 2010 年；另一方面，由于我国的食品安全标准相对于其他国家数量少，门槛低，导致进口食品的质量偏差。例如，在农药残留值的检测中，日本有上万个标准，而我国只有数千个。包括食品安全标准在内的食品进出口制度的不完善，导致我国在国际食品进出口贸易中处于不利地位。

我国关于食品进出口制度的规定除了《食品安全法》以外，还包括《进出口商品检验法》《动植物检疫法》《卫生检疫法》。目前，我国已经初步建立了食品进出口管理法律体系，该体系包括进出口风险管理制度、食品进口预警制度，食品进口检验检疫制度，食品进口备案和注册制度，食品进口标签制度，食品进口销售记录制度以及境外出口商和境外生产企业审核制度。

（二）食品进出口制度内容

1. 进出口风险管理、评估制度。国外如果暴发疫情或者是出现可供食用的新品种，那么我国需要借助进口风险管理、评估制度，对进口相关食品可能造成的损害进行评估，进而决定是否采取相关措施。《食品安全法》第 101条规定，国家出入境检验检疫部门可以对向我国境内出口食品的国家（地区）的食品安全管理体系和食品安全状况进行评估和审查，并根据评估和审查结果，确定相应检验检疫要求。该法第 93 条特别强调，对进口利用新的食品原

---

〔1〕 参见"海关总署：去年 2893 批次食品未准入境，拦截食品超 3 万吨"，载 https://szb. qzwb. com/qzwb/html/2022-05/24/content_591844. htm，最后访问日期：2022 年 5 月 24 日。

料生产的食品或者进口运用新品种添加剂的食品和相关新食品，应当根据第37条进行安全评估。

2. 食品进口预警制度。食品进口预警，是指对于境外发生的食品安全事件可能对我国造成危险，或者是在食品、食品添加剂、食品相关产品中发现严重食品安全问题的，为了预防和减少问题食品对我国境内食品安全造成重大影响，由国家出入境检验检疫部门采取的风险预警或者控制措施，这是一种预防性的安全保障措施。我国出入境检验检疫部门应当收集、汇总进出口食品安全信息，将这些信息通报相关部门、机构和企业，便于及时采取应对措施。上述食品安全信息的来源包括：出入境检验检疫机构对进出口食品实施检验检疫发现的信息、食品行业协会和消费者协会等组织及消费者反映的信息、国际组织和境外政府机构发布的风险预警信息及其他信息，以及境外食品行业协会等组织和消费者反映的信息。

3. 食品进口检验检疫制度。世界各国高度关注食品安全问题，因而普遍建立了严格的食品进口检验检疫制度。我国2001年将各部门检验检疫机构合并，组建了国家质量监督检验检疫总局，随后在2018年将总局的职责整合，组建中华人民共和国国家市场监督管理总局。市场监督管理总局负责起草、实施和监督执行与检验检疫相关的法律，包括进出口的检验检疫事项。《食品安全法》第92条规定，进口的食品、食品添加剂、食品相关产品应当符合我国食品安全国家标准。该法第93条对于国家尚无安全国家标准食品的进口，规定由境外出口商、境外生产企业或者其委托的进口商向国务院卫生行政部门提交所执行的相关国家（地区）标准或者国际标准。国务院卫生行政部门对相关标准进行审查，认为符合食品安全要求的将暂予适用，并及时制定相应的食品安全国家标准。

4. 食品进口备案、注册制度。我国对境内出口食品的出口商或者代理商，进口食品的进口商实施备案制度，并就我国境内出口食品的生产商实施注册制度，有助于国家检疫部门在发现食品问题后，迅速根据备案内容找到相关的出口商、代理商和进口商，并要求其立即采取措施，以防范发生食品安全风险。《食品安全法》第96条规定，我国实施食品进口备案、注册制度，已经注册的境外食品生产企业提供虚假材料，或者因其自身的原因致使进口食品发生重大食品安全事故的，国家出入境检验检疫部门应当撤销注册并公告。该法第100条规定，国家出入境检验检疫部门应当对进出口食品的进口商、出口商和出口食品生产企业实施信用管理，建立信用记录，并依法向社会公布。

5. 食品进口标签和进口销售记录制度。向我国出口食品的国家非常多，其食品标签多以本国语言为主。为了便于我国消费者了解食品的相关信息，《食品安全法》第 97 条规定，进口的预包装食品、食品添加剂应当有中文标签；依法应当有说明书的，还应当有中文说明书。这些食品的标签和说明书应当符合我国的相关法律。另外，产地作为我国消费者选择进口商品的重要考量因素，也应当在商品包装或标签中标明。为了在发生食品安全事故时，能够尽快确定生产商、销售商和进口商的责任，以及寻找购买该商品的消费者，把食品安全事故控制在一定的范围，《食品安全法》第 98 条规定了食品进口销售记录制度。

［典型案例］ 进口冷冻食品能否更换为国内标签？[1]

由于新冠疫情的蔓延，市场监督管理局要求对进口冷链进行监管。吴江斌龙食品经营部主要从事冷链产品的销售，某日市场监督管理局执法人员在进行进口冷链食品及冷库疫情防控检查时，发现该经营部的工作人员正在将冷链食品的外包装标签更换为国内的标签，以逃避进口市场监督管理局的监管。该经营部的做法，导致其进口的冷链食品未按照规定录入"江苏冷链"系统。此外，当事人在涉案进口冻带鱼包装盒上所粘贴的国产标签内容中，生产日期、保质期、生产厂家等相关内容均为虚假信息。对于吴江斌龙食品经营部更换标签的行为，吴江区市场监督管理局依法对该经营部作出行政处罚。同时对吴江斌龙食品经营部标注虚假生产日期、保质期、食用农产品生产者名称、生产者地址的违法行为进行警告，并没收标签中含有虚假内容的冻带鱼。

【案例评析】根据《食品安全法》第 125 条的规定，生产经营的食品、食品添加剂的标签不符合法律规定的，由县级以上人民政府食品安全监督管理部门没收违法所得和违法生产经营的食品、食品添加剂，并可以没收用于违法生产经营的工具、设备、原料等物品；违法生产经营的食品、食品添加

---

[1] 参见"市场监管总局曝光食品安全典型案例"，载 https://www.chinacourt.org/article/detail/2022/07/id/6792616.shtml，最后访问日期：2022 年 7 月 13 日。

剂货值金额不足 1 万元的，并处 5000 元以上 5 万元以下罚款；货值金额 1 万元以上的，并处货值金额 5 倍以上 10 倍以下罚款；情节严重的，责令停产停业，直至吊销许可证。案例中的吴江斌龙食品经营部的负责人违法用中文标签替换外文标签，且中文标签内容不真实，违反了上述法律规定，应承担相应责任。另外，吴江斌龙食品经营部的负责人隐瞒进口带鱼的信息，如因此导致新冠疫情的传播，应当根据《治安管理处罚法》承担相应的责任。

（三）法律责任

根据《食品安全法》第 129 条的规定，食品进口商存在以下行为，尚不构成犯罪的，由出入境检验检疫机构没收违法所得和违法物品，并处罚金，情节严重的，吊销许可证：（1）提供虚假材料，进口不符合我国食品安全国家标准的食品、食品添加剂、食品相关产品；（2）进口尚无食品安全国家标准的食品，未提交所执行的标准并经国务院卫生行政部门审查，或者进口利用新的食品原料生产的食品或者进口食品添加剂新品种、食品相关产品新品种，未通过安全性评估；（3）未遵守本法的规定出口食品；（4）进口商在有关主管部门责令其依照本法规定召回进口的食品后，仍拒不召回。

进口商未建立并遵守食品、食品添加剂进口和销售记录制度、境外出口商或者生产企业审核制度的，由出入境检验检疫机构责令改正，给予警告；拒不改正的，并处罚款；情节严重的，责令停产停业，直至吊销许可证。

第五节 食品安全监管与事故处置制度

一、食品安全监管制度

（一）食品安全监管的概念

根据世界卫生组织的定义，食品安全监管是指由国家或地方政府机构实施的强制性监管活动，旨在为消费者提供保护，确保从生产、处理、贮存、加工到销售的过程中食品安全、完整，并适合于人类食用。从该定义来看，所谓的食品监管，是指政府通过监测、检验、监督和处理等强制性监管措施，对食品生产经营的全过程进行监督管理，从而确保食品安全的活动。根据监管主体的多寡和职责的不同，可以将食品安全监管模式分为多元机构监管、综合监管和单一机构监管三种。多元机构监管模式即由多个部门共同负责食品安全监管问题，而单一机构监管模式是由一元化的单一部门负责食品安全监管问题。综合监管模式，是指由国家建立一个相对独立的权威机构，统一协调各部门对相应环节的食品监管。

由一元化的单一部门负责食品安全监管问题的国家比较少，目前食品安全监管逐渐由多部门监管模式转变为综合监管模式。例如，美国 2011 年通过的《FDA 食品安全现代化法》，将过去的多部门协调管理食品安全转变为由一个主要部门（卫生部下属的食品药品管理局）负责，外加多部门协同配合的监管体系。加拿大 1997 年通过的《食品监督署法》，将原来分属于多个部门的检验业务集中起来，在农业和食品部之下设立一个专门的食品安全监督机构（加拿大食品监督署），从而形成与卫生部（主要负责食品安全标准的制定）分工合作、统一协调开展食品安全监管的体系。

我国实行分段监管为主、品种监管为辅，统一协调的多机构分段监管原则，即由国家市场监督管理总局统一负责食品监督管理工作，同时卫生部（现国家卫生健康委）、农业农村部等部门协调配合食品安全监督的管理体制。虽然我国存在统一的权威监管机构，但各部门之间的职责仍需仔细区分，以避免部门之间相互推诿，或者分工过细导致职能重叠等问题。

（二）我国食品安全监管体制

我国食品监管体制呈现出多元性、法定性、强制性、公开透明性和科学性的特征。食品安全监管不仅包括政府部门的监管，还应当纳入行业自律组织和公民的监督。

1. 政府监管职责。为了切实加强对食品安全工作的领导，国务院在 2010 年 2 月决定设立食品安全委员会。具体职责为：负责分析食品安全形势，研究部署、统筹指导食品安全工作；提出食品安全监督管理的重大政策措施；督促落实食品安全监督管理责任。为了统一协调管理，2018 年国务院机构改革，将原先的工商行政管理和国家食品药品监督管理等部门合并，设置国家市场监督管理总局。该总局主要负责监督指导全国食品生产许可管理工作，并组织开展全国性食品安全抽样检验工作，指导地方市场监督管理部门组织实施食品安全抽样检验工作。除此之外，负有食品安全监管职责的部门还包括卫生行政部门（国家卫生健康委）和农业农村部。卫生行政部门承担食品安全风险监测工作；农业农村部负责制定绿色食品产地环境、生产技术、产品质量、包装贮运等标准和规范等职责。

《食品安全法》第6条还明确了县级以上地方人民政府的监管职责。县级以上人民政府食品安全监督管理部门根据食品安全风险监测、风险评估结果和食品安全状况等，确定监督管理的重点、方式和频次，实施风险分级管理。县级以上地方人民政府组织本级食品安全监督管理、农业行政等部门制定本行政区域的食品安全年度监督管理计划，向社会公布并组织实施。

2. 行业协会监管职责。《食品安全法》第9条规定，食品行业协会应当加强行业自律，按照章程建立健全行业规范和奖惩机制，提供食品安全信息、技术等服务，引导和督促食品生产经营者依法生产经营，推动行业诚信建设，宣传、普及食品安全知识。行业协会能够提高监管质量与效率，发挥行业协会的监督职能，是确保食品安全的重要举措。

3. 其他监管职责。除了上述监督机构之外，食品安全监督还仰仗于消费者组织等社会团体的纠察、新闻媒体的报道和个人的举报。

〔典型案例〕 新闻媒体应如何履行食品卫生的监管职责？[1]

某省广播电视总台曝光了朱某云经营的熟菜作坊卫生问题，后被相关部门取缔。两年后朱某云以其女儿的名义重新开了一家卤菜厂，该总台记者知晓该情况后，再度探访朱某云的卤菜厂，发现其卫生环境堪忧，经过当地的市场监督管理部门的调查，该卤菜厂涉嫌经营腐败变质的产品，对其作出行政处罚。电视总台报道了这一消息，并进行了实地拍摄，发现该卤菜厂污水横流，苍蝇随处可见，工人没有任何防护直接在地上操作。后朱某云以电视总台侵犯其名誉权为由，向法院起诉，要求电视总台赔礼道歉，赔偿损失。法院认为电视总台报道食品卫生问题、揭露食品安全隐患是其社会职责，且不存在捏造事实的情形，驳回朱某云的诉求。

【案例评析】 依法报道新闻事件是新闻媒体的法定权利和职责。在该案件中，电视总台对食品安全问题的新闻舆论监督有利于遏制食品犯罪，保护人民群众"舌尖上的安全"。当然，电视总台在报道相关的情况时，应当客观真实，避免侵害被报道主体的名誉权。卤菜厂状告电视总台侵犯其名誉权，然而法院经过调查，发现电视总台的报告内容与行政处罚决定书所阐述

---

〔1〕 参见"最高法发布大力弘扬社会主义核心价值观典型民事案例"，载 https://www.china-court.org/article/detail/2022/02/id/6542021.shtml，最访问日期：2022年2月23日。

的事实一致，现场的视频也能够佐证报道的真实性，卤菜厂的主张不成立。该案对引导商户诚信、规范经营的意义重大，不仅弘扬了社会主义核心价值观，而且明确了新闻媒体对违反食品安全法规的生产经营行为进行监督报道的权利。

（三）食品安全行政监管措施

根据《食品安全法》规定，食品安全监管措施包括进入生产经营场所实施现场检查，对食品和添加剂等进行抽样检查，查阅、复制合同等有关资料，查封、扣押有证据证明的不安全食品以及用于违法生产经营的食品、食品添加剂、食品相关产品，查封违法从事生产经营活动的场所。对食品安全采取行政监管措施的，食品安全监管机关应当记录监督检查的情况和处理结果、建立食品生产经营者安全信用档案（记录许可颁发、日常监督检查结果、违法行为查处等情况）、接受咨询投诉和举报。食品安全行政监管作为行政行为的类型之一，食品安全监管机关采取该行为时应当按照法定权限和程序进行。

［典型案例］ 检察院提起行政公益诉讼治理学校周边的食品安全问题[1]

在贵州省铜仁市的中小学周边存在许多占道经营的小贩，主要经营肠粉、炒粉、奶茶等食品，销售对象主要为周边在校的中小学学生。这些流动食品经营者往往未依法办理食品经营的相关手续，并且相关的生产工具也缺乏卫生条件，存在安全隐患，严重影响中小学生的身体健康。检察机关接到人大代表和师生的反映之后，前往这些中小学附近调查取证，对于占道经营、违反《食品安全法》的小贩情况进行摸底。检察机关决定，对当地怠于履行食品安全监督管理职责的市场监督管理局提出检察建议，要求市场监督管理局依法履行其职责。后检察机关发现学校周边的食品安全问题仍有反复，于是向法院提起公益诉讼。法院确认该市场监督管理局怠于履行职责，判决其依法履行职务。

【案例评析】上述案件中，检察机关通过多渠道获取案件线索来源，其

---

〔1〕 参见"【指导性案例】贵州省沿河土家族自治县人民检察院督促履行食品安全监管职责行政公益诉讼案"，载 http://www. ordos. jcy. cn/yasf/202207/t20220722_ 3765355. shtml，最后访问日期：2022 年 7 月 22 日。

中包括在办理其他案件时发现的相关线索、人大代表和政协委员提交调查建议和新闻媒体反映的问题。对于学校周边的流动商贩，市场监督管理局认为，其不具有划定临时区域供小贩经营，无直接管理流动食品摊贩的职能。该辩护意见不成立，根据《食品安全法》的相关规定，市场监督管理局应承担食品生产经营监督管理职责。检察机关在该案件中，通过公益诉讼的方式督促市场监督管理机关履行职务，及时处理校园周边的食品安全问题，充分维护了青少年的健康权。

（四）食品安全信息公开

食品生产经营者与消费者之间存在信息不对称，这是导致食品安全问题的重要原因之一。而食品安全信息公布不及时，也会对食品产业的发展造成消极影响。消费者由于不能及时了解食品安全的相关信息，一旦出现食品安全问题，他们无不"风声鹤唳草木皆兵"，拒绝对相关产品进行消费。在2008 年四川广元爆出柑橘大实蝇疫情后，群众不明情况，以讹传讹，最终导致四川乃至全国的柑橘严重滞销。为此，《食品安全法》第 118 条规定，国家建立统一的食品安全信息平台，实行食品安全信息统一公布制度。诸如国家食品安全总体情况、食品安全风险警示信息、重大食品安全事故及其调查处理信息和国务院确定需要统一公布的其他信息，由国务院食品安全监督管理部门统一公布。

县级以上人民政府食品安全监督管理部门、农业行政部门依据各自职责公布食品安全日常监督管理信息，包括实施行政许可的信息等。只有当食品安全风险警示信息、重大食品安全事故及其调查处理信息的影响仅限于特定区域时，才可以由有关省、自治区、直辖市人民政府食品安全监督管理部门公布。为了避免引起不必要的恐慌，任何机关、团体和个人，未经授权不得发布上述信息。

对上述食品信息的公布，相关部门应当做到准确、及时，并进行必要的解释说明（如信息的来源、依据），避免误导消费者和社会舆论。县级以上地方人民政府食品安全监督管理部门、卫生行政部门、农业行政部门获知《食品安全法》规定需要统一公布的信息，应当向上级主管部门报告，由上级主管部门立即报告国务院食品安全监督管理部门；必要时，可以直接向国务院食品安全监督管理部门报告。因此，县级以上地方人民政府原则上应当遵守逐级上报的规则，只有必要的情况下，才可以越级上报。此外，县级以上人民政府食品安全监督管理部门、卫生行政部门、农业行政部门应当互相通报获知的食品安全信息。

【扩展资料】转基因食品安全监管

转基因食品，是指利用基因工程技术，改变目标生物的基因，从而生产出符合需求的食品和食品添加剂。转基因食品包括转基因动植物、微生物产品和转基因动植物、微生物直接加工品或者以直接加工品为原料生产的食品、食品添加剂。[1] 目前，转基因植物的种植面积迅猛发展，中国转基因作物种植面积为 290 万公顷，位列全球第 7 位。[2] 转基因食品在增加食品产量和品质方面，具有巨大的发展潜力和价值，但转基因食品是否存在安全隐患，存在不确定性。目前对转基因食品存在几个方面的担忧：一是转基因食品可能会成为部分人的新过敏原；二是转基因食品可能具有毒性、损害人体健康；三是转基因食品可能会帮助植物抵御抗生素基因传播，使有害生物产生抗药性。

《食品安全法》第 151 条规定："转基因食品和食盐的食品安全管理，本法未作规定的，适用其他法律、行政法规的规定。"我国目前关于转基因食品的主要法律是 2017 年修订的《农业转基因生物安全管理条例》《农业转基因生物标识管理办法》《农业转基因生物进口安全管理办法》等规章。但目前我国关于转基因食品的法律规定还有若干需要完善的地方，主要体现在转基因食品的安全性评价和标识两个方面。我国关于转基因食品的安全性评价涉及的范围非常广泛，包括营养学评价、毒理学评价和过敏原测试等，此外还包括外源基因水平转移所引发的不良后果和基因多效性所引发的危害。[3] 但与其他国家相比，我国在转基因食品的评价标准上较为落后。在转基因食品标识方面，我国目前也仅针对大豆、玉米、油菜、棉花和番茄有强制标识要求，远低于日本规定的 24 类和韩国规定的 27 类。未来我国应该参考其他先进法域的经验，改进评价内容的安全性标准，并且，扩大转基因食品强制标识的范围。除此之外，为了进一步细化转基因食品的管理和保障公众知情权，国家应当责令食品生产经营者就食品包含的转基因成分

---

〔1〕 参见叶盛荣："转基因食品安全的法律控制"，载《湖南社会科学》2011 年第 2 期。

〔2〕 参见"农业农村部宋贵文：中国转基因作物种植面积排全球第 7"，载 https://news.sina.com.cn/c/2020-06-09/doc-iircuyvi7597811.shtml，最后访问日期：2020 年 6 月 9 日。

〔3〕 参见顾秀林：《转基因战争：21 世纪中国粮食安全保卫战》，知识产权出版社 2011 年版，第 41 页。

占比进行标识，并对可能过敏的特殊群体进行提示。〔1〕

〔典型案例〕 转基因食品的信息是否应予以公开？〔2〕

2013年6月，黄乐平向农业部提交了政府信息公开申请表，要求公开涉及农业转基因作物进口的种类以及进口数量、进口的转基因大豆的安全评价结果和安全评价报告、农业部未批准转基因粮食作物商业化种植的原因、是否拟在国内进行转基因粮食商业化种植及计划、本土农业和农民利益保护措施、转基因生物标识制度的落实及监督处罚情况。农业部认为，农业转基因作物进口的种类、转基因大豆相关的安全评价资料，农业转基因生物标识管理办法已经在其网站上公开，而其他的申请属于对相关问题的咨询，不属于政府信息公开的范畴。黄乐平不满意该答复，在申请行政复议被驳回的情况下，遂以农业部的行为违反了《政府信息公开条例》，侵犯其知情权为由，向北京市三中院提起行政诉讼，要求责令农业部依法答复其信息公开申请。二审法院认为，政府公开的信息应当为行政机关客观掌握，并通过特定载体反映已经存在的信息。由于转基因作物进口的数量并不为农业部掌握，农业部没有义务提供。而诸如"农业部未批准转基因粮食作物商业化种植的原因，是否拟在国内进行转基因粮食商业化种植及计划，本土农业和农民利益保护措施，转基因生物标识制度的落实及监督处罚情况"等内容，也不是客观存在的信息，农业部同样没有提供这些信息的义务。

【案例评析】由于转基因食品的安全性目前尚不确定，公众在面对大量的转基因食品时，理应享有知情权和选择权。黄乐平对农业部批准的转基因作物相关信息的公开申请具有正当性，只是对若干信息是否属于信息公开的内容存在争议。黄乐平对行政复议结果的质疑在一些情况下是成立的。具体来说，除了上述农业部认为应当公开的信息之外，对于未批准转基因粮食作物商业化种植的原因，是否具有拟批准在国内进行转基因粮食作物商业化种

---

〔1〕 参见王扬、刘晓莉："我国转基因食品安全监管问题研究"，载《广西社会科学》2015年第4期。

〔2〕 参见"黄乐平诉农业部政府信息公开案二审维持原判"，载 http://china. cnr. cn/gdgg/20150710/t20150710_ 519158103. shtml，最后访问日期：2015年7月10日。

植的计划等问题，公众有权利依据《政府信息公开条例》第29条的规定申请公开。理由在于，这些信息虽然属于对相关问题的咨询，但却是公众迫切需要了解的信息，这些信息在性质上与《政府信息公开条例》第20条规定的涉及相对人切身利益的信息、以及需要社会公众广泛知晓或者参与的信息完全一致。就农业部关于农业转基因生物标识的落实情况、开展了哪些监督工作以及违法处罚情况，这些原本就属于农业部的日常工作范畴，因而也应当属于需要公开的信息。最后，即便对于转基因作物的进口数量不属于农业部公开信息的范围，农业部也必须告知获取此信息的渠道。

二、食品安全事故处置制度

（一）食品安全事故的概念

食品安全事故，是指由于食物不安全，可能会发生食物中毒、食源性疾病和食品污染等对人体健康有危害的事故。食品在生产、仓储、运输、加工和出售等环节中都可能受到污染，并引发食品安全事故。近几年世界各国发生的食品安全事故屡见不鲜，如美国的"毒菠菜事件""沙门氏菌事件"，英国的"口蹄疫"和"苏丹红"事件，比利时的"二噁英事件"等。我国近年来发生多起食品安全事故，如三聚氰胺奶粉、"苏丹红"、"吊白块"、"地沟油"和"瘦肉精"等事件。

为了应对食品安全事故，世界各国建立了完善的食品安全事故处置制度。不仅严把食品的质量关和重视流通安全环节，从食品源头开始实行严格的监控，而且对食品造假行为进行重罚，严格实施食品召回，这些措施有力地降低了食品安全事故的发生概率。我国在食品安全事故处置制度的构建方面存在滞后性，直到2003年"非典"暴发后，才开始意识到食品安全事故处置制度的重要性，并修订了国家食品安全事故应急预案。目前，我国的食品安全事故处置法律体系包括食品安全事故应急、制定食品安全事故报告、事故调查、事故处理和流行病学调查等制度。

（二）食品安全事故应急制度

食品安全事故应急制度包括对突发重大食品安全事故的救助体系和运行机制，该制度能够有效预防、积极应对和及时控制重大食品安全事故，并组织高效有力的救助，以减少重大食品安全事故的危害。根据《食品安全法》

第102条的规定，在发生食品安全事故时，国务院组织制定国家食品安全事故应急预案。预案内容包括：对食品安全事故的分级。我国按照食品安全事故的性质、危害程度和涉及范围，将食品安全事故分为特大、重大、较大和一般四个等级；事故处理组织指挥体系与职责。特大事故由国家应急指挥部或办公室组织、重大以下的事故由省级人民政府指挥；预防预警机制；处置程序和应急保障措施等。

县级以上地方人民政府应当根据有关的法律、法规和上级人民政府的食品安全事故应急预案以及区域的实际情况，制定本行政区域的食品安全事故应急预案，并报上一级人民政府备案。食品生产经营企业也应当制定食品安全事故处置方案，定期检查本企业各项食品安全防范措施的落实情况，及时消除事故隐患。

（三）食品安全事故处置制度

1. 食品安全事故报告。在发生食品安全事故后，有关部门和单位有义务和责任向主管机关报告。《食品安全法》第103条规定，事故单位除了应当立即采取措施，防止食品安全事故扩大外，还应当及时向事故发生地县级人民政府食品安全监督管理、卫生行政部门报告。县级以上人民政府农业行政等部门在日常监督管理中发现食品安全事故或者接到事故举报，应当立即向同级食品安全监督管理部门通报，后者应立即向本级人民政府和上级人民政府食品安全监督管理部门报告。县级人民政府和上级人民政府食品安全监督管理部门应当按照应急预案的规定上报。

医疗机构发现其接收的病人属于食源性疾病病人或者疑似病人的，应当按照规定及时将相关信息向所在地县级人民政府卫生行政部门报告。县级人民政府卫生行政部门认为与食品安全有关的，应当及时通报同级食品安全监督管理部门。县级以上人民政府卫生行政部门在调查处理传染病或者其他突发公共卫生事件中发现与食品安全相关的信息，应当及时通报同级食品安全监督管理部门。

事故单位在发生食品安全事故后未进行处置、报告的，由有关主管部门按照各自职责分工责令改正，给予警告；隐匿、伪造、毁灭有关证据的，责令停产停业，没收违法所得，并处罚款；造成严重后果的，吊销许可证。

2. 处置食品安全事故的行政措施。县级以上人民政府食品安全监督管理部门接到食品安全事故报告后，应当立即会同同级卫生、农业行政等部门进行调查处理，并采取下列措施，防止或者减轻社会危害：（1）开展应急救援工作，组织救治因食品安全事故导致人身伤害的人员；（2）封存可能导致食品安全事故的食品及其原料，并立即进行检验。对确认属于被污染的食品及其原料，责令食品生产经营者依照《食品安全法》第63条的规定召回或者停止经营；（3）封存被污染的食品相关产品，并责令进行清洗消毒；（4）做好信息发布工作，依法对食品安全事故及其处理情况进行发布，并对可能产生的危害加以解释、说明。

（四）食品安全事故的法律责任

1. 事故责任的调查。

发生食品安全事故，设区的市级以上人民政府食品安全监督管理部门应当立即会同有关部门进行事故责任调查，督促有关部门履行职责，并向本级人民政府和上一级人民政府食品安全监督管理部门提出事故责任调查处理报告。涉及两个以上省、自治区、直辖市的重大食品安全事故由国务院食品安全监督管理部门依照前款规定组织事故责任调查。调查食品安全事故，应当坚持实事求是、尊重科学的原则，及时、准确查清事故性质和原因，认定事故责任，提出整改措施。食品安全事故调查部门有权向有关单位和个人了解与事故有关的情况，并要求提供相关资料和样品。有关单位和个人应当予以配合，按照要求履行相关义务。

调查食品安全事故，除了查明事故单位的责任，还应当明确有关监督管理部门、食品检验机构、认证机构及其工作人员的责任。例如，工商行政管理部门的工作人员如果未按照规定履行监督管理职责，在食品经营者登记注册工作中审核不严，导致问题企业得以登记的，那么食品安全监督管理机构应当明确工商行政管理部门及相应工作人员的责任，以作为后续处分的依据。

2. 事故责任的追究。

（1）生产经营者责任。生产经营者违反食品安全法的相关规定，生产不符合安全标准的食品，尚不构成犯罪的，由县级以上人民政府食品安全监督管理部门没收违法所得和违法生产经营的食品，并可以没收用于违法生产经营的工具、设备、原料等物品，并处罚金；情节严重的，吊销许可证，并可以由公安机关对其直接负责的主管人员和其他直接责任人员处5日以上15日以下拘留。违法使用剧毒、高毒农药的，除依照有关法律、法规规定给予处罚外，可以由公安机关给予拘留。生产经营者违反食品标识相关规定，存在相应法定情形的，按照上述规定处罚，但罚款数额较低。

消费者因不符合安全标准的食品受到损害的，可以向经营者或者生产者要求赔偿。接到消费者赔偿要求的生产经营者，应当按照首负责任制的要求，先行赔付，不得推诿；属于生产者责任的，经营者赔偿后有权向生产者追偿；属于经营者责任的，生产者赔偿后有权向经营者追偿。在生产不符合食品安全标准的食品或者经营明知是不符合食品安全标准的食品的情形中，消费者除要求赔偿损失外，还可以向生产者或者经营者要求支付价款 10 倍或者损失 3 倍的赔偿金；增加赔偿的金额不足 1000 元的，为 1000 元。但是，食品的标签、说明书存在不影响食品安全且不会对消费者造成误导的瑕疵除外。

（2）发布虚假信息的法律责任。编造、散布虚假食品安全信息，构成违反治安管理行为的，由公安机关依法给予治安管理处罚。媒体编造、散布虚假食品安全信息的，由有关主管部门依法给予处罚，并对直接负责的主管人员和其他直接责任人员给予处分；使公民、法人或者其他组织的合法权益受到损害的，依法承担消除影响、恢复名誉、赔偿损失、赔礼道歉等民事责任。

［典型案例］ 微信公众号发布虚假食品信息违法吗？[1]

2016 年 5 月 3 日，一个名为"微温州"的微信公众号发布了一则《刚刚发生，鹿城、瓯海、龙湾、洞头都传疯了！》的视频。在该视频中，一名妇女用刀子在一块猪肉上不断切割出淋巴结，称自己因吃了这种"激素猪肉"拉肚子。该视频在其他微信公众号上疯传，不明情况的群众纷纷在朋友圈转发，造成十分恶劣的影响。据悉，该公众号的账号主体为温州艾德网络传媒有限公司（以下简称艾德公司）。温州公安、市场监管两部门依法检查了艾德公司，相关负责人被公安局带走调查。在 5 月 5 日，温州公安机关决定对涉案人员按照发布虚假信息的规定处罚。

【案例评析】对在网络上散布虚假食品信息的，主要根据《食品安全法》第 120 条"任何单位和个人不得编造、散布虚假食品安全信息"的规定进行处罚。然而，对某种行为是否达到编造、散布虚假食品安全信息的标准，存在争议。事实上，每一个公民都有可能成为虚假食品信息的传播者，如果仅仅因为转发一条信息而构成犯罪，那么会极大地限制人们的言论自由。为此，

---

〔1〕 参见曾祥华主编：《食品安全法治热点事件评析》，法律出版社 2017 年版，第 15~18 页。

最高人民法院和最高人民检察院发布的《办理利用信息网络实施诽谤等刑事案件的解释》（法释〔2013〕21 号），可以作为认定散布虚假食品信息行为的参考标准。该司法解释列举了四项"情节严重"构成犯罪的网络诽谤行为：（1）同一诽谤信息实际被点击、浏览次数达到 5000 次以上，或者被转发次数达到 500 次以上的；（2）造成被害人或者其近亲属精神失常、自残、自杀等严重后果的；（3）二年内曾因诽谤受过行政处罚，又诽谤他人的；（4）其他情节严重的情形。此外，对于网络服务提供商而言，如果其为虚假食品安全信息的传播提供资金、场所、技术支持的，那么将以共同犯罪论处。

（3）政府食品安全管理的渎职责任。县级以上地方人民政府及其食品安全监督管理、卫生行政、农业行政等部门，存在对本地区内食品安全事故处理不当、未及时正确上报食品安全事故等情形，对直接负责的主管人员和其他直接责任人员给予记大过处分；情节较重的，给予降级或者撤职处分；情节严重的，给予开除处分；造成严重后果的，其主要负责人还应当引咎辞职。

传染病防治法律制度

◆【本章知识结构图】

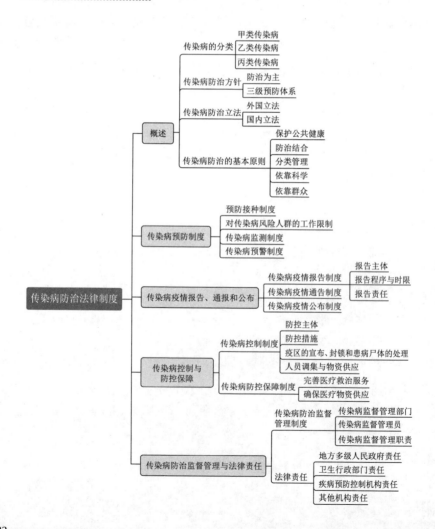

◆【引导案例】

2003 年 2 月，媒体报道了部分地区发生非典型肺炎（重症急性呼吸综合征）的情况。非典型肺炎是一种由 SARS 冠状病毒引起的急性呼吸道传染病，主要通过近距离飞沫或者是接触患者的呼吸道分泌物传播，患者的症状有发热、头痛、肌肉酸痛和呼吸衰竭，是一种相当严重的传染病。流行初期全国共发现 305 个病例，致死病例 5 个，但社会上已经出现熏白醋和喝板蓝根能够预防疾病的传言。这两样商品遭市民疯抢，涨价严重。2003 年 2 月 11 日，广州市政府在新闻发布会中公布广州市非典型肺炎的情况，并解释了 2 月份前期没有公布疫情的主要原因：非典型肺炎不是法定需要报告的传染病，病例也不算多。12 日，中国疾控中心负责人表示，全国近期内不会大范围发生呼吸道传染病的流行。由于疫情初期非典型肺炎的严重程度并未充分展现，因而相关部门的重视不够。在疫情中心广州市，演唱会等各种聚集性活动照常进行。前期的忽视，导致非典型肺炎在春运期间得到广泛传播。另外，一些医院在会诊非典型肺炎患者时，由于没有做好隔离措施，结果导致大量的医护人员感染。

随着非典型肺炎疫情的日益严重，政府于 2003 年 3 月 31 日推出了《非典型肺炎防治技术方案》，该方案是在病原尚不明确的情况下，总结此前的治疗经验，初步制定的一个防治方案。4 月 13 日，中国决定将非典型肺炎纳入《传染病防治法》中的法定传染病进行管理。从 4 月 20 日开始，疫情实行"一日一报"，高校开始停课，努力减少人员聚集，并对相关暴发疫情的区域执行隔离措施。多场体育比赛和热身赛被取消、更换主办地或者推迟。国家拨付资金支持抗疫。

通过上述措施，全国的感染病例大幅下降。2003 年 6 月 15 日，中国（不包含港澳台地区）实现确诊病例、疑似病例、既往疑似转确诊病例数归零的"三零"纪录。非典型肺炎患者人数、疑似病例人数不再增长，本次非典型肺炎疫情正式结束。

思考：通过对此非典型肺炎肆虐前期和国家成功抗击非典型肺炎后期，分析我国成功抗疫的原因和所采取的关键性措施。

◆【基本原理】

第一节　传染病防治法律制度概述

传染病的暴发流行，不仅对群众生命健康造成严重威胁，而且会导致国家经济困难，政治动荡不安。此前全球面临新冠疫情威胁，截止到2023年4月6日，全球报告的确诊病历超过7.62亿例，死亡病历超过680万例。[1]并且，因疫情影响，全球的粮食生产和国际贸易也受到影响。截止到2021年12月15日，因全球的粮食生产和贸易受阻，面临饥饿问题的人数达到3.75亿人，比疫情发生前增加了5400万人。[2]由此可见，制定完善的传染病防治法律体系，防控传染病传播的重要性。

一、传染病简介

（一）传染病的概念

传染病，是指由各种病原体（病毒、立克次体、细菌、真菌、寄生虫等）引起的，能在人类之间、动物之间或者是人类与动物之间传播的疾病。传染病具有传染性和反复性的特点，一旦暴发将导致大量群众被感染。即便再低的致死率，在庞大的感染基数面前也会导致重大的伤亡。并且，若干致病性强的传染病还会导致严重的后遗症，影响患者的身体健康和正常生活。

根据传染病的危害程度及其对应的防治措施，《传染病防治法》将传染病分为甲类、乙类和丙类。甲类传染病包括鼠疫和霍乱，该类传染病曾经造成中世纪欧洲大量人口死亡，属于需强制管理的传染病；乙类传染病包括传染性非典型肺炎、艾滋病、病毒性肝炎、脊髓灰质炎、人感染高致病性禽流感、麻疹、流行性出血热、狂犬病、流行性乙型脑炎、登革热、炭疽、细菌性和阿米巴性痢疾、肺结核、伤寒和副伤寒、流行性脑脊髓膜炎、百日咳、白喉、新生儿破伤风、猩红热、布鲁氏菌病、淋病、梅毒、钩端螺旋体病、血吸虫

---

〔1〕　See "Weekly epidemiological update on COVID-19-6 April 2023", available at https://www.who.int/publications/m/item/weekly-epidemiological-update-on-covid-19---6-april-2023.

〔2〕　参见"联合国报告：新冠疫情下亚太地区饥饿人口去年增5400万"，载 http://www.news.cn/world/2021-12/16/c_1128169051.htm，最后访问日期：2021年12月16日。

病、疟疾。虽然这类传染病的杀伤力不如甲类传染病，但是很容易造成大面积感染，结合其一定的致死率，一旦该传染病传播开来，也容易造成人类大量死亡。对传染率高的乙类传染病，如传染性非典型肺炎、炭疽中的肺炭疽和人感染高致病性禽流感，需要采取甲类传染病的预防、控制措施。对于其他的乙类传染病，通常只采取严格的管理措施，只有在必要的紧急情况下，由地方政府报国务院、省、自治区、直辖市人民政府卫生行政部门批准后，全国、省、自治区、直辖市人民政府才能采取甲类传染病的预防、控制措施。丙类传染病包括流行性感冒、流行性腮腺炎、风疹、急性出血性结膜炎、麻风病、流行性和地方性斑疹伤寒、黑热病、包虫病、丝虫病、除霍乱、细菌性和阿米巴性痢疾、伤寒和副伤寒以外的感染性腹泻病。对于这类传染病，国务院卫生行政部门采取规定的监测管理办法进行处理。国务院卫生行政部门可以根据传染病暴发、流行情况和危害程度，决定增加、减少或者调整乙类、丙类传染病病种并予以公布。例如，2003 年非典型肺炎暴发，经国务院批准，卫生部（现国家卫生健康委）下发了《关于将传染性非典型肺炎（严重急性呼吸道综合症）列入法定管理传染病的通知》，将非典型肺炎紧急纳入乙类传染病进行监测、报告和控制。

［拓展资料］　传染病分类管理的弊端

准确列举传染病的种类，并针对具体的传染病类型采取相应的措施，能够有效应对传染病疫情。然而《传染病防治法》不可能将所有的传染病类型均纳入调控范围。个中原因，除了大部分传染病造成的危害并不严重，将其纳入法定传染病没有必要外，还包括自然界存在若干尚未被认识的传染病种类。对于后者来说，《传染病防治法》的分类治理有可能延误疫情防控工作。新冠肺炎在被国家卫生健康委纳入"乙类传染病"以前，在武汉市造成了较大影响，而根据《传染病防治法》第 4 条规定，针对该传染病采取隔离等措施需要获得国务院的批准，容易耽误疫情防控。

《传染病防治法》对突发原因不明传染病的相对保守处理，与《突发公共卫生事件应急条例》将该类传染病列举为突发公共事件的类型之一，以及原卫生部的《群体性不明原因疾病应急处置方案（试行）》规定必要时可直接采取隔离等强制措施不符。目前大多数国家除了采取传染病"列举+分类管理"的模式外，对于满足若干严格条件的新类型传染病，规定了可以适用隔离等强制性措施。这些严格的条件包括"该疾病具备人传人能力，症状不同于已知传染病，病人病情严重且有扩散风险"。[1]为了及时应对新型传染病的出现和流行，在满足上述条件下，我国《传染病防治法》也应当允许相关部门及时对该类传染病患者和疑似患者采取包括隔离在内的强制措施。

（二）传染病防治方针

传染病以防治为主。传染病的传播和流行需要具备三个环节，即传染源、传播途径和易感性。与之相对应，针对传染病的防治也分为三个阶段，分别是传染源的有效管理、传播途径的阻断和易感人群的保护。我国多年来不断完善传染病的三级预防保护网。

1. 第一级预防。第一级预防主要是在未发生疫情之前，对可能遭受病原体威胁的人群，或者是可能存在病原体的环境和携带病原体的动植物采取预防性措施。在第一级预防中，卫生行政部门首先通过开展健康教育，加强群众防范传染病的意识和能力；其次是通过接种疫苗的形式，来提高敏感群体的免疫力。最后，一级预防还注重改善卫生条件和加强卫生检疫。通过这些手段，来降低疫情发生的可能性。

2. 第二级预防。第二级预防是指在疫情发生以后，通过早期发现、早期诊断和早期治疗来切断传染病的传播，防止或者减缓传染病的发展。在病原体突破第一层预防的情况下，必须立马启动第二级预防。在第二级预防中，强调传染病的早期发现和诊断，这不仅可以为感染者提供及时治疗，而且能够通过隔离来阻止传染病的传播。第二级预防要求根据传染病的等级，对传染病病人进行管理，例如对甲类传染病采取强制隔离措施。同时，对发现病原体的地区实施消毒，消灭病原体和传播病原体的媒介。

3. 第三级预防。第三级预防主要是对病人采取救助措施，内容包括为防止病残而进行的对症治疗和康复医疗，目的在于提高感染者的生存质量和降低病死率。第三级预防主要是关注感染者本身，通过对感染者的及时、正确和有效的治疗，来治愈传染病病人，并防止感染者成为病原传播体。

---

〔1〕 参见陈云良、陈煜鹏："论传染病防治决策的法治化和科学化"，载《比较法研究》2020年第2期。

二、传染病防治法的立法概况

传染病防治，是指以保护社会公共健康为目的，政府为预防、控制和消除传染病的发生和流行而采取的一系列措施。随着医疗科技水平和卫生条件的不断改善，传染病防治工作取得了重大成果。诸如疟疾、天花、脊髓灰质炎、丝虫病、血吸虫病和麻风病等过去危害极大的传染病、寄生虫病得到有效控制。然而，近年来随着环境的恶化，出现了许多新类型的传染病，如艾滋病、非典、禽流感、登革热、军团病、甲型 H1N1 流感、疯牛病、埃博拉等，给人类的生命健康带来了严重的威胁。一些曾经得到控制的传染病，如结核病和淋病等死灰复燃，这些情况都给传染病的防治工作带来了新的挑战。面对这种情况，包括我国在内的世界各国通过健全传染病防治法律体系，构筑传染病防范的强大屏障。

（一）国外传染病防治法的立法概况

欧洲经历了鼠疫和霍乱后，传染病防治方面的研究得到长足发展，不少涉及传染病防治的论著问世。然而，真正意义上的传染病防治法规形成于工业革命之后。1848 年，英国制定了现代国家最早的一部公共卫生法，传染病预防和控制是其中的重点。第二次世界大战后，世界各国逐渐重视包括传染病防治在内的卫生法治建设。[1]如 1983 年的《英国医疗法》、1984 年的《加拿大卫生法》、1988 年的《巴西卫生组织法》等。

现代国际贸易的便捷和畅通，使得传染病的传播变得更加容易，国际上对传染病的防范与控制形成共识。1851 年，在法国巴黎召开了第一次国际公共卫生会议，这次会议首次探讨了传染病的预防控制问题。[2]尽管该会议没有达成制定国际卫生公约的目标，但就传染病的国际协同立法迈出了重要一步。在往后的多次国际卫生会议中，传染病的防控都属于重要的议题。1892 年和 1897 年，分别通过了控制霍乱和处理鼠疫的国际公约。1902 年国际卫生局和 1907 年国际公共卫生办公室在巴黎成立后，有关传染病预防的公约缔结进程明显加快，为传染病检验检疫、预防控制和监测治疗奠定了坚实的基础。

---

〔1〕　参见胡伟力：《传染病防治法制体系建设研究》，西南交通大学出版社 2021 年版，第 24~25 页。

〔2〕　See David P Fidler, *International Law and Infections Disease*, Oxford University Press, 1999, p. 22.

1948 年新成立的世界卫生组织，将预防控制传染病的发生和传播作为自己的一项重要义务，并在传染病预防工作中取得了显著的成效，曾在世界范围内成功实施消灭天花的计划。

（二）我国传染病防治法的立法概况

20 世纪 50 年代，我国卫生部（现国家卫生健康委）开始制定《种痘暂行办法》《传染病管理办法》等预防传染病的法律规范。经过长时间的法制建设，目前我国已经建成了较为完备的传染病防治法律体系，该体系是以《传染病防治法》为基础的。从法律体系、组织机构和实施效果来看，我国传染病防治建设可以分为四个阶段。

1. 传染病防治建设第一个阶段（1949 年～1965 年）。我国主要学习苏联的防疫模式，颁布了《卫生防疫站暂行办法》，在各省市县建立卫生防疫站。

2. 传染病防治建设第二个阶段（1966 年～1988 年）。这一时期分为两个阶段，从 1966 年到 1977 年期间，我国的传染病防疫建设基本上处于停滞状态，但农村地区逐渐发展出三级医疗预防网和农村合作医疗制度，有效降低了广大农村地区传染病暴发的风险。从 1977 年到 1988 年，则是我国传染病防疫工作的恢复和发展时期。1979 年颁布的《全国卫生防疫站工作条例》，对卫生防疫站的机构建设作出了正式规定。1983 年我国新建立了中国预防医学中心，形成了一整套疾病预防控制体系。在这一时期，我国颁布了《急性传染病管理条例》和《食品卫生法（试行）》。

3. 传染病防治建设第三个阶段（1989 年～2003 年）。1989 年，我国通过了《传染病防治法》标志着我国的传染病防治工作进入了新的发展轨道。并且，这一时期的卫生防疫站也重组为疾控中心，新的疾病预防控制体系逐步形成。

4. 传染病防治建设第四个阶段（2004 年至今）。这一时期在"非典"的冲击下，我国紧急修订了《传染病防治法》，标志着我国传染病防治建设进入了转型升级时期。随着我国全面建成小康社会的实现，党的十九大提出了建设"健康中国"的战略目标，我国的传染病防治建设迎来了新的历史发展机遇。

（三）未来的传染病防治法立法工作

我国未来的传染病防治需要做好两方面的工作：一是应该坚持和发扬传染病防治法治建设的成功经验和特色。例如在本次新冠的防疫工作中，我国坚持落实"外防输入、内防反弹"的总策略和"动态清零"的总方针。根据"预防为主、防治结合、依法科学、分级分类"的原则，落实常态化精准防控和局部应急处置，取得了巨大的抗疫成功。二是我国需要统筹全局，完善传染病防治的立法工作。在防疫的关键时期，往往是政策先行，但这些政策不能够违背法律的原则。在政策成熟时，立法机关需要将其果断吸收为法律。这不仅能够为防疫工作提供法律依据，而且可以不断完善我国的防疫法律体系，为实现"健康中国"的战略目标攻坚克难。

【扩展资料】《突发事件应对法》与《传染病防治法》的关系

我国《突发事件应对法》与《传染病防治法》存在冲突，给疫情防控工作带来了法律适用上的困难。《突发事件应对法》第43条和第12条，分别就县级以上地方各级政府发布传染病预警和有关人民政府及其部门征用单位及个人财产作出规定。这与《传染病防治法》第19条和第45条的规定不同，后者针对上述两个事项的主管机构分别是国务院或者省级人民政府、国务院或者县级以上地方政府。这种区别导致实践中疫情防控工作发生混乱，例如武汉市原市长在接受央视采访时，宣称其之所以未及时进行疫情信息披露，是因为根据《传染病防治法》的规定，必须获得国务院授权之后才能披露信息。[1]而在大理市卫生健康局发出文件征用重庆市在云南过境的口罩事件中，[2]争议焦点在于大理市卫生健康局有无相关的征用权限。

对于上述应当适用《突发事件应对法》还是《传染病防治法》的争议，涉及这两部法律之间的关系。《突发事件应对法》的生效日期是2007年，《传染病防治法》则是1989年，《突发事件应对法》相对于《传染病防治法》属于新法。而考虑到《传染病防治法》是对《突发事件应对法》中的传染病防治事项作出规定，因而前者是后者的特别法。因此，《传染病防治法》与《突发事件应对法》属于旧的特别法与新的一般法关系。[3]

按照《立法法》第92条和第94条的规定，对于同一机构制定的法律，适用新法优先于旧法，特别法优先于普通法。对同一事项的新的一般规定与旧的特别规定不一致，不能确定何者优先适用时，由制定机关的共同上级主管机关裁决。

---

〔1〕 参见"武汉市长：只要有利于疫情控制，愿意革职以谢天下"，载 https://www.thepaper. cn/newsDetail_ forward_ 5654012，最后访问日期：2020年1月27日。

〔2〕 参见"大理，你'欠理'了！'截胡'口罩无义又违法！"，载 https://www.thepaper. cn/newsDetail_ forward_ 5844692，最后访问日期：2020年2月6日。

〔3〕 参见王锴、司楠楠："新的一般法与旧的特别法的冲突及其解决——以《突发事件应对法》与《传染病防治法》为例"，载《首都师范大学学报（社会科学版）》2020年第3期。

《突发事件应对法》和《传染病防治法》均是由全国人民代表大会常务委员会制定的法律，属于新的一般规定与旧的特别规定之间的适用冲突问题，应当由全国人大常委会决定何者优先适用。

三、传染病防治法的基本原则

《传染病防治法》在疫情防控体系中居于核心地位，其基本原则是疫情防控的根本法律准则。该法的立法目标是预防、控制和消除传染病的发生与流行、保障人体健康和公共安全。为此，《传染病防治法》第 2 条确立了防治结合、分类管理、依靠科学、依靠群众的原则。除此之外，保护公众的健康也是该法的重要目的，因而同样属于传染病防治法的重要原则。传染病防治包括"预防环节"和"控制环节"，上述原则对于传染病防治的全部环节均适用。[1]

（一）保护公共健康原则

保护公共健康原则，是指关注群体健康，维护群体在身体和精神上的完满状态，并使之具有良好的适应力。生命健康是自然人享有其他一切权利的前提和基础，保护公共健康原则在要求制定和实施传染病防治法时，需要把维护群众的身体健康作为最高宗旨，使每个公民依法享有改善卫生条件，获得基本医疗的权利。该原则应当贯彻在立法和执法的全过程。在立法过程中，应当把维护公民健康作为各项传染病防治制度的根本任务；在政府执法管理中，应高度重视传染病的防治工作，合理调配各种资源抗疫，使公众健康免受侵害。我国需要对各级卫生行政管理机构和提供医疗服务的事业单位加强监管，并确保为公众提供医疗保障。

［典型案例］ 拒绝配合履行防控措施是否构成以危险方法危害公共安全罪？[2]

被告人常江居住在湖北省武汉市，2020 年武汉新冠疫情暴发，被告人常

---

[1] 参见王明成："论《传染病防控法》基本原则的重构——基于新型冠状病毒肺炎疫情防控的思考"，载《社会科学研究》2020 年第 3 期。
[2] 北京市房山区人民法院（2020）京 0111 刑初 165 号判决。

江携带其妻子赶赴湖南长沙，并从长沙乘飞机抵达北京市，与其兄、母居住在一起。期间常江未向当地疾控部门报告，没有执行居家隔离措施，并多次出入当地的公共场所。后其母出现咳嗽、低烧，2020 年 2 月 16 日，其母确诊新冠，2 月 18 日常江被确诊属于无症状感染者，但其仍外出为妻子租房，导致与其密切接触的 28 人被隔离。法院认为，被告人常江作为武汉返京人员，在明知疫情防控措施的情况下仍到处流窜，主观上具有拒绝执行防控措施的故意，其行为造成 20 多人被隔离观察，已经构成妨害传染病防治罪。鉴于常江犯罪情节轻微，且悔过态度较好，依法判处其有期徒刑 8 个月。

【案例评析】被告人常江在其母确诊后也出现咳嗽等症状。在这种情况下，他仍然与多人接触，具有一定的社会危害性。然而，被告人是否构成危害公共安全罪，应当对其是否存在主观故意进行严格审查，同时要求存在违反隔离措施的行为。首先，被告人在其母亲确诊后是否属于新冠患者这是不确定的。在认定新冠病人、病原携带者、新冠疑似病人应当以医疗机构出具的诊断报告为准。诸如疫区史或者是有发烧、干咳等症状，不能就此推定行为人明知自己患有新冠。其次，被告人也不具有传播新冠的故意，在被告人母亲被确诊患有新冠以后，其外出主要是为妻子租房，不存在传播疫情的故意。最后，就案件的情况来看，虽然被告人常江从武汉返京，其周边也未有其他的新冠患者，很有可能是常江将病毒传给其母亲，但这只是流行病学的推断证据，在刑法上不能排除其他原因（如有可能为常江母亲感染常江）。

（二）防治结合原则

防治结合原则，要求社会大众在发生传染病疫情时，不能完全依赖感染疫情后的治疗，而是应当提高防范意识，采取切实有效的防范措施。疫前预防是防范传染病发生的关键，符合传染病危害防治规律，我国将预防为主作为传染病防治的方针。例如，在新冠疫情期间，我国严格要求大众需要佩戴口罩，保持社交距离。当然，对传染病患者的治疗也很重要，预防和治疗是相辅相成的关系。在传染病的防治体系中，治疗感染者能够减少传染，降低传染病的影响，对感染者的治疗属于传染病防治的重要环节。防治结合原则体现了现代防疫模式的转变，即从单一注重传染病的预防和治疗，转变为兼顾对感染者的关怀。各卫生监督机构和医疗防疫、保健机构在提高检测能力的同时，也应当注意提高医疗服务技术水平。

（三）分类管理原则

分类管理原则，是指根据传染病病原体种类、传播方式、速度、流行强度和对人的健康危害程度的不同，将传染病进行分级，并在疫情暴发时采取相应的处理。如前所述，我国《传染病防治法》将传染病分为甲乙丙三个等级，管理标准逐级降低。甲类传染病属于烈性传染病，其传染性强，传播快，人群普遍易感；乙类传染病比甲类传染病在感染性等方面程度弱些，但若干乙类传染病（如传染性肺炎），由于其传播速度快，因而需要采取如甲类传染病的防治措施；丙类传染病一般只需要专门机构进行监测。

（四）依靠科学原则

传染病的防治离不开医疗技术进步和先进医疗设备的支持，传染病的源头控制、监测预警、诊断治疗等均以相关科学为指导。回顾历史，正是在科学技术飞速发展的近代，人类对传染病的抗争才能够以最小的代价取得胜利，科技的进步对传染病的防治具有重要作用。依据科学进步原则的要求，在传染病的防治阶段中，要高度重视科技在当今防疫斗争中的运用。在新冠疫情的防治阶段中，科学家首先通过技术取得新冠病毒的毒株，然后运用现代医学技术研制疫苗。疫苗的研制成功使得人们对新冠病毒的免疫力大大提高，降低了感染率和感染后的致病严重程度。同时，传染病的防治涉及社会各方面的利益，任何决策必须源于可靠信息，审慎为之。

（五）依靠群众原则

传染病的防治工作具有社会性，离不开各国家机构、社会团体和群众的支持。在传染病的防治过程中，必须调动社会各界力量，做到人人关心、人人参与传染病的防治工作。社会团体和群众需要积极参与到传染病的防治工作中，严格履行《传染病防治法》《突发公共卫生事件应急条例》规定的义务。在新冠疫情中，群众积极配合疫情防控工作，遵守隔离、核酸检测等规定，为成功抗疫作出贡献，这是传染病防治依靠群众原则的体现。

上述基本原则之间存在紧密联系。保护公共健康原则为传染病防治体系提供了价值引导，在其他利益与公共健康利益冲突时，应当优先考虑公共健康利益。防治结合为传染病的防控提供了路径方法，预防的重要性不亚于治疗，是最经济有效的健康措施。分类管理原则从管理机制的层面，在对传染病科学分类的基础上，就传染病的防治采取类型化的预防控制措施，并要求各部门协作抗疫。依靠科学原则是传染病防治的技术策略，卫生行政部门应对传染病时，应当尊重科学、审慎决策，合理采取防治措施。依靠群众原则为疫情防控提供了社会基础，要求全民参与到疫情防治工作当中。

第二节　传染病预防制度

传染病预防，是指通过运用预防医学等手段，防止或者减少传染病的发生和传播。面对传染病防控的严峻形势，预防接种和对传染病患者采取的限制措施，是阻止传染病传播的有效制度。此外，国家还建立了传染病的监测和预警机制来保障人体健康，维持人们正常的生活和生产秩序，并提高全民族的健康水平和人口素质、保护社会生产力。

一、预防接种制度

除了对传染源和传播途径的预防外，增强易感人群对传染病的免疫力也是传染病防治的重要措施，这主要通过预防接种来实现。预防接种，是指将抗原或者抗体注入人体，利用人体的免疫反应机制，使易感人群提高对病原的免疫力。预防接种需要免疫制剂，按照传染病的免疫原理，免疫制剂可以分为自动免疫制剂和被动免疫制剂两种。前者是指接种菌苗、疫苗和类毒素后，使人体自动产生特异性免疫力；后者是指接种含有特异性抗体的免疫血清和淋巴因子，使人体立即产生免疫力，达到治疗疾病的目的。

《传染病防治法》第15条规定国家实行有计划的预防接种制度。所谓有计划的预防接种制度，是指国家卫生行政部门，根据传染病预防、控制的需要，制定传染病预防接种规划并组织实施。有计划的预防接种制度需要建立在对传染病的监测和人体免疫水平的调查基础之上，并按照科学的免疫程序，采取合理、有计划的接种疫苗来实现。在我国，预防接种主要是为儿童接种白喉、卡介苗、脊髓灰质疫苗和麻疹疫苗等。在某类型传染病肆虐的个别地区或者是针对某类型传染病的易感人群，也会实施该种传染病的预防接种。

为了确保疫苗接种计划的实现，国家对儿童实行预防接种证制度。预防接种证记录了儿童每次疫苗接种的信息，是儿童入托、入学的依据。学校在儿童入学时，未检查预防接种证的，当发生疫情时，需要承担责任。对于免疫规划项目的预防接种，国家实行免费制度。医疗机构、疾病预防控制机构与儿童的监护人应当积极配合，保证儿童及时接受预防接种。

〔典型案例〕 幼儿园对预防接种记录有无审核义务？[1]

张某在外地经商，希望让小孩进入该市的机关幼儿园就读。于是张某通过幼儿园园长的关系，在答应缴纳1万元的赞助费后，办妥了小孩入读事宜。然而，由于张某小孩并非通过正常途径进入幼儿园，因而工作人员没有审核孩子的预防接种记录，并未获悉小孩没有接种过百日咳的疫苗。后来，小孩感染了百日咳，张某认为学校未尽到看护的职责，与幼儿园发生争议。

【案例评析】本案中，由于张某多年在外经商，没有知悉国家对小孩实行预防接种制度，张某对小孩感染百日咳的事故存在过错。幼儿园一方在接收小孩后，原本应当认真履行审核预防接种记录等义务，但却马虎了事，没有履行该义务。张某和幼儿园的行为导致了小孩没有接种疫苗，对其感染百日咳需要承担责任。客观上，小孩的抵抗力不如大人，一旦感染危险病毒，会对生命健康造成严重威胁。因而父母应当严格执行预防接种制度，幼儿园也要贯彻执行对预防接种记录的审核义务。

二、对传染病风险人群的工作限制

由于传染病患者、病原携带者和疑似传染病病人很可能向外界环境排出和扩散致病性微生物，对其他人的健康造成损害。因此，需要根据不同的传染病类型，限制传染病风险人群的活动，要求他们在未完全恢复健康以及排除传染他人的危险时，不得从事某些容易让传染病扩散的工作。这种类型的传染病包括鼠疫、霍乱和肺结核等。

上述工作限制必须符合比例原则。例如，对于乙肝患者，仅需要求其不得从事食品、供水、宾馆和托幼机构等易于造成传染病扩散的工作。对于不会造成传染的岗位，用工单位不能歧视、限制乙肝患者。应当注意不得以病人感染传染病为由，过分剥夺其自由权利，而是应该尽量帮助、关怀传染病患者。《传染病防治法》第16条要求，国家和社会应当关心、帮助传染病病人、病原携带者和疑似传染病病人，使其得到及时救治，并强调任何单位和个人不得歧视传染病病人、病原携带者和疑似传染病病人。

---

〔1〕 参见蒋新苗等编著：《传染病防治法实例说》，湖南人民出版社2003年版，第74页。

〔典型案例〕　携带乙肝病毒导致公务员考试落选[1]

张某报考了某市的公务员，并顺利通过笔试和复试。在体检环节，由于张某在肝炎检查中部分指标呈现阳性，主检医生根据当地的《××省国家公务员录用体检实施细则（试行）》确定其体检不合格。经过诊断，张某并非属于乙肝大、小三阳，只是基本没有传染性的乙肝病毒携带者。张某随后向人事局提出复检要求，经过复检，张某的体检仍然不合格。市人事局根据体检结果，以口头方式告知张某由于其体检不合格而不予录取。张某不服，以人事局的行为剥夺其担任国家公务员的资格，侵犯其合法权利为由，向人民法院提起行政诉讼。张某要求判令被告的行政决定，撤销不准许原告进入考核程序的行政决定，依法准许原告进入考核程序。法院认为行政机关取消张某进入考核程序资格的具体行政行为证据不足，应依法撤销该行政行为，但鉴于招考工作已经结束，故该行政行为不具有可撤销内容。

【案例评析】本案中张某的遭遇涉及就业歧视问题。虽然《传染病防治法》中规定禁止传染病患者从事易于使传染病传播的工作，但张某只是作为乙肝携带者，并没有传播的风险，因而不属于该规定的规制对象。相反，人事局的做法违反了《宪法》规定的平等权，剥夺了张某公平的就业机会。《宪法》和相关的法律并不禁止根据职业的需要，来对求职者规定一定的条件，但如果用人单位对求职者的要求超出了工作性质的需要，那么就违反了公民的平等权，构成就业歧视。我国于2005年发布了《公务员录用体检通用标准（试行）》，已经将只是乙肝病原携带者而非肝炎患者，不具有传播危险的群体排除在不合格的认定范围之外。2017年的《公务员录用体检通用标准（试行）》，也仅将慢性和急性肝炎作为体检不合格的认定事项。这体现了我国在维护社会公共利益的同时，也注重对个人权益的保护，反映了民主法治的进步。

三、传染病监测制度

传染病监测，是指国家卫生行政部门制定传染病监测规划和方案时，通

---

〔1〕　参见丁朝刚主编：《卫生法学案例分析》，西南师范大学2008年版，第36~38页。

过对特定环境、人群进行流行病学等的调查研究，预测有关传染病的发生、发展和流行规律，并采取必要的传染病防治措施。传染病的监测目标在于尽早发现传染病或者传染源，并及时采取有效措施防止传染病的发生和流行，保护人们的生命健康。

《传染病防治法》第 17 条规定，卫生行政部门制定国家传染病监测规划和方案，各级疾病预防控制机构对传染病的发生、流行以及影响其发生、流行的因素进行监测。监测的关注范围不仅包括国内，也包括国外，以防止国外传染病传入我国。疾病预防控制机构在传染病的预防控制中，履行下列职责：（1）实施传染病预防控制规划、计划和方案；（2）收集、分析和报告传染病监测信息，预测传染病的发生、流行趋势；（3）开展对传染病疫情和突发公共卫生事件的流行病学调查、现场处理及其效果评价；（4）开展传染病实验室检测、诊断、病原学鉴定；（5）实施免疫规划，负责预防性生物制品的使用管理；（6）开展健康教育、咨询，普及传染病防治知识；（7）指导、培训下级疾病预防控制机构及其工作人员开展传染病监测工作；（8）开展传染病防治应用性研究和卫生评价，提供技术咨询。

国家、省级疾病预防控制机构和设区的市、县级疾病预防控制机构的职责存在若干差异。前者负责对传染病发生、流行以及分布进行监测，对重大传染病流行趋势进行预测并提出预防控制对策，参与和指导对暴发疫情的调查处理，开展传染病病原学鉴定，建立检测质量控制体系，进行应用性研究和卫生评价。而后者负责传染病预防控制规划、方案的落实，组织实施免疫、消毒、控制病媒生物的危害，普及传染病防治知识，负责本地区疫情和突发公共卫生事件监测、报告，开展流行病学调查和常见病原微生物检测。相比之下，国家、省级疾病预防控制机构负责的是较为宏观且基础的工作，而设区的市、县级疾病预防控制机构主要负责实施。

【扩展资料】完善传染病监测体系

有调查表明，包括非典、新冠和埃博拉在内，很多人畜共患的传染病已经成为人类健康的重要威胁。我国《传染病防治法》仅是对猎杀野生动物作出禁止和惩罚性的规定，但对于野生动物可能构成传染病传播则缺乏检测管理。鉴于高达 60.3% 的新发传染病为人畜共患传染病，我国应该对野生动物的潜在传染源加强管理，这是防治传染病的有效途径。

有学者建议，我国应当在《传染病防治法》第二章中，从传染源入手完善传染病的预防监管体系。首先，要求对可能携带传染病病原的野生动物经营场所进行卫生学改造，加强市场卫生监督执法，增加对动物免疫和管理的投入，从而切实降低向人传播的风险。其次，将动物防疫机构纳入传染病疫情的监测报告主体，与其他机构互通防疫信息，以求及时获得人兽共患传染病的信息。最后，新增动物疫病净化制度，消灭重点灾区和疫区动物的疫病。[1]

四、传染病预警制度

传染病预警，是指卫生行政部门根据传染病发生、流行趋势的预测，及时发出传染病预测和警报。传染病预警制度实际上是传染病监测制度的延续，该制度确保及时有序高效地应对可能发生或已经发生的突发传染病，预防和控制突发传染病的发生和蔓延。县级以上地方人民政府应当根据该预警，结合本地区的疫情情况，制定传染病预防、控制预案，同时报上一级人民政府备案。

《传染病防治法》第 20 条规定，传染病预防、控制预案应当包括以下内容：（1）传染病预防控制指挥部的组成和相关部门的职责；（2）传染病的监测、信息收集、分析、报告、通报制度；（3）疾病预防控制机构、医疗机构在发生传染病疫情时的任务与职责；（4）传染病暴发、流行情况的分级以及相应的应急工作方案；（5）传染病预防、疫点疫区现场控制，应急设施、设备、救治药品和医疗器械以及其他物资和技术的储备与调用。地方人民政府和疾病预防控制机构，应当按照传染病预防、控制预案，采取相应的预防、控制措施。

相比较政府卫生行政部门，医疗机构处于抗击疫情的最前沿，能够发挥更大的作用。《传染病防治法》第 21 条规定，医疗机构必须严格执行国务院卫生行政部门规定的管理制度、操作规范，防止传染病的医源性感染和医院感染。具体来说，医疗机构承担的疫情预防工作内容主要包括：传染病疫情

---

[1] 参见赵敏："新冠肺炎疫情背景下《传染病防治法》之再完善"，载《中国社会科学院研究生院学报》2020 年第 3 期。

的报告和管理，传染病预防和控制工作，以及卫生行政部门指定的卫生防疫机构交付的传染病防治和监测任务。医疗机构对传染病应做到早发现、早报告、早隔离和早治疗，承担医疗活动中与医院感染有关的危险因素监测、安全防护、消毒、隔离和医疗废物处置工作，对传染病患者加强管理和治疗。

【扩展资料】完善对新类型传染病的防控预警机制

我国《传染病防治法》以致病严重程度为标准，对传染病进行了严格的分类。对于新类型的传染病，假如尚未被国务院卫生行政部门宣布纳入传染病目录，则不属于该法的调整对象。只有当新类型传染病暴发并构成公共卫生事件时，才由《突发事件应对法》提供救济。《传染病防治法》规制范围的缺陷是导致新类型传染病初期预警工作不及时的重要原因。日本的《关于感染症预防及感染症患者医疗的法律》第6条，将新型传染病与其他种类传染病并列，为构建新型传染病的防控监测机制提供依据。在这个基础上，日本的各级政府和卫生行政部门能够为应对新型传染病留出充足的时间和机会。有学者建议，在我国《传染病防治法》第3条中增加第6款，"对于疑似新发不明原因的传染病，在国务院卫生行政部门调整、公布前，应参照本法乙类传染病的相关规定执行"。[1]

另一方面，对新类型传染病，我国应该坚持"存疑从有"原则。如果新类型传染病病理有可疑之处，虽然没有可靠的排除证据，但也应该肯认该传染病具有"人传人"的可能性，并采取相应的预警和防控措施。此外，根据依靠科学原则的要求，国家要积极运用大数据等信息系统建立预警评估制度，尽早对新类型传染病进行有效的预警和防控。

第三节 传染病疫情报告、通报和公布制度

传染病的防治离不开疫情信息的报告、通报和公布。疫情的报告、通报和公布是制定适宜的传染病防治策略和措施的基础，该制度有利于维护国家的公共卫生管理秩序，保障公民的生命健康权。

---

[1] 参见赵敏："新冠肺炎疫情背景下《传染病防治法》之再完善"，载《中国社会科学院研究生院学报》2020年第3期。

一、传染病疫情报告制度

（一）概念与特征

传染病疫情报告制度，是指发生或者可能发生传染病疫情时，卫生行政等相关部门以及个人将其发现的相关传染病信息，按规定向有关部门上报。疫情信息报告义务人或责任人对于传染病的报告是传染病防治的重要信息来源，卫生行政部门在收到传染病信息后，应当立刻展开检查，及时、完整掌握传染病的信息，进而作出准确的判断。该制度的特点主要包括以下三个方面：

1. 疫情报告主体具有广泛性，涵盖了医疗机构、卫生防疫机构、各级卫生行政部门、各级疾病预防控制机构和个人。

2. 疫情报告的对象是各种传染病，这些传染病主要是指《传染病防治法》中规定的传染病，国务院可以根据情况，增减这些传染病的类型。

3. 疫情报告是一种严格的规范性法律行为，我国关于疫情防治的法律法规，对疫情报告规定了完整的程序，对瞒报、谎报疫情的人员进行处罚。

（二）报告主体

传染病疫情报告的主体是发现传染病相关信息的组织或者个人。疫情报告主体分为责任疫情报告人和义务疫情报告人，这两类报告人的区别主要在于主体范围、职责内容和发挥的作用。前者包括疾病预防控制机构、医疗机构和采供血机构、军队医疗机构及其执行职务的人员，这些人负有法定的报告职责。当发现传染病疫情时，其应当遵循属地管理原则，按照法律和行政法规规定的内容、程序、方式和时限报告，还应当做好传染病疫情登记工作；后者是指任何发现传染病病人或者疑似传染病病人的单位和个人，与责任疫情报告人相比，这类报告人一般不具备专业的医疗保健和卫生防疫知识。

此外，港口、机场、铁路疾病预防控制机构和国境卫生检疫机关及其工作人员，在发现甲类传染病病人、病原携带者、疑似传染病病人时，应当按照国家有关规定立即向国境口岸所在地的疾病预防控制机构或者所在地县级以上地方人民政府卫生行政部门报告。动物防疫机构和疾病预防控制机构，也应当及时互相通报动物之间和动物与人之间发生的人畜共患传染病疫情相关信息。这两类机构及其人员也属于责任疫情报告人的范围。国境卫生检疫机关、动物防疫机构未依法履行传染病疫情通报职责的，由有关部门在各自职责范围内责令改正，通报批评；造成传染病传播、流行或者其他严重后果的，对负有责任的主管人员和其他直接责任人员，依法给予降级、撤职、开除的处分；构成犯罪的，依法追究刑事责任。

（三）报告程序与时限

责任报告人在首次诊断传染病病人后，应立即填写传染病报告卡，没有条件实行网络直报的医疗机构，应当将传染病报告卡传递给属地县级疾病预防控制机构。疾病预防控制机构应当主动收集、分析、调查、核实传染病疫情信息。该机构接到甲类、乙类传染病疫情报告或者发现上述传染病暴发、流行时，需要立即报告当地卫生行政部门，由当地卫生行政部门立即报告当地人民政府，同时报告上级卫生行政部门。

负有报告疫情义务的机构和人员，应当在法律规定的时限内上报。责任报告人发现甲类传染病和乙类传染病中的肺炭疽、传染性非典型肺炎、脊髓灰质炎，或发现其他传染病和不明原因疾病暴发时，应于 2 小时内将传染病报告卡通过网络报告；未实行网络直报的责任报告单位应于 2 小时内以最快的通信方式（电话、传真）向当地县级疾病预防控制机构报告，并于 2 小时内寄送出传染病报告卡。对其他乙类、丙类传染病病人、疑似病人和规定报告的传染病病原携带者在诊断后，实行网络直报的责任报告单位应于 24 小时内进行网络报告。未实行网络直报的责任报告单位应于 24 小时内寄送出传染病报告卡。县级疾病预防控制机构收到责任报告单位报送的传染病报告卡后，应于 2 小时内通过网络进行直报。

（四）报告责任

为了保证报告的真实性，《传染病防治法》第 37 条要求，信息报告人应当及时、准确、完整的报告疫情，不得隐瞒、谎报、缓报，或者授意他人为上述行为。所谓的隐瞒是指明知疫情情况却不按照规定上报；谎报则是明知疫情的情况，但却编造虚假或者不真实的疫情进行报告；缓报是指故意拖延，没有及时上报疫情信息。这些行为违背了疫情信息报告人应承担的义务，需要进行处罚。在处理隐瞒、谎报、缓报疫情信息事件时，应当把握以下几个界限：首先要把知情不报与因无知而没报告相区别；其次要鉴别谎报与判断错误，不能将判断错误等同于谎报；最后要区分信息报告人的主观状态，对于故意违背报告要求的行为应予处罚，而对于过失一般给予批评教育就足够了。

〔典型案例〕　伪造核酸检测报告的法律责任[1]

某国际贸易有限公司主要经营进口冷冻肉类产品，其将冷冻肉类放在某农贸有限公司冷库中，然后再对外销售。按照当地防疫规定，冷链食品进出冷库均需要进行报备，并检测外包装是否具有新冠病毒。2020年11月，该公司进口了一批冷冻牛肉，公司的法定代表人甲某为了将牛肉赶紧入库，于是指使乙某伪造核酸检测报告，并将报告发给丙某。丙某在知晓该核酸检测报告系伪造的情况下，仍使用该报告办理出、入库手续。后该牛肉在销售过程中外包装被检测出含有新冠病毒，政府对该批牛肉进行封存，并疏散了相关人员和周围群众。后甲、乙、丙被当地检察部门以妨害传染病防治罪进行追诉，法院判处甲等人7个月至10个月的有期徒刑，并判处公司5万元罚金。

【案例评析】本案中甲某为了节省时间，伪造核酸检测报告，造成了疫情传播的危险，迫使政府花费大量人力物力抗疫。乙和丙均为甲伪造核酸检测报告的共犯。考虑到甲的行为代表公司，因而公司也应当承担一定的责任。在案件办理过程中，检察机关针对冷链食品管理过程中可能出现的漏洞，及时向疾控、公安和运输等部门联络，最终推动了政府建立完善了进口冷链食品集中监管专仓制度，对进口冷链产品进行全面消毒。同时，政府还加强了对冷链食品运输销售环节的核酸检测报告发放的严格管理，并监控冷链工作人员的健康状况，构筑起疫情的防护网。

二、传染病疫情通告制度

在获取疫情信息后，各级卫生行政部门应当根据情况需要，将疫情信息通告相关单位。具体来说，国务院卫生行政部门应当及时向国务院其他有关部门和各省、自治区、直辖市人民政府卫生行政部门通报全国传染病疫情以及监测、预警的相关信息。毗邻的以及相关的地方人民政府卫生行政部门，应当及时互相通报本行政区域的传染病疫情以及监测、预警的相关信息。县级以上人民政府有关部门发现传染病疫情时，应当及时向同级人民政府卫生

---

〔1〕　参见"最高检发布第十六批全国检察机关依法办理涉新冠肺炎疫情典型案例"，载，https://www.spp.gov.cn/spp/xwfbh/wsfbt/202203/t20220331_552924.shtml#2，最后访问日期：2022年3月31日。

行政部门通报。县级以上地方人民政府卫生行政部门应当及时向本行政区域内的疾病预防控制机构和医疗机构通报传染病疫情以及监测、预警的相关信息。接到通报的疾病预防控制机构和医疗机构应当及时告知本单位的有关人员。

中国人民解放军卫生主管部门发现传染病疫情时，应当向国务院卫生行政部门通报。此外，国境口岸的卫生防疫机构与港口、机场、铁路卫生防疫机构和国境卫生防疫机构应当互相通报疫情信息。畜牧兽医部门和卫生防疫机构发现人畜共患的传染病时，也应当互相通报。

三、传染病疫情公布制度

为了调动全社会的力量积极参与传染病的防治工作，以及促进国际的疫情防治合作，政府需要及时公布疫情信息。《传染病防治法》第 38 条要求国家建立传染病疫情信息公布制度。国务院卫生行政部门定期公布全国传染病疫情信息。省、自治区、直辖市人民政府卫生行政部门定期公布本行政区域的传染病疫情信息。传染病暴发、流行时，国务院卫生行政部门负责向社会公布传染病疫情信息，并可以授权省、自治区、直辖市人民政府卫生行政部门向社会公布本行政区域的传染病疫情信息。疫情的公布属于国家卫生行政部门的权力，除了上述规定的主体外，其他单位和个人不得向社会公布传染病疫情，以防止他人编造、传播、散布虚假疫情信息，造成社会恐慌。

【扩展资料】我国传染病疫情报告、通报和公布制度的不足与完善

作为我国疫情报告主体的疾病预防控制机构和医疗机构，由于它们属于不同科室分管，因而信息沟通不畅。并且我国大多数医疗机构只重视"医治"而不重视"预防"，部分医生对传染病报告制度也不熟悉。而我国现行的《传染病防治法》虽然明确了若干主体的报告义务，但缺乏具体的报告程序，给现实生活中的疫情谎报、瞒报提供了可乘之机。可以说，我国缺乏行之有效的疫情报告管理机制。

为了确保疫情报告的时效性，自 2004 年以来，我国就启用了传染病网络直报系统。而针对上述提到的不足，我国需要做出如下改进：加强疾病预防控制机构和医疗机构的协作，建立两者之间信息通报合作的长效机制。其次，国务院卫生行政部门需要加强对传染病疫情报告工作的指导、管理和监督，同时要求各级卫

生行政部门定期对本区域内医疗机构的疫情通报工作进行检查和评估。最后，我国应当发挥学校、基层医疗机构的作用，积极调动其疫情报告的积极性。

除此之外，有学者针对武汉疫情中信息通报不及时现象，提出了四项原则建议：一是明确疫情信息发布判断主体的责任，不允许其置身于责任体系之外；二是疫情判断方面应当更多地依赖高水平的专家，建立常规化的专家组；三是要求疫情所在地市的政府和卫生行政部门对疫情作出快速反应；四是通过监督和制衡机制，及时发现和矫正失误的疫情判断决策。[1]

【扩展知识】防疫期间个人信息的保护

新冠疫情暴发以来，疫情信息的公布成为传染病防治的关键节点。疫情信息的公布、透明不仅能够避免公众恐慌，维护抗疫秩序，而且可以为防疫决策和采取适当的防疫措施提供参考。然而，在防疫信息收集过程中出现了侵犯公民隐私权益的案例，如浙江某市社区工作人员泄漏湖北籍人员的个人隐私信息。在日常生活中，个人隐私信息的泄漏会导致其生活安宁受到干扰，而在抗疫期间，新冠患者的个人隐私泄漏，很有可能会导致患者遭受网暴。因此，在防疫期间，更有必要保护个人隐私信息。

疫情期间对基于公共利益而进行公开的个人隐私信息的范围和程度，需要仔细衡量。个人隐私信息包括四种类型：一是公民身体信息，主要是指身体健康状况；二是公民社会交流信息，这类信息有生活轨迹、居住地址等；三是公民的生活信息，例如生活方式、习惯；四是社会属性信息，即公民的社会关系、经历和婚姻状况。[2]疫情防控期间，政府所需要收集的信息包括姓名、身份证号码、家庭住址，身体健康状况、家庭成员信息等，这些信息涵盖了上面涉及的四种隐私信息类型。如果严格按照《政府信息公开条例》第15条的规定，那么不允许政府公开个人隐私信息。即便因抗击疫情的需要，对公布的个人信息类型和内容也需要进行严格控制，同时，对防疫信息收集主体作出严格限定。

具体来说，政府公布个人信息必须符合比例原则，根据抗疫的需要确定所需公布个人信息的范围。例如，在某一小区发生疫情时，在该小区内公布新冠患者的居住地址、居住单元和行踪轨迹等信息，在小区外则仅公布涉疫小区名以及行

〔1〕　参见沈岿："论突发传染病信息发布的法律设置"，载《当代法学》2020年第4期。
〔2〕　参见张新宝："从隐私到个人信息：利益再衡量的理论与制度安排"，载《中国法学》2015年第3期。

踪轨迹。对于个人敏感信息的公布，需要取得患者的明示同意。另外，我国目前实际上是以"疾病预防控制机构+医疗机构"作为信息收集主体，同时授权县级以上人民政府和防疫指挥机构承担信息收集义务。当国家处于传染病防治特殊时期，可以由上述机关委托特定单位进行信息收集且明确，要求其保护公民的个人信息。

《传染病防治法》第 12 条已经规定了单位和个人提供个人信息的义务，同时要求疾病预防控制机构、医疗机构不得泄露相关信息。《传染病防治法》第 68 条和第 69 条规定，对故意泄露患者个人隐私信息的疾病预防控制机构和医疗机构，应当给予相应的处罚。

第四节　传染病控制与防控保障制度

一、传染病控制制度

传染病控制，是指在传染病发生期间，有关部门和公民采取各种有效措施，以遏制传染病的扩散和蔓延。传染病疫情的暴发，将严重威胁公民的生命健康，损害国家经济的发展。因此，在发生传染病疫情时，卫生行政等相关部门应当尽快采取控制措施。传染病能否被阻断传染性，所采取的控制措施最为关键。

（一）防控主体

传染病疫情防控的主体包括各级政府、卫生行政部门、医疗机构、其他社会组织和公民。各级政府在防疫过程中发挥着重要作用，疫情发生时，各级政府在自己管辖区内调集力量（如卫生、医药、交通。邮电、广播电视等），组织防疫工作。县级以上人民政府还有权决定采取若干影响力较大的防疫措施，如限制或者禁止集会、停工停课等。另外，各级政府之间应当及时沟通、公布信息，共同做好疫情防控工作。

与各级政府的辅助作用不同，各级卫生行政部门在传染病控制中处于主导地位。医疗机构和卫生防疫机构在发现传染病有流行的可能时，负有报告义务，并对该可能性进行分析，迅速采取相应的措施。其中，对传染病患者或者疑似患者可以采取强制隔离措施，并对相关场所进行消毒，这也是卫生行政部门的法定义务。卫生行政部门属于传染病控制的法定机构。

除了政府和相关医疗卫生机构以外，其他社会组织和公民也属于疫情防控的主体。特别是与传染病患者生活工作相关的个人和单位，还有传染病患者所属的居民或者是村民委员会。社会组织和公民有义务配合疫情防控工作，这是对自己和社会负责的体现。对于违反防控措施的主体，行政机关可以对之采取相应的处罚措施。

（二）防控措施

传染病防控措施，是指在发生或者有可能发生传染病疫情时，为了防止疫情扩散而采用的管控措施。采取合理有效的传染病防控措施，是控制传染病疫情的关键。卫生行政部门所采取的防控措施，针对不同等级的传染病而有差异。对于甲类传染病和乙类传染病中炭疽病，由于这类病毒的危险性较大，必须采取隔离措施，并根据传染病的传染期等情况确定隔离的期限。而对于大多数的乙类病毒，一般采取严格的管理措施（如消毒、强化对食品卫生的治理）即可。根据是否已经暴发传染病，可以将应采取的防控措施分为一般控制措施和紧急控制措施。

1. 一般控制措施。一般的控制措施，是指最为基本的防止传染病传播的方法，包括隔离、医学观察、卫生处理和预防措施，主要在传染病未暴发时使用。（1）隔离。该措施要求传染病患者在隔离期间不得离开隔离区域，也不允许他人踏进该区域，在隔离期间患者的一切生活用品由专人提供。其属于其中最严厉、最有效的方法。《传染病防治法》第39条规定，对甲类传染病的病人、病原携带者予以隔离治疗，隔离期限根据医学检查结果确定；对疑似病人，确诊前也应该在指定场所单独隔离治疗。对于拒绝隔离治疗或者隔离期未满擅自脱离隔离治疗的患者，可以由公安机关协助医疗机构采取强制隔离治疗措施，情节严重的可以对之进行行政处罚。（2）医学观察。对曾经接触过传染病患者的人（密接者），按照传染病的潜伏期限采取隔离措施，观察其是否患有传染病。《传染病防治法》第39条第1款第3项规定，对医疗机构内的甲类传染病病人、病原携带者、疑似病人的密切接触者，在指定场所进行医学观察和采取其他必要的预防措施。医学观察一方面能够时刻关注密接者的健康状况，方便对之进行及时治疗，另一方面可以减少疾病传播的风险。（3）卫生处理和预防措施。它属于运用最广泛，同时也是最基础的措施，适用于任何一类传染病的控制。《传染病防治法》第39条第4款规定，医疗机构对本单位内被传染病病原体污染的场所、物品以及医疗废物，必须依照法律、法规的规定实施消毒和无害化处置。该防控措施要求对发生疫情的区域进行大范围不留死角的清理，以抑制传染病的传播。

〔典型案例〕 初筛阳性仍乘坐动车导致疫情传播〔1〕

2022 年 3 月 13 日，上海暴发疫情，曾某在上海逗留期间感染了新冠，出现咳嗽和流鼻涕等症状，于是自行去药店购买感冒药服用。之后在核酸检测过程中，曾某的核酸检测异常，相关机构通知曾某进行核酸复检。曾某接到该电话后，立即改签其动车票，于当日下午坐动车返回福建省莆田市。莆田市涵江区疾控中心上门对外省市返莆人员进行核酸检测，曾某某初筛阳性，后经复核为确诊病例。在此期间，曾某已经感染多人。3 月 29 日，公安机关以曾某涉嫌妨害传染病防治罪对其进行立案侦查。

【案例评析】曾某在明知自己可能感染上新冠以后，不但没有及时进行核酸复检，并尽量避免接触他人导致疫情传播，甚至坐高铁返乡，在途中也没有做好防疫措施，最终导致疫情传播。曾某涉嫌违反了《刑法》第 330 条规定的，拒绝执行县级以上人民政府、疾病预防控制机构依照《传染病防治法》提出的预防、控制措施，并引起新冠传播。按照该条的规定，可以对其处以三年以下有期徒刑或者拘役，后果特别严重的，处三年以上七年以下有期徒刑。

近年来，我们国家为了防控疫情，提出了落实"四方责任"的方针。这四方责任指的是在疫情期间，要全面落实属地、部门、单位、个人四方责任，建立全社会共同防控体系。个人履行疫情防控义务时，要协助、配合、服从防控工作，做好自我防护，依法接受有关调查、样本采集、检测、隔离治疗等防控措施，如实提供有关情况。《传染病防治法》规定，在中华人民共和国领域内的一切单位和个人必须接受疾病预防控制机构、医疗机构有关传染病的调查、检验、采集样本、隔离治疗等预防、控制措施，如实提供有关情况。任何单位和个人发现传染病病人或者疑似传染病病人时，应当及时向附近的疾病预防控制机构或者医疗机构报告。违反上述规定的，类似于上述的曾某，

---

〔1〕 参见"初筛阳性仍坐动车，致同车厢 201 人密接！曾某被立案侦查！"，载 https://www.thepaper. cn/newsDetail_ forward_ 17409281，最后访问日期：2022 年 3 月 31 日。

需要承担妨害传染病防治罪的刑事责任。

2. 紧急控制措施。传染病紧急控制措施，是指政府为应对已经暴发流行的传染病而采取的紧急措施。具体包括：限制或者停止集市、影剧院演出或者其他人群聚集的活动；停工、停业、停课；封闭或者封存被传染病病原体污染的公共饮用水源、食品以及相关物品；控制或者扑杀染疫野生动物、家畜家禽；封闭可能造成传染病扩散的场所；紧急征调人员或征用物资。

此外，在传染病暴发、流行时，根据传染病疫情控制的需要，国务院有权在全国范围或者跨省、自治区、直辖市范围内，县级以上地方人民政府有权在本行政区域内紧急调集人员或者调用储备物资，临时征用房屋、交通工具以及相关设施、设备。这里的征用不同于征收，只针对房屋、交通工具的使用权。政府征用房屋或者设备的，应当按照规定给予合理补偿，征用人员的，应当给予适当的报酬。

需要采取上述紧急措施的，应当由县级以上地方人民政府，报经上一级人民政府决定。上级人民政府在接到下级人民政府关于采取前款所列紧急措施的报告时，应当及时作出决定。由于紧急措施涉及多数人的利益，因此对作出紧急措施的政府层级有一定的要求。紧急措施的解除，也需要由原决定机关决策并宣布，这是为了保证决定权和撤销权行使主体的一致。解除必须满足以下条件：甲类传染病患者全部治愈，乙类传染病患者得到有效的隔离治疗，病人尸体得到严格消毒处理；污染的物品及环境已经消毒完毕，传播疫情的媒介基本消除；在一定时期内未发生新病例，疫情得到有效控制。

【扩展知识】防疫隔离的不足和完善

根据防疫的对象和所采取具体措施的不同，我国的防疫行政隔离主要分为隔离治疗、集中隔离观察和居家隔离三种类型。其中，隔离治疗是指对已经患有传染病的人员实施的行政隔离措施，并对该患者进行治疗。隔离治疗一般在医院进行，只有例外的情况下才可以在临时设置的场所执行。集中隔离观察，是指对需要隔离的传染病病人、病原携带者和密切接触者等集中到指定地点进行隔离，并强制要求其接受医学观察，集中隔离观察的执行场所比较灵活。居家隔离，是指对传染病患者的接触者，要求其在家自我隔离并接受医学观察的防疫行政隔离措施。居家隔离观察和集中隔离观察的区别不大，只是隔离的地点要求不同。防疫行政隔离具有法定性、公益性、强制性、行政性的特征，并具有很强的专业属性。

《传染病防治法》修正后，我国防疫行政隔离的相关规定得到了完善。如原先的防疫行政隔离措施的执行主体涵盖范围过于狭隘，虽然居民委员会和村民委员会等基层群众自治组织和其他单位自行组织防疫隔离，但这些主体在修正前的《传染病防治法》中仅规定其可以"参与传染病防治工作"，没有自行决定实施防疫隔离的权限。现行的《传染病防治法》扩张了行政隔离执行主体的范围，将居民委员会和村民委员会等基层群众自治组织和其他单位纳入其中，为这些主体实施防疫隔离提供法律依据。

然而，我国当前的防疫行政隔离中存在不少问题：（1）防疫行政隔离措施的执行程序不健全，对于此种公共卫生突发事件的处理，没有根据其特点做出具体的程序要求。并且，由于执行行政隔离措施的机构（如疾病预防控制中心和医疗机构），大部分属于事业单位，应当如何满足《行政强制法》中，要求由两名以上行政执法人员实施行政强制措施的条件，也存在难题。（2）执行防疫行政隔离措施时，对隔离人的权益保护也存在不足，特别是隔离的住宿费、餐费等，有的地方甚至存在乱收费现象。这不仅会引发社会矛盾，而且过高的隔离费用会打击被隔离者配合防疫的积极性。

针对这些问题，我国的传染病防治相关法律应当进行完善。在执行防疫行政隔离时，相关主体除遵守《行政强制法》规定的实施强制措施的基本要求以外，应当根据防疫行政隔离的特点，完善相关程序。具体包括：一、加强对未成年人的保护，在其父母被采取隔离措施后，应当将未成年人交与专业机构照顾；二、完善隔离措施的专业审核程序，要求具有资质的医学人员或疾病预防控制机构专业人员签发隔离决定书；三、明确防疫行政隔离的个人信息保护制度内容。[1]四、建立科学的防疫行政隔离费用承担机制。由于行政隔离不仅有利于被隔离人，也有利于社会，因而相关费用应当由财政承担为主，但该费用以隔离期间的必要费用为限。并且，因非必要原因而产生的防疫隔离费用，如出境旅游而需要隔离的，应当由其自行承担。

（三）疫区的宣布、封锁与患病尸体的处理

疫区，是指传染病已经在该区域内中流行，并有可能传染到周边地区。

---

[1] 参见张效羽："法治视角下防疫行政隔离制度的完善——以对人防疫行政隔离为例的研究"，载《行政管理改革》2020 年第 8 期。

设置疫区是为了便于对该区域内的居民采取管制措施，同时防止他人因出入疫区而导致疫情向外扩散，从而导致疫情更加严重。对于有必要进出疫区的人员，在离开时应当进行医学观察、检测，对曾进入疫区的交通工具，也需要进行卫生处理。只有在确认消除了病原体和相关可能的传播媒介之后，人们才可离开疫区。

1. 疫区的宣布。《传染病防治法》第 43 条规定，甲类、乙类传染病暴发、流行时，县级以上地方人民政府报经上一级人民政府决定，可以宣布本行政区域部分或者全部地区为疫区；国务院可以决定并宣布跨省、自治区、直辖市的区域为疫区。据此，政府确定疫区必须符合以下条件：（1）该传染病属于甲、乙类传染病，并有进一步流行的趋势；（2）申请必须履行严格的程序，即经过卫生防疫机构调查，由县级以上地方政府提出，最终由上一级地方人民政府决定。

2. 疫区的封锁。省、自治区、直辖市人民政府可以决定对本行政区域内的甲类传染病疫区实施封锁。封锁大、中城市的疫区或者封锁跨省、自治区、直辖市的疫区，以及封锁疫区导致干线交通中断或者封锁国境的，由国务院决定。当政府决定将某一区域设定为疫区时，可由当地政府组织公安等部门，在通往疫区的路口设置检查站点，阻止疫区内外的人员和交通流动，切断传染病的传播途径。疫区的封锁只是一种临时性措施，当疫情已经得到初步控制，并且没有外溢的风险时，应当由原决定机关决定解除疫区的封锁。

3. 传染病人尸体的处理。当传染病患者死亡后，其体内存在的病毒仍可能存活一段时间，并在适当的条件下感染他人。因此，对传染病患者的尸体需要妥善处理。将传染病患者的尸体进行火化或者是深埋，是防止这些尸体上的病原体引起传染病二次传播的有效方法。《传染病防治法》第 46 条规定，患甲类传染病、炭疽死亡的，应当将尸体立即进行卫生处理，就近火化。患其他传染病死亡的，必要时，应当将尸体进行卫生处理后火化或者按照规定深埋。在面对原因不明的传染病时，由于传染病患者的尸体对于查明传染病的病因也有一定的帮助。因此，医疗机构在必要时可以按照国务院卫生行政部门的规定，对传染病病人尸体或者疑似传染病病人尸体进行解剖查验，并应当告知死者家属。

（四）人员的调集和相关物资的供应

当某地区发生严重的传染病疫情时，单靠该地区的医疗资源很可能不足以应对。而医疗资源的不足将导致疫区内的疫情得不到妥善处置，传染病患者也不能够获得及时的救治。因而，在发生严重的疫情时，需要动员全社会的力量，为疫区输送医疗人员和供应物资。

1. 防疫物资与人员的调配。政府应当统一调配防疫物资，将其他地区的医疗资源投入疫区的防治救济工作当中。传染病具有扩散性，各地区的支援也有利于防止疫情向周边蔓延。《传染病防治法》第 48 条规定，在发生传染病疫情时，疾病预防控制机构和省级以上人民政府卫生行政部门指派的其他与传染病有关的专业技术机构，可以进入传染病疫点和疫区进行调查、采集样本、技术分析和检验。传染病的防治是全社会的责任，生产经营药品和医疗器械的单位，也应当为传染病的防治提供相关医疗物资，必要时加大生产。此外，国家在平时应当将医疗药品、器械等作为重要资源进行储备。

2. 防疫物资与人员的运输。上述医疗人员和设备的调集，都涉及运输的问题。及时且充足的医疗资源供应，是影响传染病防治成功的重要因素。《传染病防治法》第 49 条规定，铁路、交通、民用航空经营单位必须优先运送处理传染病疫情的人员以及防治传染病的药品和医疗器械。县级以上人民政府有关部门应当做好组织协调工作。铁路、交通、民用航空经营单位未依照本法的规定优先运送处理传染病疫情的人员以及防治传染病的药品和医疗器械的，由有关部门责令限期改正，给予警告；造成严重后果的，对负有责任的主管人员和其他直接责任人员，依法给予降级、撤职、开除的处分。

二、传染病防控保障制度

（一）完善医疗救治制度

对疾病的有效防治，离不开优质且充足的医疗资源的支持。《传染病防治法》第 50 条要求，县级以上人民政府应当加强和完善传染病医疗救治服务网络的建设，指定具备传染病救治条件和能力的医疗机构承担传染病救治任务，或者根据传染病救治需要设置传染病医院。传染病具有一定的传播危险，因此这类医疗机构应当严格遵守防疫的相关规定。如需要按照规定对使用的医疗器械进行消毒；对按照规定一次使用的医疗器具，应当在使用后予以销毁；为传染病病人或者疑似传染病病人提供医疗救护、现场救援和接诊治疗，书写病历记录以及其他有关资料，并妥善保管。

为了防止传染病的疑似病例在医院中发生交叉感染，医疗机构除严格遵守医疗器械消毒等规定外，还应当实行传染病预检、分诊制度。对传染病病人、疑似传染病病人，应当引导至相对隔离的分诊点进行初诊。如果某医疗机构对某类疾病不具备治疗能力，或者对某患者不具备救治能力，那么应当将患者及其病历记录复印件尽早转移至具备相应救治能力的医疗机构。

【扩展知识】疫情期间我国传染病服务网络的完善

我国 1989 年制定的《传染病防治法》并没有规定医疗救治制度，在非典型肺炎疫情后，我国才在《传染病防治法》中增加了医疗救治章节。该专章明确了传染病救治服务网络、服务网络建设责任、传染病具体救治机构、医疗机构能力建设及诊疗规范、医疗机构的消毒管理等一系列内容，初步建立了我国传染病救治法律体系。我国的医疗救治体系主要包括定点或专门的传染病医院和其他医疗机构的分诊转院，这种分类一方面能够提高专门医院的传染病防治能力，另一方面又能在传染病流行时，要求其他医疗机构接收部分患者，不至于医院床位供不应求。新冠肺炎疫情流行以来，我国迅速建立了专门的传染病防治机构，如武汉的"火神山"和"雷神山"传染病救治医院。并且，在医疗救治服务体系上完成了一线、二线、三线互相衔接的传染病救治服务网络。有了这些实践经验的支持，未来我国《传染病防治法》应当健全医疗救治网络，特别是对医疗救治机构的组成、对专门的传染病医院的建设要求和对疫情期间非传染病医院的职责进行明确。

另外，我国应当进一步完善疫情救治指挥体系、急救转运体系和信息互通共享体系，优化医疗服务资源的城市空间布局和居民服务点设置，完善救治网络。

（二）确保医疗物资供应

传染病的防治需要大量人力物力，政府不仅承担大量医疗人员的工资和日常开销，而且需要采购防护服、注射器等医疗器械。自 2019 年新冠疫情暴发以来，国家还积极承担新冠患者的治疗费用。据统计，一名普通轻度的新冠患者，从住院到痊愈要花费 5~10 万元，而重症患者的治疗成本更高。在疫情进入常态化防控阶段，国家实施"应检尽检"的防控政策，也耗费大量资金。针对传染病的防控，《传染病防治法》设置了一整套保障体系，该体系包括经费、物资保障；基层传染病防治体系建设；特定传染病困难人群的医疗救助；以及传染病防治人员的卫生防护、医疗保健和津贴。

1. 经费物资保障

县级以上地方人民政府按照本级政府职责，负责本行政区域内传染病预防、控制、监督工作的日常经费，将该经费纳入当地国民经济与社会发展规划；国务院卫生行政部门会同国务院有关部门，根据传染病流行趋势，确定全国传染病预防、控制、救治等项目；省级人民政府根据本行政区域内传染病流行趋势，在国务院卫生行政部门划定的范围内确定上述项目，并保障项目的实施经费。中央财政对困难地区实施重大传染病防治项目给予补助。对城市社区、农村基层传染病预防工作的经费，地方各级人民政府应当予以保障，并逐步提高基层传染病防治工作人员的待遇。

为了保障医疗资源的充足，县级以上人民政府负责储备防治传染病的药品、医疗器械和其他物资，以备调用。对从事传染病预防、医疗、科研、教学、现场处理疫情的人员，以及在生产、工作中接触传染病病原体的其他人员，有关单位应当按照国家规定，采取有效的卫生防护措施和医疗保健措施，并给予适当的津贴。

2. 建设基层传染病防治体系

国家加强基层传染病防治体系建设，扶持贫困地区和少数民族地区的传染病防治工作。地方各级人民政府保障城市社区、农村基层传染病预防工作的经费。国家对患有特定传染病的困难人群实行医疗救助，减免医疗费用。目前，国家实行医疗救治减免医疗费用的病种，有结核病、艾滋病、晚期血吸虫病等类型。

第五节　传染病防治监督管理与法律责任

一、传染病防治监督管理制度

传染病防治监督是卫生监督的重要组成部分，在查处传染病防治工作漏洞和违法行为，保障群众生命健康、维护社会稳定和经济发展方面，具有重要作用。为此，需要建立完善的传染病防治监督制度，确保各机关单位、组织和个人贯彻执行《传染病防治法》，各司其职。

（一）概念与特征

传染病防治监督隶属于卫生监督。卫生监督的内容广泛，包括食品药品监督、传染病防治监督、公共场所卫生监督等内容。其中，传染病防治监督是指卫生行政部门根据《传染病防治法》的授权，对本辖区内的受监督主体的卫生状况，及遵守传染病防治法律法规方面的情况进行督促和管理，对其违法行为进行规制的卫生行政活动。

传染病防治监督具有以下特征：（1）传染病防治监督的行政主体是卫生行政机关；（2）监督的客体包括自然人、组织的资格和行为；（3）监督的内容是相对人是否遵守传染病防治的相关法律法规；（4）监督的形式包括现场调查、行政处罚和法治宣传等。

总之，传染病防治监督是一项技术性很强的卫生执法活动，要求监督人员具有一定的专业知识。传染病防治监督涉及大量的卫生标准，监督人员对这些卫生标准应该熟练掌握。并且，在进行传染病防治检查时，很可能需要运用化学检验的方法，评测相关指标是否合格。如果没有这些卫生技术标准和相应的卫生监测手段，那么就难以判断被监督人的行为是否符合传染病防治的相关规定。此外，传染病防治监督还属于具有保障性的行政行为，该监督的目的是预防、控制和消除传染病的发生与流行，保障人们的身体健康。

（二）监管主体与职责

1. 传染病防治监督管理部门。我国传染病防治监督管理部门主要是各级政府的卫生行政部门，主要包括国务院卫生行政部门，各省、自治区、直辖市卫生健康局等。卫生行政部门执行传染病防治监督，属于行使国家职能，拥有国家强制力作保证。具体而言，国务院卫生行政部门主要对全国性的传染病防治工作进行督查、指导；省、自治区、直辖市的卫生厅，则负责本区域传染病防治工作的督查、指导工作，并履行全省传染病防治监督执法的综合管理职责；市、县的卫生健康局及其下属机构主要负责所辖地区的一线卫生监督执法工作。

此外，国务院卫生行政部门还可以委托其他部门的卫生行政机构履行与传染病防治监督相关的职责。这些机构包括铁路、交通、民航等系统的卫生主管机构。国务院卫生行政部门将相应的职权委托给铁路、民航等部门，有利于充分调动系统内的资源，集中该系统的人、财、物优势，减少执法成本。并且该委托能够减少人员的流动，降低管理难度，同时更好地防止传染病在更大的地域范围内扩散。需要注意的是，尽管国务院卫生行政部门将传染病防治的监督职责委托给其他部门，但后者所作出的行政行为的法律后果，仍然需要由前者承担。

2. 传染病管理监督员。在实践中，卫生行政部门对传染病的防治监督需要由传染病管理监督员执行。该监督员属于卫生监督员一类，需要通过卫生监督员资格考试，具有一定的专业技术和监督管理实践经验，并经过省级以上政府卫生行政部门组织实施的有关法律知识的培训。传染病管理监督员履行以下职责：监督检查《传染病防治法》等相关法律法规的遵守情况；进行现场调查和对违法主体提出处罚建议；提出预防和控制传染病措施的建议等。此外，医疗机构内部还需要设立传染病管理检查员，负责本单位及责任地段的传染病防治管理、指导工作，并向有关卫生防疫机构汇报检查结果。

传染病管理监督员在执法检查前，应当做好相应的准备工作，熟悉被检查主体的相关情况和现场检查的有关内容，准备好现场检查所需的设备。传染病管理监督员在进行现场调查时，应当遵守以下要求：首先是现场检查时，传染病管理监督员应当不少于两人，并出示执法证件，填写卫生执法文书。卫生执法文书经核对无误后，应当由监督员和当事人签名。当事人拒绝签名的，卫生执法人员应当注明情况。

〔典型案例〕 黄某在疫苗接种过程中暴力袭警案[1]

2021 年 5 月，在重庆市某防疫站接种新冠病毒疫苗的群众，为避雨纷纷涌入防疫站大厅，导致防疫站大厅秩序混乱，工作无法正常开展。该站工作人员遂报警求助。随后民警黎某、辅警曾某前往疫苗接种现场维持秩序。雨停后，被告人黄某不听劝导，拒不离开大厅，曾某遂拉黄某左臂，欲让其离开防疫站大厅。黄某则用雨伞击打曾某头部，以及击打黎某头面部，致黎某左眉弓外侧发际处受伤。在黎某、曾某将黄某强行带出防疫站大厅的过程中，黄某还多次抓挠黎某和曾某。经鉴定，黎某的损伤程度为轻微伤。法院经审理认为，被告人黄某暴力袭击正在依法执行职务的人民警察，其行为已经构成袭警罪，判处被告人黄某有期徒刑 6 个月。

【案例评析】疫情属于公共卫生事件，往往需要大量群众参与。在接种

---

〔1〕 参见 "疫苗接种过程中暴力袭击维持秩序的民警，获刑六个月！"，载，https://m.thepaper.cn/baijiahao_19601544，最后访问日期：2022 年 8 月 24 日。

疫苗或者是进行核酸检测时，也需要维持良好的公共秩序。一方面，大型群众性活动的组织本身要注意避免发生踩踏事件，另一方面，也要注意防止在核酸检验过程中造成疫情的二次传播。遵守疫情防控规定是每个公民的义务，这不仅体现在积极响应核酸检测，而且也要求遵守现场的检测秩序。在本案中，黄某袭击民警黎某、辅警曾某，侵害了袭警罪所保护的客体，也可能侵犯到妨害传染病防治罪所维护的社会公共利益。

3. 传染病监督管理部门的职责。传染病监督管理部门是传染病防治工作的领导部门，肩负着组织、监督传染病防治的重任。《传染病防治法》第53条规定，县级以上人民政府卫生行政部门对传染病防治工作履行以下监督检查职责：（1）对下级人民政府卫生行政部门履行本法规定的传染病防治职责进行监督检查；（2）对疾病预防控制机构、医疗机构的传染病防治工作进行监督检查；（3）对采供血机构的采供血活动进行监督检查；（4）对用于传染病防治的消毒产品及其生产单位进行监督检查，并对饮用水供水单位从事生产或者供应活动以及涉及饮用水卫生安全的产品进行监督检查；（5）对传染病菌种、毒种和传染病检测样本的采集、保藏、携带、运输、使用进行监督检查；（6）对公共场所和有关单位的卫生条件和传染病预防、控制措施进行监督检查。省级以上人民政府卫生行政部门负责组织对传染病防治重大事项的处理。

县级以上人民政府卫生行政部门在履行监督检查职责时，有权进入被检查单位和传染病疫情发生现场调查取证，查阅或者复制有关资料和采集样本。被检查单位应当予以配合，不得拒绝、阻挠。对传染病防治工作未达到法律规定要求的责任主体，卫生行政部门有权责令其限期改正。此外，当县级以上地方人民政府卫生行政部门在履行监督检查职责时，发现被传染病病原体污染的公共饮用水源、食品以及相关物品，如不及时采取控制措施可能导致传染病传播、流行的，其可以采取封闭公共饮用水源、封存食品以及相关物品或者暂停销售的临时控制措施，并予以检验或者进行消毒。经检验属于被污染食品的，应当予以销毁；对未被污染的食品或者经消毒后可以使用的物品，应当解除控制措施。

〔典型案例〕 杀害防疫工作人员的法律责任[1]

2020 年 2 月，云南省某村委会设置新冠疫情防控卡点，对来往的车辆和人员开展疫情防控和监测工作。2 月 6 日，马某驾车载人经过疫情防控卡点时，下车搬除卡点路障，并与前来劝阻的卡点工作人员发生争执。争执过程中，马某因对卡点工作人员张某持手机拍摄取证的行为不满，遂持刀捅刺张某的腹部，随后又捅刺前来劝阻的工作人员李某，致张某、李某死亡。法院经审理后认为，被告人马某故意非法剥夺他人生命，其行为构成故意杀人罪。并且，马某在疫情期间杀害两名疫情防控工作人员，情节恶劣，马某系累犯，应依法从重处罚。最终法院判处被告人马某死刑，剥夺政治权利终身。

【案例评析】本案中，马某的行为恶劣，直接导致两名疫情防控人员抢救无效死亡。在疫情防控期间，恶意针对疫情防控人员实施的犯罪，具有严重的社会危害性，应当从重处罚。另外，因为疫情反复无常，持续的封控和交通管制，不仅使得人民群众受到较为严重的经济损失，而且精神上也承受着巨大的压力。这要求政府和各社会团体在努力抗疫的同时，也要积极做好群众的心理疏导，避免再次发生类似的极端案件。

(三) 制约机制

卫生行政部门应当依法建立健全内部监督制度，对其工作人员依据法定职权和程序履行职责的情况进行监督。上级卫生行政部门发现下级卫生行政部门不及时处理职责范围内的事项或者不履行职责的，应当责令其纠正或者直接予以处理。此外，卫生行政部门及其工作人员履行职责时，还应当自觉接受社会和公民的监督，单位和个人有权向该卫生部门的本级人民政府及上级卫生行政部门举报其违反《传染病防治法》的行为，接到举报后相关部门应当及时调查处理。

---

〔1〕 参见 "最高人民法院发布第一批 10 个依法惩处妨害疫情防控犯罪典型案例"，载 https://www.court.gov.cn/zixun-xiangqing-222481.html，最后访问日期：2020 年 3 月 10 日。

二、传染病防治法律责任

（一）地方各级人民政府的法律责任

地方各级人民政府未依照本法的规定履行报告职责，或者隐瞒、谎报、缓报传染病疫情，或者在传染病暴发、流行时，未及时组织救治、采取控制措施的，由上级人民政府责令改正，通报批评；造成传染病传播、流行或者其他严重后果的，对负有责任的主管人员，依法给予行政处分；构成犯罪的，依法追究刑事责任。

（二）卫生行政部门的法律责任

县级以上人民政府卫生行政部门存在以下行为的，由本级人民政府、上级人民政府卫生行政部门责令改正，通报批评；造成传染病传播、流行或者其他严重后果的，对负有责任的主管人员和其他直接责任人员，依法给予行政处分；构成犯罪的，依法追究刑事责任：（1）未依法履行传染病疫情通报、报告或者公布职责，或者隐瞒、谎报、缓报传染病疫情的；（2）发生或者可能发生传染病传播时未及时采取预防、控制措施的；（3）未依法履行监督检查职责，或者发现违法行为不及时查处的；（4）未及时调查、处理单位和个人对下级卫生行政部门不履行传染病防治职责的举报的；（5）违反法律规定的其他失职、渎职行为。

（三）疾病预防控制机构的法律责任

疾病预防控制机构有下列情形的，由县级以上人民政府卫生行政部门责令限期改正，通报批评，给予警告；对负有责任的主管人员和其他直接责任人员，依法给予降级、撤职、开除的处分，并可以依法吊销有关责任人员的执业证书；构成犯罪的，依法追究刑事责任：（1）未依法履行传染病监测职责的；（2）未依法履行传染病疫情报告、通报职责，或者隐瞒、谎报、缓报传染病疫情的；（3）未主动收集传染病疫情信息，或者对传染病疫情信息和疫情报告未及时进行分析、调查、核实的；（4）发现传染病疫情时，未依据职责及时采取本法规定的措施的；（5）故意泄露传染病病人、病原携带者、疑似传染病病人、密切接触者涉及个人隐私的有关信息、资料的。

（四）其他机构的法律责任

1. 医疗机构的法律责任。医疗机构违反以下情形的，由县级以上人民政府卫生行政部门责令改正，通报批评，给予警告；造成传染病传播、流行或者其他严重后果的，对负有责任的主管人员和其他直接责任人员，依法给予降级、撤职、开除的处分，并可以依法吊销有关责任人员的执业证书；构成犯罪的，依法追究刑事责任：（1）未按照规定承担本单位的传染病预防、控制工作、医院感染控制任务和责任区域内的传染病预防工作的；（2）未按照规定报告传染病疫情，或者隐瞒、谎报、缓报传染病疫情的；（3）发现传染病疫情时，未按照规定对传染病病人、疑似传染病病人提供医疗救护、现场救援、接诊、转诊的，或者拒绝接受转诊的；（4）未按照规定对本单位内被传染病病原体污染的场所、物品以及医疗废物实施消毒或者无害化处置的；（5）未按照规定对医疗器械进行消毒，或者对按照规定一次使用的医疗器具未予销毁，再次使用的；（6）在医疗救治过程中未按照规定保管医学记录资料的；（7）故意泄露传染病病人、病原携带者、疑似传染病病人、密切接触者涉及个人隐私的有关信息、资料的。

［典型案例］ 医疗机构瞒报疫情的法律责任

在非典疫情暴发期间，某诊所收治发热病人成某，后因治疗效果不明显，诊所将成某转移到其他医院。成某转院后，被确诊患上非典。成某在诊所就诊期间，诊所的法定代表人王某指派刘晓花（未取得执业证书）对其进行治疗，后刘晓花被成某感染。在接到疫情通报后，卫生防疫站向诊所下达了封闭通知书，而王某因为害怕被吊销营业执照，所以悄悄将刘晓花辞退，并隐瞒其曾在诊所工作的事实。后来，在卫生防疫站工作人员的仔细调查下，王某才供出了刘晓花以及另外 6 位与成某有接触的当事人。在查明上述事实后，卫生防疫站撤销了王某的营业执照，对王某处以罚款并拘留15 天。

【案例评析】根据《传染病防治法》第 69 条的规定，医疗机构违反本法规定，未按照规定报告传染病疫情，或者隐瞒、谎报、缓报传染病疫情的，由县级以上人民政府卫生行政部门责令改正，通报批评，给予警告；造成传染病传播、流行或者其他严重后果的，对负有责任的主管人员和其他直接责任人员，依法给予降级、撤职、开除的处分，并可以依法吊销有关责任人员的执业证书。本案中，王某的行为已经构成隐瞒传染病疫情。另外，如果行为人隐瞒传染病疫情造成严重后果，可能还涉嫌构成刑事犯罪，需要承担相应的刑事责任。

2. 采供血机构的法律责任。采供血机构未按照规定报告传染病疫情，或者隐瞒、谎报、缓报传染病疫情，或者未执行国家有关规定，导致因输入血液引起经血液传播疾病发生的，由县级以上人民政府卫生行政部门责令改正，通报批评，给予警告；造成传染病传播、流行或者其他严重后果的，对负有责任的主管人员和其他直接责任人员，依法给予降级、撤职、开除的处分，并可以依法吊销采供血机构的执业许可证；构成犯罪的，依法追究刑事责任。非法采集血液或者组织他人出卖血液的，由县级以上人民政府卫生行政部门予以取缔，没收违法所得，可以并处 10 万元以下的罚款；构成犯罪的，依法追究刑事责任。

[典型案例]　输血感染艾滋病，医院有责任吗？[1]

杨某因为"宫外孕"而导致出血，由于情况紧急，在医生的建议下采用了卖血者的血。后来杨某被诊断出艾滋病，其艾滋病的源头就来自于卖血者。在卫生行政部门调查过程中，发现该医院不具有艾滋病抗体检验设备，化验员也没有经过采血培训，但其却从 1999 年开始的五年间私自采血 17 次，至少导致 19 人感染艾滋病。此次艾滋病扩散的源头来自于当地"有名"的卖血者孙老四夫妇，该夫妇常年以卖血为生。案发时，19 名艾滋病感染者，已经有 2 人死亡。法院判决该医院的主要负责人（院长、副院长、门诊室检验处处长）构成非法采集血液罪，判处有期徒刑，并处以罚金。后该案件以上千万元的费用和解。

【案例评析】医院对杨某等的用血行为属于应急用血，其目的在于为抢救和治疗提供便利。然而，根据《献血法》的规定，医院在紧急用血的情况下，应当确保采血安全。根据《艾滋病防治条例》的规定，对采集的血液是否包含艾滋病毒，应该进行详细检验，不得采集或者使用未经检测的血液。很显然，涉案医院缺乏艾滋病病毒的检验设备，因而并不能确保采血安全。另外，《献血法》和《传染病防治法》也要求对采血医疗技术人员进行相关的培训，并取得相应的资质，该医院在这方面也没有满足。在这次医疗事故中，医院负主要责任。

---

[1]　参见丁朝刚主编：《卫生法学案例分析》，西南师范大学出版社 2008 年版，第 39~40 页。

职业病防治法律制度

◆【本章知识结构图】

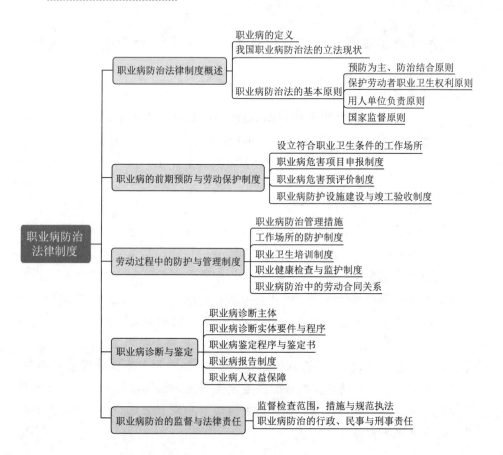

职业病防治法律制度概述
- 职业病的定义
- 我国职业病防治法的立法现状
- 职业病防治法的基本原则
  - 预防为主、防治结合原则
  - 保护劳动者职业卫生权利原则
  - 用人单位负责原则
  - 国家监督原则

职业病的前期预防与劳动保护制度
- 设立符合职业卫生条件的工作场所
- 职业病危害项目申报制度
- 职业病危害预评价制度
- 职业病防护设施建设与竣工验收制度

职业病防治法律制度

劳动过程中的防护与管理制度
- 职业病防治管理措施
- 工作场所的防护制度
- 职业卫生培训制度
- 职业健康检查与监护制度
- 职业病防治中的劳动合同关系

职业病诊断与鉴定
- 职业病诊断主体
- 职业病诊断实体要件与程序
- 职业病鉴定程序与鉴定书
- 职业病报告制度
- 职业病人权益保障

职业病防治的监督与法律责任
- 监督检查范围，措施与规范执法
- 职业病防治的行政、民事与刑事责任

◆【引导案例】

河南省农民张海超在郑州振东耐磨材料有限公司打工，2007 年 8 月开始感觉身体不适，2009 年 1 月张海超被多家医院诊断出患有"尘肺"，但由于这些医院不是法定职业病诊断机构，所以诊断结果无效。经调查，张海超打工期间历经杂工、破碎、压力机三个工种，均接触到大量粉尘。2007 年 1 月单位组织体检，但却扣下复查通知。职业病的鉴定需要用人单位出具相关证明，但由于原单位拒不配合不予开证明，诊断机构仅鉴定为"肺结核"。张海超不服，决定以开胸验肺的方式来证明自己所患的是尘肺病。

遗憾的是张海超最终没有被诊断为职业病，仅通过多方努力获得 615 000 元赔偿。河南省卫生厅签发《关于对张海超职业病诊断问题有关责任单位和责任人员查处情况的通报》，给予新密市卫生局副局长撤职处分，郑州市职业病防治所 3 名医师撤销诊断资格的处罚。该事件直接导致 2018 年修正的《职业病防治法》重新调整职业病诊断程序，以及 2021 年国家卫生健康委发布《职业病诊断与鉴定管理办法》。

思考：我国职业病诊断与鉴定的法律规定。

◆【基本原理】

第一节　职业病防治法律制度概述

我国是世界上劳动人口最多的国家，职业中的危害因素影响，加之职业健康检查覆盖率低和用工制度不完善等原因，易使劳动者引发疾病。这些病症涉及呼吸系统、皮肤、眼睛、耳鼻喉口腔等，对劳动者的生命健康有极大危害。《"健康中国 2030"规划纲要》提出"全方位、全周期维护和保障人民健康，大幅提高健康水平，显著改善健康公平"。职业病防治是职业健康的一部分，将职业病防治工作纳入法制的轨道，形成职业病防治法律制度，是依法治国基本方略在公共卫生方面的体现。通过职业病防治法律制度确立了职业病防治的基本规范和具体制度，在提高职业病防治水平、规范职业病防治行为，加强对劳动者健康保护，改善职业卫生服务，实施有效的职业卫生监督管理等方面，均会得到法律的保障和有力的支持。

一、职业病的定义

（一）法定概念

根据《职业病防治法》第 2 条规定，职业病是指企业、事业单位和个体经济组织等用人单位的劳动者在职业活动中，因接触粉尘、放射性物质和其他有毒、有害因素而引起的疾病。

（二）分类目录

法律上规定的职业病仅是一个基本规定，而更为具体的界定则是进一步地规定职业病的分类目录，该目录由国务院卫生行政部门会同国务院劳动保障行政部门制定、调整并公布。2013 年 12 月 23 日，国务院卫生行政等部门对《职业病分类与目录》进行调整，调整后的职业病分为 10 类 132 种。

1. 职业性尘肺病及其他呼吸系统疾病 19 种；

2. 职业性皮肤病 9 种，如接触性皮炎、光接触性皮炎等；

3. 职业性眼病 3 种，如化学性眼部灼伤、电光性眼炎等；

4. 职业性耳鼻喉口腔疾病 4 种；

5. 职业性化学中毒 60 种；

6. 物理因素所致职业病 7 种，如中暑、减压病等；

7. 职业性放射性疾病 11 种；

8. 职业性传染病 5 种；

9. 职业性肿瘤 11 种；

10. 其他职业病 3 种，如金属烟热等。

调整后的新目录将医疗卫生人员和人民警察在医疗活动或执行公务时被感染的艾滋病纳入到职业性传染病中。

（三）双重界定的弊端

《职业病防治法》定义了职业病，但同时又用职业病目录界定了职业病的范围。换句话说，如果一种疾病符合《职业病防治法》对职业病所作的定义，但未出现在职业病目录中，则不能被认定为职业病。职业病目录列出的疾病只是因暴露于职业有害因素所致疾病的一部分。新材料、新工艺、新技术和新的工作组织和实施方式等迅速发展会带来新的职业危害，科学技术进步会带来对致病因素的新发现，但职业病目录的更新往往滞后于这些新变化。确立职业病目录的目的不应仅是赔偿受害的劳动者，更重要的是为了预防同样的职业病在其他有职业接触的劳动者中再次发生和针对导致职业病的有害因素在工作场所开展预防活动。因此，如果不将所有对劳动者健康构成威胁的因素作为职业病防治的对象，则很难有效保护劳动者的职业健康，不利于职业病患者得到赔偿，也不利于预防相关疾病。

【扩展资料】"过劳死"是否属于职业病？

"过劳死"一词原生于日本，因 20 世纪 70~80 年代极具影响的过劳死社会现象而为人所知，用以代指"因过度工作而致之死亡"。后来该词被立法援用，特指"因过重业务负担促发（职业性）心脑血管疾病而导致的死亡"或永久性劳动能力丧失。在广义上，其还包括过劳自杀。

世界卫生组织和国际劳工组织在《国际环境》杂志上发表针对与长时间工作有关的生命和健康损失的全球性分析报告。研究显示：因工作时间过长，2016 年全世界有 39.8 万人死于中风，34.7 万人死于心脏病；2000 年至 2016 年期间，因长时间工作而死于心脏病的人数增加了 42%，死于中风的人数增加了 19%；工作时间过长的现象愈演愈烈，这种增长趋势会使更多人面临过劳工作导致的健康乃至生命风险。中国经济进入高速发展阶段，"过劳"似乎已成为职场常态。2015 年 3 月，深圳 36 岁的 IT 男张某，被发现猝死在酒店马桶上，凌晨 1 点他还发了最后一封工作邮件；2015 年 7 月，江苏省某演艺集团员工王某，被单位同事发现死在了宿舍，去世前最后一次演出工作时间有 10 余小时；2016 年 6 月，天涯社区副主编金某在北京地铁站台上突发脑溢血不幸去世，长期加班熬夜是他的工作常态；互联网企业 996 工作制度等。据调查研究表明，70%的中国人有过劳死的危险，76%的白领处于亚健康状态，20%的人患有慢性疾病。

我国法律对"过劳"问题的认定存在着模糊区域。根据《工伤保险条例》第 15 条的规定，在工作时间和工作岗位，突发疾病死亡或者在 48 小时之内经抢救无效死亡，才能够被认定为工伤。"48 小时"成为认定"过劳死"是否为工伤的关键要件。从劳动部门来看，在工作过程中突发疾病，应该由卫生部门给出疾病的认定，但医学上没有绝对 48 小时的界限。因此，不符合"48 小时"的"过劳死"也不能按照"视同工伤"的标准来认定。而根据《职业病防治法》第 2 条对职业病的规定，因过劳而产生的心血管疾病等"生活疾病"，显然尚不能被归为"职业病"。从卫生部门来看，"职业病"目录中没有因"过劳"引起的突发心血管疾病的病种，不能按照"职业病"鉴定标准来进行伤残等级的判定。员工是否"过度劳动"，应该由劳动部门调查。可知，"过劳"是一个比较复杂的问题，卫生部门和劳动部门共同来打造这个概念，但由哪个部门主导认定，法律没有明确规定。

日本对过劳问题有着较为详细的法律规定。早在 1988 年日本就制定了《劳动基准法》，2014 年开始实施《过劳死防止法》，2017 年通过了《工作方式改革关联法案》。法律对"过劳死"的界定既包含医学上的疾病定义，又包括对劳动时间和死亡的因果关系的精确界定，即"发病前一个月到前六个月之间，月平均加班时间超过 45 小时的，超过的时间越长，关联性越强；发病前的一个月内的加班时间大概超过 100 个小时或者是发病的前两个月到前六个月之间的月平均加班时间大概超过 80 小时的，认定工作和发病的关联性强。"对"过劳死"作出认定和管理的机构是日本厚生省，该部门负责日本的医疗卫生和社会保障，同时包含了卫生部门和劳动部门的职能，不存在部门之间的利益冲突。通过比较法可知，对于我国的"过劳"和"过劳死"的法律认定问题，涉及"工伤"和"职业病"的标准体系都需要重新调整。将"过劳"的法律保护措施与救济纳入全民医疗法律保障体系，构建以"伤"、"病"的指标为主，以当事人"过劳"的经历调查为辅的认定方式，将其作为扩展型职业病纳入工伤保险；在判定程序上将纯粹医学诊断与鉴定模式，改变为侧重法律判断的工伤认定考察和评价；"过劳"的经历应作为补偿的参考依据，需在导致发病的工作性因素与非工作性因素间做出谨慎权衡。[1]

二、我国职业病防治法的立法现状

职业病防治法是指调整在预防、控制和消除职业病危害，保护劳动者健康及其相关权益等活动中所发生的各种社会关系的法律规范的总称。我国职业病防治的立法工作历史悠久，党的十八大以来，职业病防治法的立法工作取得新进展、新成效。

（一）探索阶段

我国职业病防治工作起步于新中国成立初期，那时主要是参考苏联的模式进行，绝大部分防治工作集中于工矿企业，首要任务是积累经验，摸索方法，职业卫生监督管理和职业病防控方面处于探索阶段。1949 年成立卫生部，下设公共卫生局负责全国劳动保护工作；1953 年全国建立各级卫生防疫站，下设劳动卫生科负责职业卫生工作；1957 年卫生部发布《职业病范围和职业

---

〔1〕 参见郑晓珊："'过劳死'之职业关联性疾病救济进路"，载《法学》2020 年第 5 期。

病患者处理办法》（已失效），首次确定职业病范围。

（二）发展阶段

改革开放后，我国职业病防治工作进入快速发展阶段，在职业卫生法律法规建设以及职业病危害控制方面开展了大量工作，取得了显著成效。1982年恢复职业病报告制度；1983年成立职业病防治中心，全面确立了我国职业卫生国家监督管理制度；1994年颁布《劳动法》，进一步明确劳动安全卫生国家监察体制。

（三）改革阶段

2002年《职业病防治法》的实施对职业病防治工作具有里程碑意义。该法自实施以来，先后于2011年12月31日、2016年7月2日、2017年11月4日、2018年12月29日进行了四次修正。与此同时，我国又相继推出了一系列卫生法律法规和标准，包括《使用有毒物品作业场所劳动保护条例》《职业病诊断与鉴定管理办法》《放射诊疗管理规定》《建设项目职业病危害评价规范》《职业卫生技术服务机构管理办法》等，对用人单位落实各项防治措施要求，职业卫生行政执法和技术服务机构执业行为等予以规范。一些地方还制定了职业病防治的地方性法规、标准。我国已经形成了以《职业病防治法》为骨干，有关法规、规章相协调的职业病防治法律体系。

（四）职业健康保护新时代

当前中国特色社会主义进入新时代，职业健康保护已经成为提升人民群众健康获得感、幸福感和生活质量的重要基础。党的十八大以来，以习近平同志为核心的党中央把保障人民健康摆在优先发展的战略地位，作出了"实施健康中国战略"的重大部署。党的十九大关于实施健康中国战略的决策部署，依据《职业病防治法》和《中华人民共和国国民经济和社会发展第十四个五年规划和2035年远景目标纲要》等法律法规及文件，国家卫生健康委发布《国家职业病防治规划（2021-2025年）》。我国职业病防治的立法工作即将进入一个新阶段，在提高职业病防治水平、规范职业病防治行为，加强对劳动者健康保护，改善职业卫生服务，实施有效的职业卫生监督管理等方面，都会得到法律的保障和有力的支持。

三、职业病防治法的基本原则

（一）预防为主、防治结合原则

《职业病防治法》第3条规定，职业病防治工作坚持预防为主、防治结合的方针。大多数职业病目前尚无特效治疗方法，但如果做好预防可以有效地防止和减少职业病的发生。预防包括职业病的前期预防和劳动过程中的预防。

国务院和县级以上地方人民政府应当制定职业病防治规划，将其纳入国民经济和社会发展计划，并组织实施。县级以上地方人民政府统一负责、领导、组织、协调本行政区域的职业病防治工作，建立健全职业病防治工作体制、机制，统一领导、指挥职业卫生突发事件应对工作；加强职业病防治能力建设和服务体系建设，完善、落实职业病防治工作责任制。国家鼓励和支持研制、开发、推广、应用有利于职业病防治和保护劳动者健康的新技术、新工艺、新设备、新材料，加强对职业病的机理和发生规律的基础研究，提高职业病防治科学技术水平；积极采用有效的职业病防治技术、工艺、设备、材料；限制使用或者淘汰职业病危害严重的技术、工艺、设备、材料。

（二）保护劳动者职业卫生权利原则

《职业病防治法》第4条规定，劳动者依法享有职业卫生保护的权利。一方面，劳动者应当学习和掌握相关的职业卫生知识，增强职业病防治观念，提高职业健康意识、自我保护意识和行使职业卫生保护权利的能力。针对农民工普遍缺乏职业危害防范和维权意识，2016年国家卫生计生委、国家发展改革委等10部委联合印发了《关于加强农民工尘肺病防治工作的意见》，旨在提升对农民工尘肺病问题的关注，要求劳动者增强职业病防范意识，遵守职业病防治法律、法规、规章和操作规程，正确使用、维护职业病防护设备和个人使用的职业病防护用品，维护农民工的健康权益。另一方面，工会组织依法对职业病防治工作进行监督，并采取措施保障劳动者获得职业卫生保护。工会组织对用人单位违反职业病防治法律、法规，侵犯劳动者合法权益的行为，有权要求纠正；产生严重职业病危害时，有权要求采取防护措施，或者向政府有关部门建议采取强制性措施；发生职业病危害事故时，有权参与事故调查处理；发现危及劳动者健康的情形时，有权向用人单位建议组织劳动者撤离危险现场，用人单位应当立即作出处理。

（三）用人单位负责原则

根据《职业病防治法》第5条、第6条的规定，用人单位对本单位职业病工作全面承担责任，单位主要负责人对本单位职业病防治全面负责。对用人单位而言，应当依照法律、法规要求，严格遵守国家职业病卫生标准，落实职业病预防措施，从源头上控制和消除职业病危害；按照职业病防治要求，用于预防和治理职业病危害、工作场所卫生检测、健康监护和职业卫生培训等费用，按照国家有关规定，在生产成本中据实列支；应当依法参加工伤保险，防止因无工伤保险，职工得不到相关保障。对单位负责人而言，用人单位的主要负责人和职业卫生管理人员应当接受职业卫生培训，遵守职业病防治法律、法规，依法组织本单位的职业病防治工作。

（四）国家监督原则

《职业病防治法》第9条规定，国家实行职业卫生监督制度。国务院卫生行政部门、劳动保障行政部门依法定职责，负责全国职业病防治的监督管理工作。国务院有关部门在各自的职责范围内负责职业病防治的有关监督管理工作。县级以上人民政府卫生行政部门、劳动保障行政部门依据各自职责，负责本行政区域内职业病防治的监督管理工作。县级以上地方人民政府有关部门在各自的职责范围内负责职业病防治的有关监督管理工作。具体而言，卫生行政部门主要负责对用人单位的职业卫生进行监督检查，对职业病的诊断鉴定进行组织管理；劳动保障行政部门应当加强对工伤保险的监督管理，确保劳动者依法享受工伤保险待遇；职业卫生监督管理部门对用人单位落实职业病防护管理措施情况进行监督检查，依法行使职权，承担责任。同时加强职业卫生监管网络建设，逐步健全监管执法队伍，大力提升基层监督管理水平，重点加强县、乡级职业卫生监督执法能力和装备建设，充分利用行政执法手段来推进用人单位做好职业病防治工作。

第二节　职业病的前期预防与劳动保护制度

防治职业病的法定方针是预防为主，预防就要从源头抓起，只有在源头实施控制和管理，才会是最主动的，也是最有效率的，可以防患于未然。前期控制职业病的危害，是符合职业病的特点的，有利于将这种人为的疾病及早地加以控制，有利于多加预防，减少发病。《职业病防治法》设有专门的一章规范前期预防。

一、设立符合职业卫生条件的工作场所

要求用人单位工作场所符合职业卫生条件，是防治职业病的起点，也是保障劳动者健康的最有力的措施。在实践中贯彻落实这一制度，可以最大限度地消除或者减少劳动者受到职业病因素的危害。因此，《职业病防治法》中首先规定，产生职业病危害的用人单位在其设立时，不仅要符合法律、行政法规所规定的设立条件，还应符合防治职业病方面的特定条件。就其工作场所而言，有职业病危害因素的用人单位应当符合下列职业卫生要求：

1. 职业病危害因素的强度或者浓度符合国家职业卫生标准；

2. 有与职业病危害防护相适应的设施；

3. 生产布局合理，符合有害与无害作业分开的原则；

4. 有配套的更衣间、洗浴间、孕妇休息间等卫生设施；

5. 设备、工具、用具等设施符合保护劳动者生理、心理健康的要求；

6. 法律、行政法规和国务院卫生行政部门关于保护劳动者健康的其他要求。

二、职业病危害项目申报制度

针对存在或者产生职业病危害因素的项目，为保护劳动者健康，国家建立职业病危害项目申报制度。《职业病防治法》第16条第2款规定："用人单位工作场所存在职业病目录所列职业病的危害因素的，应当及时、如实向所在地卫生行政部门申报危害项目，接受监督。"职业病危害，是指对从事职业活动的劳动者可能导致职业病的各种危害，具体包括职业活动中存在的各种有害的化学、物理、生物因素以及在作业过程中产生的其他职业有害因素。职业病危害因素分类目录由国务院卫生行政部门等制定、调整并公布。职业病危害项目申报制度的实施具有如下特点：

1. 职业病危害项目申报是法定制度。卫生行政部门基于法律授予权力，负责实施该项制度，任何单位和个人都必须遵守，不得违背。

2. 对职业病危害实行全方位的、全过程的监控。设立职业病危害项目申报制度目的是将所有的职业病危害项目纳入卫生行政部门的监督范围之内，受卫生行政部门的监控，防止职业病危害项目不受控制地造成损害。因此，

无论是新设的还是原有的、任何行业的、任何地区的职业病危害项目都必须申报，这才能为有效地实施监控提供条件。

3. 申报的范围是法定职业病的各个危害项目。要求用人单位如实、及时申报，接受监督，不容规避、不准隐瞒，更不得拒绝。

4. 对用人单位向卫生行政部门申报职业病危害项目实行实质性监督管理。该申报制度不仅仅是一种程序，而且是具有实质内容的监督管理，从申报开始就要接受监督。对于用人单位申报可以有三种处置方式：一是实施监督，纳入监督管理范围，符合规定予以备案监管；二是对不符合法定条件的，进行检查，责令纠正；三是对违法设立的项目，依法采取措施，防止造成危害，甚至依法追究责任。

5. 申报的具体办法由法律授权国务院卫生行政部门制定。为使申报制度更周密有效、切实可行，可积累实际操作经验，在实施中进一步完善。

三、职业病危害预评价制度

职业病危害预评价制度是预防和控制职业病的一项基础工作和重要手段。其主要作用在于从源头控制职业病危害，积极改善作业环境，有力地保障劳动力资源的可持续利用，同时也为企业在国际竞争中设立良好形象。《职业病防治法》第 17 条对职业病危害预评价制度作出了具体规定。

（一）适用范围

新建、扩建、改建建设项目和技术改造、技术引进项目可能产生职业病危害的，在可行性论证阶段应当由建设单位向卫生行政部门提交职业病危害预评价报告，由卫生行政部门审核。医疗机构建设项目可能产生放射性职业病危害的，建设单位应当向卫生行政部门提交放射性职业病危害预评价报告。

（二）预评价机构

为严格实施预评价制度，保证评价质量，法律规定只能由依法设立的取得省级以上人民政府卫生行政部门资质认证的职业卫生技术服务机构进行职业病危害预评价。职业卫生技术服务机构在技术上、人员素质上、担负责任的能力上应当符合职业病防治的要求，其所作的评价应当客观、真实、公正，对劳动者健康负责。如果职业卫生技术服务机构为谋求自己的利益而失去客观、公正、真实，不履行法定义务，将受到法律追究。

（三）报告内容

职业病危害预评价报告应当对建设项目可能产生的职业病危害因素及其对工作场所和劳动者健康的影响作出评价，确定危害类别和职业病防护措施。有关建设项目职业病危害分类目录和分类管理办法由国务院卫生行政部门制定。

（四）法律效力

卫生行政部门应当自收到预评价报告之日起 30 日内，作出审核决定并书面通知建设单位。未提交预评价报告或者预评价报告未经卫生行政部门审核同意的，不得开工建设。

四、职业病防护设施建设与竣工验收制度

（一）防护设施建设的"三同时"制度

为防止只重视主体工程而忽视职业病防护设施的片面认识和做法，《职业病防治法》第 18 条第 1 款规定了建设项目的职业病防护设施的"三同时"制度。根据法律规定，建设项目的职业病防护设施应当与主体工程同时设计、同时施工、同时投入生产和使用；所需投入的费用应当纳入建设项目的工程预算。

（二）防护设施设计要求

《职业病防治法》第 18 条第 2 款规定，对职业病危害严重的建设项目的防护设施设计，要求必须经卫生行政部门进行审查，符合国家职业卫生标准和卫生要求方可施工；对医疗机构放射性职业病危害严重的建设项目的防护设施设计，应当经卫生行政部门审查同意后方可施工。

（三）项目竣工验收要求

职业病防护设施的建设必须是有效的、合乎标准的，而不是形式上的、质量无保证的。为此，建设项目在竣工验收前，建设单位应当进行职业病危害控制效果评价；建设项目竣工验收时，其职业病防护设施经卫生行政部门验收合格后，方可投入正式生产和使用。《职业病防治法》第 18 条第 4 款规定，医疗机构可能产生放射性职业病危害的建设项目竣工验收时，其放射性职业病防护设施经卫生行政部门验收合格后，方可投入使用；其他建设项目的职业病防护设施应当由建设单位负责依法组织验收，验收合格后，方可投入生产和使用。卫生行政部门应当加强对建设单位组织的验收活动和验收结

果的监督核查。

第三节　劳动过程中的防护与管理制度

劳动过程中防护与管理是职业病防治中前期预防的延伸，涉及管理制度、工作场所的防护措施、个人防护要求、防治职业病人员培训、劳动者健康监护、劳动关系的调整，以及有关费用的开支等事项。这一制度使职业病防治从对预防措施的监督管理延伸到了经常性的、劳动过程中的防护与管理，相关规定前后连贯，紧密相接，更深入、更具体。

一、职业病防治管理措施

对职业病的防治应当是用人单位实施管理的经常性的内容，并且是必不可少的内容。为此，须将职业病防治管理措施定型化、制度化，并通过法律规定强有力地加以推行。《职业病防治法》第 20 条明确规定，用人单位应当采取下列六项职业病防治管理措施：

1. 设置或者指定职业卫生管理机构或者组织，配备专职或者兼职的职业卫生管理人员，负责本单位的职业病防治工作。

2. 制定职业病防治计划和实施方案。

3. 建立、健全职业卫生管理制度和操作规程。

4. 建立、健全职业卫生档案和劳动者健康监护档案。

5. 建立、健全工作场所职业病危害因素监测及评价制度。

6. 建立、健全职业病危害事故应急救援预案。

上述六项措施是用人单位实施职业病防治管理的基本制度，只有从组织、人员上落实，有防治计划，在实际中有相应的措施，坚实的基础工作，才能有效地应对事故的发生。除了上述管理措施外，用人单位还必须经常地采取技术措施推进职业病防治。如用人单位应当优先采用有利于防治职业病和保护劳动者健康的新技术、新工艺、新材料，逐步替代职业病危害严重的技术、工艺、材料；对职业病防护设备、应急救援设施和个人使用的职业病防护用品，用人单位应当进行经常性维护、检修，确保其处于正常状态；不得生产或者使用国家明令禁止的可能产生职业病危害的设备或者材料；不得将产生职业病危害的作业转移给不具备职业病防护条件的单位和个人。

二、工作场所的防护制度

工作场所是劳动者从事职业活动所在的环境，必须严密监测工作场所中的危害因素以及其与劳动者接触的状况，必须采取防护措施消除或者减少其对劳动者的危害。因此，《职业病防治法》第24～26条有针对性地规定了一系列防护措施。

1. 设置公告栏。产生职业病危害的用人单位，应当在醒目位置设置公告栏，公布有关职业病防治的规章制度、操作规程、职业病危害事故应急救援措施和工作场所职业病危害因素检测结果。

2. 设置警示标志。对产生严重职业病危害的作业岗位，应当在其醒目位置，设置警示标识和中文警示说明。警示说明应当载明产生职业病危害的种类、后果、预防以及应急救治措施等内容。

3. 设置报警装置。对可能发生急性职业损失的有毒、有害工作场所，用人单位应当设置报警装置，配置现场急救用品、冲洗设备、应急撤离通道和必要的泄险区。对放射工作场所和放射性同位素的运输、贮存，用人单位必须配置防护设备和报警装置，保证接触放射线的工作人员佩戴个人剂量计。

4. 提供防护用品。用人单位必须为劳动者提供个人使用的职业病防护用品。用人单位为劳动者个人提供的职业病防护用品必须符合防治职业病的要求；不符合要求的，不得使用。对职业病防护设备、应急救援设施和个人使用的职业病防护用品，用人单位应当进行经常性的维护、检修，定期检测其性能和效果，确保其处于正常状态，不得擅自拆除或者停止使用。

5. 定期检测评价。为有效预防、控制、消除职业病危害，切实保障员工身心健康，用人单位应当设置专人负责职业病危害因素日常监测，并确保监测系统处于正常运行状态，定期对工作场所进行职业病危害因素检测、评价。评价结果存入用人单位职业卫生档案，定期向所在地卫生行政部门报告并向劳动者公布。发现工作场所职业病危害因素不符合国家职业卫生标准和卫生要求时，用人单位应当立即采取相应治理措施，仍然达不到国家职业卫生标准和卫生要求的，必须停止存在职业病危害因素的作业；职业病危害因素经治理后，符合国家职业卫生标准和卫生要求的，方可重新作业。

三、职业卫生培训制度

职业病重在预防，应当普及职业病防治知识，增强用人单位的职业病防治观念，提高劳动者的自我健康保护意识。这一内容除在总则部分中作出了原则性规定之外，《职业病防治法》第 34 条还对劳动过程中的职业卫生培训作出了具体规定，将其作为用人单位、负责人、劳动者的法定义务。

1. 单位负责人的义务。用人单位的主要负责人和职业卫生管理人员应当接受职业卫生培训，遵守职业病防治法律、法规，依法组织本单位的职业病防治工作。这是对负责人、管理人员的要求，通过规范他们的行为，增强其防治职业病的观念，尤其是守法意识。

2. 用人单位的义务。用人单位应当对劳动者进行上岗前的职业卫生培训和在岗期间的定期职业卫生培训，普及职业卫生知识，督促劳动者遵守职业病防治法律、法规、规章和操作规程，指导劳动者正确使用职业病防护设备和个人使用的职业病防护用品。

3. 劳动者的义务。劳动者应当学习和掌握相关卫生知识，增强职业病防范意识，遵守职业病防治法律、法规、规章和操作规程，正确使用、维护职业病防护设备和个人使用的职业病防护用品，发现职业病危害事故隐患应当及时报告。劳动者不履行上述规定义务的，用人单位应当对其进行教育。

四、职业健康检查与监护制度

《职业病防治法》第 35～36 条有关健康检查、健康监护的规定，是与防治职业病直接有关，以预防为目的，监视职业病的危害，鉴定受危害的人群，并采取相应的对策。

（一）职业健康的一般规定

职业健康检查包括上岗前、在岗期间和离岗时的职业健康检查。对从事接触职业病危害的作业的劳动者，用人单位应当按照国务院卫生行政部门的规定组织职业健康检查，并将检查结果告知劳动者。

职业健康检查应当由取得《医疗机构执业许可证》的医疗卫生机构承担。卫生行政部门应当加强对职业健康检查工作的规范管理，具体管理办法由国务院卫生行政部门制定。职业健康检查费用由用人单位承担。

（二）健康检查的禁止性规定

用人单位不得安排未经上岗前职业健康检查的劳动者从事接触职业病危害的作业；不得安排有职业禁忌的劳动者从事其所禁忌的作业；对在职业健康检查中发现有与所从事的职业相关的健康损害的劳动者，应当调离原工作岗位，并妥善安置；对未进行离岗前职业健康检查的劳动者不得解除或者终止与其订立的劳动合同。

职业禁忌，是指劳动者从事特定职业或者接触特定职业病危害因素时，比一般职业人群更易于遭受职业病危害和罹患职业病或者可能导致原有自身疾病病情加重，或者在从事作业过程中诱发可能导致对他人生命健康构成危险的疾病的个人特殊生理或病理状态。

［疑难案例］ 劳动者未进行离岗前职业健康检查，用人单位与劳动者协商一致解除劳动合同有效吗？[1]

2010年1月，原告张某与被告上海敬豪劳务服务有限公司（以下简称敬豪公司）建立劳动关系后被派遣至被告中海公司担任电焊工，双方签订最后一期的劳动合同的期限为2010年1月1日至2014年6月30日。2014年1月13日，敬豪公司（甲方）与张某（乙方）签订协商解除劳动合同协议书，协议中载明甲、乙双方一致同意劳动关系于2014年1月13日解除，双方的劳动权利义务终止；甲方向乙方一次性支付人民币48 160元，以上款项包括解除劳动合同的经济补偿、其他应得劳动报酬及福利待遇等。敬豪公司于2014年1月21日向张某支付人民币48 160元。2014年4月，张某经上海市肺科医院诊断为电焊工尘肺I期；12月10日经上海市劳动能力鉴定委员会鉴定为职业病致残程度七级；11月27日，张某向上海市崇明区劳动人事争议仲裁委员会申请仲裁，要求自2014年1月13日起恢复与敬豪公司的劳动关系。仲裁委员会裁决不支持张某的请求事项。张某有异议向上海市崇明区人民法院提起诉讼。一审法院认为，从事接触职业病危害作业的劳动者未进行离岗前职业健康检查，或者疑似职业病病人在诊断或者医学观察期间的，用人单位不得依照《劳动合同法》第40条、第41条的规定解除劳动合同。现原、被告协商

---

〔1〕 上海市第二中级人民法院（2016）沪02民终7986号判决。

一致解除劳动关系，不属于该法第 40 条、第 41 条规定的情形。且原、被告的劳动合同也已到期，现被告不同意恢复劳动关系，原告要求自 2014 年 1 月 13 日起恢复与被告的劳动关系，于法无据，不予支持。张某不服向上海市第二中级人民法院提起上诉。二审法院认为，根据《职业病防治法》第 35 条的规定，用人单位安排从事接触职业病危害的劳动者进行离岗职业健康检查是其法定义务，该义务并不因劳动者与用人单位协商一致解除劳动合同而当然免除。且《劳动合同法》第 42 条的规定，并没有排除用人单位与劳动者协议一致解除劳动合同的情形。综上，二审法院判决撤销一审民事判决，张某与敬豪公司自 2014 年 1 月 13 日起恢复劳动关系至 2014 年 12 月 10 日止。

【案例评析】本案中，双方当事人于 2014 年 1 月 13 日签订的《协商解除劳动合同协议书》并未明确张某已经知晓并放弃了进行离岗前职业健康检查的权利，且张某于事后也通过各种途径积极要求敬豪公司为其安排离岗职业健康检查。根据《职业病防治法》第 35 条的规定，对从事接触职业病危害的作业的劳动者，用人单位应当按照国务院卫生行政部门的规定组织上岗前、在岗期间和离岗时的职业健康检查，并将检查结果书面告知劳动者……对未进行离岗前职业健康检查的劳动者不得解除或者终止与其订立的劳动合同。因此，敬豪公司安排张某进行离岗职业健康检查是法定义务，亦是劳动者的权利，除法律另有规定外不应被剥夺。而且《劳动合同法》第 42 条仅规定，从事接触职业病危害的作业的劳动者未进行离岗前职业健康检查的，用人单位不得单方无过失性辞退或经济裁员，但并未排斥用人单位与劳动者协商一致解除劳动合同的情形适用。综上，从事接触职业病危害作业的劳动者未进行离岗前职业健康检查的，用人单位不得解除或终止与其订立的劳动合同。即使用人单位与劳动者已协商一致解除劳动合同，解除协议也应认定无效。

（三）职业健康监护档案

用人单位应当为劳动者建立职业健康监护档案，并按照规定的期限妥善保存。职业健康监护档案的主要内容由法律规定，保证档案的完整性。其法定内容应当包括：劳动者的职业史、职业病危害接触史、职业健康检查结果和职业病诊疗等有关个人健康资料。劳动者离开用人单位时，有权索取本人职业健康监护档案复印件，用人单位应当如实、无偿提供，并在所提供的复印件上签章。

五、职业病防治中的劳动合同关系

职业病防治中涉及用人单位与劳动者的关系，对这种特定条件下的劳动权利义务关系，职业病防治法确立了针对用人单位责任与劳动者权益保护的具体规则。

（一）用人单位职业病防治义务

1. 如实告知职业病危害。用人单位与劳动者订立劳动合同时，应当将工作过程中可能产生的职业病危害及其后果、职业病防护措施和待遇等如实告知劳动者，并在劳动合同中写明，不得隐瞒或者欺骗。劳动者在已订立劳动合同期间因工作岗位或者工作内容变更，从事与所订立劳动合同中未告知的存在职业病危害的作业时，用人单位应当向劳动者履行如实告知的义务，并协商变更原劳动合同相关条款。用人单位违反上述规定，劳动者有权拒绝从事存在职业病危害的作业，用人单位不得因此解除与劳动者所订立的劳动合同。

2. 警示说明。用人单位提供可能产生职业病危害的设备的，应当提供中文说明书，并在设备的醒目位置设置警示标识和中文警示说明。警示说明应当载明设备性能、可能产生的职业病危害、安全操作和维护注意事项、职业病防护以及应急救治措施等内容。用人单位提供可能产生职业病危害的化学品、放射性同位素和含有放射性物质的材料的，应当提供中文说明书。说明书应当载明产品特性、主要成分、存在的有害因素、可能产生的危害后果、安全使用注意事项、职业病防护以及应急救治措施等内容。产品包装应当有醒目的警示标识和中文警示说明。贮存上述材料的场所应当在规定的部位设置危险物品标识或者放射性警示标识。

3. 保护特殊劳动者职业卫生权利。用人单位不得安排未成年工从事接触职业病危害的作业；不得安排孕期、哺乳期的女职工从事对本人和胎儿、婴儿有危害的作业；不得安排有职业禁忌的劳动者从事其所禁忌的作业。

4. 处置职业危害事故。发生或者可能发生急性职业病危害事故时，用人单位应当立即采取应急救援和控制措施，并及时报告所在地卫生行政部门和有关部门。对遭受或者可能遭受急性职业病危害的劳动者，用人单位应当及时组织救治、进行健康检查和医学观察，所需费用由用人单位承担。

5. 承担职业危害后果责任。用人单位应当优先采用有利于防治职业病和保护劳动者健康的新技术、新工艺、新设备、新材料，逐步替代职业病危害严重的技术、工艺、设备、材料。用人单位对采用的技术、工艺、设备、材料，应当知悉其产生的职业病危害，对有职业病危害的技术、工艺、设备、材料隐瞒其危害而采用的，对所造成的职业危害后果承担责任。

（二）劳动者职业卫生保护权利

劳动者依法享有职业卫生保护权利，具体如下：

1. 获得职业卫生教育、培训。

2. 获得职业健康检查、职业病诊疗、康复等职业病防治服务。

3. 了解工作场所产生或者可能产生的职业病危害因素、危害后果和应当采取的职业病防护措施。

4. 要求用人单位提供符合防治职业病要求的职业病防护设施和个人使用的职业病防护用品，改善工作条件。

5. 对违反职业病防治法律、法规以及危及生命健康的行为提出批评、检举和控告。

6. 拒绝违章指挥和强令进行没有职业病防护措施的作业。

7. 参与用人单位职业卫生工作的民主管理，对职业病防治工作提出意见和建议。

用人单位应当保障劳动者行使前款所列权利。因劳动者依法行使正当权利而降低其工资、福利等待遇或者解除、终止与其订立的劳动合同的，其行为无效。工会作为职工利益的代表和维护组织，应当充分发挥其在防治职业病中的重要作用。例如督促并协助用人单位开展职业卫生宣传教育和培训；对用人单位违反职业病防治法律、法规，侵犯劳动者合法权益的行为，有权要求纠正；产生严重职业病危害时，有权要求采取防护措施，或者建议采取强制性措施；发生职业病危害事故时，有权参与事故调查处理等。

［典型案例］　用人单位未对劳动者进行离岗前
职业病健康检查能否解除劳动合同？〔1〕

周某与上海巧哲家具有限公司（以下简称巧哲公司）签订劳动合同，合同期限为 2017 年 2 月 20 日至 2019 年 2 月 19 日。巧哲公司向周某出示员工手

---

〔1〕　上海市高级人民法院（2020）沪民申 927 号裁定。

册，周某确认已阅读并承诺严格遵守规章制度。在合同履行期内，巧哲公司以2018年8月24日至2019年5月6日期间，周某没有为巧哲公司提供劳动，存在不服从用人单位工作安排、消极怠工等行为，已违反员工手册相关规定，属严重违纪，解除与周某的劳动关系。周某则认为，巧哲公司未对其进行离岗前职业病健康检查，违反《职业病防治法》第35条第2款规定，巧哲公司不得解除与其签订的劳动合同。另查明，上海市嘉定区卫生健康局根据职业病危害因素监测报告，出具《对周某接触职业病危害作业的调查情况》及上海市嘉定区应急管理局出具的专家意见等证据，证明巧哲公司在生产过程中存在木粉尘和噪声等职业病危害因素，周某所从事的工作系接触粉尘、噪声等职业病危害因素的作业。2019年5月6日，巧哲公司通知周某体检，周某明确予以拒绝。

【案例评析】根据《职业病防治法》的规定，对于从事接触职业病危害的作业的劳动者，用人单位应按照国务院相关部门的规定组织上岗前、在岗期间和离岗时的职业健康检查。对于未进行离岗前职业健康检查的劳动者不得解除或者终止与其订立的合同。该规定明确了用人单位对劳动者的职业健康检查义务以及终止劳动合同的前置条件。巧哲公司在解除劳动合同时，有义务组织周某进行离职前的健康复查，但其未履行该项义务。而且经当地卫生行政部门及专家鉴定，周某在巧哲公司从事的工作具有职业病危害因素。根据《职业病防治法》的规定，用人单位应当及时安排对疑似职业病病人进行诊断；在疑似职业病病人诊断或者医学观察期间，不得解除或终止与其订立的劳动合同；疑似职业病病人在诊断、医学观察期间的费用由用人单位承担。据此，法院判决：巧哲公司对周某未进行离岗前体检而予以辞退不妥，巧哲公司自2018年8月24日起恢复与周某的劳动关系；周某应自行承担拒绝巧哲公司提供体检服务的法律后果。

第四节　职业病诊断与鉴定

职业病诊断与鉴定工作应当按照职业病防治法法律法规和职业病分类与目录、国家职业病诊断标准进行，遵循科学、公正、及时、便捷的原则。

一、职业病诊断主体

（一）职业病诊断机构

1. 设立条件与程序。职业病的诊断由法定的医疗机构承担。根据法律规定，医疗卫生机构开展职业病诊断工作应当具备下列条件：（1）持有《医疗机构执业许可证》；（2）具有相应的诊疗科目及与备案开展的诊疗项目相适应的职业病诊断医师及相关医疗卫生技术人员；（3）具有与备案开展的诊断项目相适应的仪器、设备；（4）具有健全的职业病诊断质量管理制度。

医疗机构开展职业病诊断工作应当在开展之日起 15 个工作日内向省级卫生行政部门备案。省级卫生行政部门应当自收到完整备案材料之日起 15 个工作内向社会公布备案的医疗卫生机构名录、地址、诊断项目等相关信息。当备案信息发生变化时，应当自信息发生变化之日起 10 个工作日内向省级卫生行政部门提交变更信息。职业病诊断机构拟不再开展职业病诊断工作的，应当在拟停止开展职业病诊断工作的 15 个工作日之前告知省级卫生行政部门和所在地县级卫生行政部门，妥善处理职业病诊断档案。

省、自治区、直辖市卫生行政部门应当结合本行政区域职业病防治工作实际和医疗卫生服务体系规定，充分利用现有医疗卫生资源，实现职业病诊断机构区域覆盖。设区的市没有医疗卫生机构备案开展职业病诊断的，省级卫生行政部门应当根据职业病诊断工作的需要，指定符合条件的医疗卫生机构承担职业病诊断工作。劳动者可以在用人单位所在地、本人户籍所在地或者经常居住地依法承担职业病诊断的医疗机构进行职业病诊断。承担职业病诊断的医疗机构不得拒绝劳动者进行职业病诊断的要求。

2. 法定职责。职业病诊断机构的职责有四：一是在备案的诊断项目范围内开展职业病诊断；二是及时向所在地卫生行政部门报告职业病；三是按照卫生行政部门要求报告职业病诊断工作情况；四是承担《职业病防治法》中规定的其他职责。

职业病诊断机构依法独立行使诊断权，并对其作出的职业病诊断结论负责。职业病诊断证明书应当由承担职业病诊断的医疗卫生机构审核盖章。职业病诊断机构应当建立和健全职业病诊断管理制度，加强职业病诊断医师等有关医疗卫生人员技术培训和政策、法律培训，并采取措施改善职业病诊断工作条件，提高职业病诊断服务质量和水平。职业病诊断机构应当公开职业病诊断程序和诊断项目范围，方便劳动者进行职业病诊断。职业病诊断机构及其相关工作人员应当尊重、关心、爱护劳动者，保护劳动者的隐私。

（二）职业病诊断医师

1. 取得诊断资格条件。职业病诊断应由取得省级卫生行政机关颁发的职业病诊断资格证书的医师进行。根据法律规定，我国从事职业病诊断的医师依法应当具备下列条件：（1）具有医师执业证书；（2）具有中级以上卫生专业技术职务任职资格；（3）熟悉职业病防治法律法规和职业病诊断标准；（4）从事职业病诊断、鉴定相关工作3年以上；（5）按规定参加职业病诊断医师相应专业的培训，并考核合格。

2. 法定职责。职业病诊断医师应当依法在职业病诊断机构备案的诊断项目范围内从事职业病诊断工作，不得从事超出其职业病诊断资格范围的职业病诊断工作；职业病诊断医师应当按照有关规定参加职业卫生、放射卫生、职业医学等领域的继续医学教育。职业病诊断证明书应当由参与诊断的取得职业病诊断资格的执业医师签署。

二、职业病诊断制度

（一）职业病诊断的实体要件

1. 职业病诊断因素。职业病诊断应当综合分析下列因素：一是病人的职业史；二是职业病危害接触史和工作场所职业病危害因素情况；三是临床表现以及辅助检查结果等。对不能确诊的疑似职业病病人，可以经必要的医学检查或者住院观察后，再作出诊断。对此，在职业病诊断中需要提供下列材料：（1）劳动者职业史和职业病危害接触史，包括在岗时间、工种、岗位、接触的职业病危害因素名称等；（2）劳动者职业健康检查结果；（3）工作场所职业危害因素检测结果；（4）职业性放射性疾病诊断还需要个人剂量监测档案等资料。

2. 职业病诊断要素的证明。职业病诊断机构应当告知劳动者提供本人掌握的职业病诊断有关资料，还应当书面通知劳动者所在的用人单位提供相关职业病诊断资料。用人单位应当在接到通知后的10日内如实提供职业病诊断所需的劳动者职业史和职业病危害接触史、工作场所职业病危害因素检测结果等资料。用人单位未在规定时间内提供职业病诊断所需要资料的，职业病诊断机构可以依法提请卫生行政部门督促用人单位提供。经卫生行政部门督促，用人单位仍不提供工作场所职业病危害因素检测结果、职业健康监护档案等资料或者提供资料不全的，职业病诊断机构应当结合劳动者的临床表现、辅助检查结果和劳动者的职业史、职业病危害接触史，并参考劳动者的自述或工友旁证资料、卫生行政等有关部门提供的日常监督检查信息等，作出职业病诊断结论。没有证据否定职业病危害因素与病人临床表现之间的必然联系的，应当诊断为职业病。

劳动者对用人单位提供的工作场所职业病危害因素检测结果等资料有异议，或者因劳动者的用人单位解散、破产，无用人单位提供上述资料的，职业病诊断机构应当依法提请用人单位所在地卫生行政部门进行调查。职业病诊断机构需要了解工作场所职业病危害因素情况时，可以对工作场所进行现场调查，也可以提请卫生行政部门组织现场调查。用人单位不得拒绝、阻扰。卫生行政部门应当自接到申请之日起30日内对存在异议的资料作出判定或者完成工作场所职业病危害因素情况的现场调查。

（二）职业病诊断程序

1. 申请。劳动者依法要求进行职业病诊断的，可以向用人单位所在地、本人户籍所在地或者经常居住地的职业病诊断机构申请。职业病诊断机构应当接诊，并告知劳动者职业病诊断的程序和所需材料。劳动者应填写《职业病诊断就诊登记表》，并提供本人掌握的职业病诊断资料。职业病诊断费用由用人单位承担。

2. 诊断。职业病诊断机构应当组织3名以上职业病诊断医师进行集体诊断。职业病诊断机构可以根据诊断需要，聘请其他单位职业病诊断医师参加诊断。必要时，可以邀请相关专家提供咨询意见。职业病诊断机构应当在收齐材料之日起30日内作出诊断结论。在卫生行政部门作出调查结论或者判定前，职业病诊断机构应当中止职业病诊断。对于作出无职业病诊断结论的病人，可依据病人的临床表现以及辅助检查结果，作出疾病的诊断，提出相关医学意见或者建议。

3. 异议。在确认劳动者职业史、职业病危害接触史时，当事人对劳动关系、工种、工作岗位或者在岗时间有争议的，职业病诊断机构应当告知当事人依法向用人单位所在的劳动人事争议仲裁委员会申请仲裁。接到申请的劳动人事争议仲裁委员会应当受理，并在30日内作出裁决。当事人在仲裁过程中对自己提出的主张，有责任提供证据。劳动者无法提供由用人单位掌握管理的与仲裁主张有关的证据的，仲裁庭应当要求用人单位在指定期限内提供；用人单位在指定期限内不提供的，应当承担不利后果。

劳动者对仲裁裁决不服的，可以向人民法院提起诉讼。用人单位对仲裁裁决不服的，可以在职业病诊断、鉴定程序结束之日起 15 日内依法向人民法院提起诉讼；诉讼期间，劳动者的治疗费用按照职业病待遇规定的途径支付。

4. 诊断证明书。职业病诊断机构作出职业病诊断结论后，应当出具职业病诊断证明书。职业病诊断证明书应当由参与诊断的取得职业病诊断资格的执业医师签署。职业病诊断机构应当对职业病诊断医师签署的职业病诊断证明书进行审核，确认诊断的依据与结论符合有关法律法规、标准的要求，并在职业病诊断书上盖章。

职业病诊断证明书的书写应当符合相关标准的要求。职业病诊断证明书一式五份，劳动者一份，用人单位所在地县级卫生行政部门一份，用人单位两份，诊断机构存档一份。职业病诊断证明书应当于出具之日起 15 日内由职业病诊断机构送达劳动者、用人单位及用人单位所在地县级卫生行政部门。

职业病诊断机构应当建立职业病诊断档案并永久保存，档案应当包括：（1）职业病诊断证明书；（2）职业病诊断记录；（3）用人单位、劳动者和相关部门、机构提交的有关资料；（4）临床检查与实验室检验等资料。

三、职业病鉴定制度

（一）鉴定申请

当事人对职业病诊断机构作出的职业病诊断有异议的，可以在接到职业病诊断证明书之日起 30 日内，向作出诊断的职业病诊断机构所在地设区的市级卫生行政部门申请鉴定。当事人申请职业病诊断鉴定时，应当提供下列资料：（1）职业病诊断鉴定申请书；（2）职业病诊断证明书；（3）申请省级鉴定的还应当提交市级职业病诊断鉴定书。

职业病诊断争议由设区的市级以上地方卫生行政部门根据当事人的申请，组织职业病诊断鉴定委员会进行鉴定。

职业病鉴定实行两级鉴定制，设区的市级职业病诊断鉴定委员会负责职业病诊断争议的首次鉴定。当事人对设区的市级职业病鉴定结论不服的，可以在接到诊断鉴定书之日起 15 日内，向原鉴定组织所在地省级卫生行政部门申请再鉴定，省级鉴定为最终鉴定。职业病鉴定费用由用人单位承担。

（二）鉴定机构

1. 职业病鉴定办事机构。设区的市级以上地方卫生行政部门可以指定办事机构，具体承担职业病诊断鉴定的组织和日常性工作。职业病鉴定办事机构的职责是：（1）接受当事人申请；（2）组织当事人或者接受当事人委托抽取职业病诊断鉴定专家；（3）组织职业病诊断鉴定会议，负责会议记录、职业病诊断鉴定相关文书的收发及其他事务性工作；（4）建立并管理职业病诊断鉴定档案；（5）报告职业病诊断鉴定相关信息；（6）承担卫生行政部门委托的有关职业病诊断鉴定的工作。职业病诊断机构不能作为职业病鉴定办事机构。

2. 职业病诊断鉴定委员会。职业病诊断鉴定委员会由相关专业的专家组成。省级卫生行政部门应当设立职业病诊断鉴定专家库，并根据实际工作需要及时调整其成员。专家库应当以取得职业病诊断资格的不同专业类别的医师为主要成员，吸收临床相关学科、职业卫生、放射卫生、法律等相关专业的专家组成。专家应当具备下列条件：（1）具有良好的业务素质和职业道德；（2）具有相关专业的高级专业技术职务任职资格；（3）熟悉职业病防治法律法规和职业病诊断标准；（4）身体健康，能够胜任职业病诊断鉴定工作。

需要对职业病争议作出诊断鉴定时，由当事人或者其委托的职业病鉴定办事机构从专家库中按照专业类别以随机抽取的方式确定参加职业病诊断鉴定委员会的专家。鉴定委员会人数为5人以上单数，其中相关专业职业病诊断医师应当为本次鉴定专家人数的半数以上。疑难病例应当增加鉴定委员会人数，充分听取意见。鉴定委员会设主任委员1名，由鉴定委员会成员推举产生。职业病诊断鉴定会议由鉴定委员会主任委员主持。

职业病诊断鉴定委员会组成人员应当遵守职业道德，客观、公正地进行诊断鉴定，并承担相应的责任。职业病诊断鉴定委员会组成人员不得私下接触当事人，不得收受当事人的财物或者其他好处。参加职业病诊断鉴定的专家有下列情形之一的，应当回避：（1）是职业病诊断鉴定当事人或者当事人近亲属的；（2）已参加当事人职业病诊断或者首次鉴定的；（3）与职业病诊断鉴定当事人有利害关系的；（4）与职业病诊断鉴定当事人有其他关系，可能影响鉴定公正的。

职业病诊断鉴定应当遵循客观、公正的原则，鉴定委员会进行职业病诊断鉴定时，可以邀请有关单位人员旁听职业病诊断鉴定会议。所有参与职业病诊断鉴定的人员应当依法保护当事人的个人隐私、商业秘密。鉴定委员会应当认真审阅鉴定资料，依照有关规定和职业病诊断标准，经充分合议后，根据专业知识独立进行鉴定。在事实清楚的基础上，进行综合分析，作出鉴定结论，并制作职业病诊断鉴定书。鉴定结论应当经鉴定委员会半数以上成员通过。

（三）鉴定程序

职业病鉴定办事机构应当自收到申请资料之日起 5 个工作内完成资料审核，对资料齐全的发给受理通知书；资料不全的，应当当场或者在 5 个工作日内一次性告知当事人补充。资料补充齐全的，应当受理申请并组织鉴定。

职业病鉴定办事机构根据需要可以向原职业病诊断机构或者组织首次鉴定的办事机构调阅有关的诊断、鉴定资料。职业病鉴定办事机构应当在受理鉴定申请之日起 40 日内组织鉴定、形成鉴定结论，并出具职业病诊断鉴定书。

鉴定委员会应当听取当事人的陈述和申辩，必要时可以组织进行医学检查，医学检查应当在 30 日内完成。需要了解被鉴定人的工作场所职业病危害因素情况时，职业病鉴定办事机构根据鉴定委员会的意见可以组织对工作场所进行现场调查，或者依法提请卫生行政部门组织现场调查（30 日内完成）。医学检查和现场调查时间不计算在职业病鉴定规定的期限内。

（四）鉴定书

职业病诊断鉴定书应当包括以下内容：（1）劳动者、用人单位的基本信息及鉴定事由；（2）鉴定结论及其依据，鉴定为职业病的，应当注明职业病名称、程度（期别）；（3）鉴定时间。诊断鉴定书加盖职业病鉴定委员会印章。

首次鉴定的职业病诊断鉴定书一式五份，劳动者、用人单位、市级卫生行政部门、原诊断机构各一份，职业病鉴定办事机构存档一份；再次鉴定的职业病诊断鉴定书一式六份，劳动者、用人单位、省级卫生行政部门、原诊断机构、首次职业病鉴定办事机构各一份，省级职业病鉴定办事机构存档一份。

职业病鉴定办事机构出具职业病诊断鉴定书后，应当于 10 日内送达当事人，并在出具职业病诊断鉴定书后的 10 日内将职业病诊断鉴定书等有关信息告知原职业病诊断机构或者首次职业病鉴定办事机构，并通过职业病及健康危害因素监测信息系统报告职业病鉴定相关信息。

职业病鉴定结论与职业病诊断结论或者首次职业病鉴定结论不一致的，职业病鉴定办事机构应当在出具职业病诊断鉴定书后 10 日内向相关卫生行政部门报告。

［疑难案例］ 职业病诊断证明书或鉴定书未载明或未明确用人单位，应如何处理？[1]

2018 年 6 月 21 日，袁某某向重庆市武隆区人力资源和社会保障局（以下简称区人社局）申请工伤认定。在资料审查中发现，袁某某提交的由重庆市疾控中心出具的《职业病诊断证明书》记载"用人单位名称"为武隆区河心烟草援建水源工程，而其填写的工伤认定申请表中"用人单位"是攀升公司。当日，区人社局向袁某某送达《补正告知书》，告知袁某某收到该告知书之日起 15 日内补正有职业病诊断资格医疗机构出具的载明用人（工）单位的《职业病诊断鉴定书》。7 月 6 日，区人社局以袁某某在规定期限届满后未提交补正材料为由，作出《不予受理决定》。袁某某不服，向重庆市人力资源和社会保障局（以下简称市人社局）申请行政复议。市人社局于 11 月 12 日作出《复议决定》，决定维持区人社局作出的《不予受理决定》。袁某某于 2019 年 2 月 12 日向重庆市江北区人民法院提起行政诉讼。

法院认为：被告区人社局作出《不予受理决定》程序违法，主要证据不足。第一，被告区人社局于 2018 年 6 月 21 日向原告送达《补正告知书》，要求原告自收到该告知书之日起 15 日内补正材料，但却于 2018 年 7 月 6 日作出《不予受理决定》，距离告知原告补正材料之日起刚好 15 日，与"在规定期限届满后未提交补正材料"的事实不符，违反法定程序，剥夺原告在要求期限内补正材料的合法权利。第二，即使原告提供的《职业病诊断鉴定书》未载明用人单位，被告区人社局应主动依职权调查核实相关情况，或者根据《工伤认定办法》第 13 条规定，要求出具证据部门重新提供。被告区人社局既不等待原告在规定期限内补正材料，又不主动对原告申请事项进行调查核实，且不要求重庆市疾控中心重新出具《职业病诊断证明书》，其径行作出《不予

---

[1] 重庆市江北区人民法院（2019）渝 0105 行初 175 号判决。

受理决定》，认为原告申请不符合受理条件，系主要证据不足。据此，重庆市江北区人民法院作出（2019）渝0105行初175号行政判决：撤销被告区人社局于2018年7月6日作出的《不予受理决定》；撤销被告人市社局于2018年11月12日作出《复议决定》；责令被告区人社局于本判决生效之日起15日内重新作出行政行为。

【案例评析】《职业病诊断鉴定书》是认定工伤的重要证据之一。依据法律规定，《职业病诊断鉴定书》应当包括用人单位名称等基本信息。但在职业病诊断鉴定实践中，用人单位不规范的用工形式，致使劳动者无法提供或证明与用人单位的劳动关系，面临诸多维权困境。以建筑领域为例，农民工劳动关系认定难问题较为突出，如本案中的职业病诊断机构因无法明确用人单位，只能不予载明用人单位名称，或仅载明工程项目名称。对此，社会保险行政部门应进行全面审查。对《职业病诊断鉴定书》存在未载明或未明确载明用人单位等情形的，社会保险行政部门应当责令申请人补正，并依职权对相关情况进行调查核实，也可以要求出具职业病诊断鉴定书机构重新提供，不能以此作为拒绝法定审核义务的理由，径行对工伤认定申请不予受理。否则，人民法院不予支持。

四、职业病报告制度

（一）用人单位的报告义务

用人单位发现职业病病人或者疑似职业病病人时，应当及时向所在地卫生行政部门报告。对疑似职业病病人，用人单位应当及时安排其进行诊断。在疑似职业病病人诊断或者医学观察期间不得解除或者终止与其订立的劳动合同。疑似职业病病人在诊断、医学观察期间的费用，由用人单位承担。对确诊为职业病的，用人单位还应当向所在地劳动保障行政部门报告。卫生行政部门和劳动保障行政部门接到报告后，应当依法处理。

（二）医疗卫生机构的报告义务

未承担职业病诊断工作的医疗卫生机构，在诊疗活动中发现劳动者的健康损害可能与其所从事的职业有关时，应当及时告知劳动者到职业病诊断机构进行职业病诊断，同时还应及时通知用人单位。医疗机构发现职业病病人或者疑似职业病病人时，应当及时向所在地卫生行政部门报告。

（三）职业病诊断机构的报告义务

职业病诊断机构发现职业病病人或者疑似职业病病人时，应当及时向所在地县级卫生行政部门报告。职业病诊断机构应当在作出职业病诊断之日起15日内通过职业病及健康危害因素监测信息系统进行信息报告，并确保报告信息的完整、真实和准确。县级以上地方人民政府卫生行政部门负责本行政区域内的职业病统计报告的管理工作，并按照规定上报。确诊为职业病的，职业病诊断机构可以根据需要，向卫生行政部门、用人单位提出专业建议；告知职业病病人依法享有的职业健康权益。

五、职业病人权益保障

用人单位应当保障职业病病人依法享受国家规定的职业病待遇。职业病病人的待遇，是指劳动者患有职业病后依法享有的医疗、职业康复、工作、工资以及物质福利等方面的权利。根据《职业病防治法》的规定，确定患有职业病的劳动者，用人单位保障其享有下列待遇。

（一）获得医疗救治

用人单位应当按照国家有关规定，安排职业病病人进行治疗、康复和定期检查。职业病病人的诊疗、康复和定期检查费用由用人单位承担。地方各级人民政府应当根据本地区的实际情况，采取一定措施，使职业病病人获得医疗救治。

［疑难案例］ 职业病患者旧伤复发后能否再次享有停工留薪的福利待遇？[1]

邓某于2010年12月12日被诊断为职业病（急性淋巴白细胞白血病），随后深圳市人力资源和社会保障局（以下简称市社保局）对邓某认定为工伤。2013年2月7日，深圳市劳动能力鉴定委员会（以下简称市劳鉴委）出具《劳动能力鉴定结论》，认定邓某受伤时间为2010年12月12日，受伤部位为全身多处，邓某构成五级伤残，医疗终结期为2012年12月12日。2016年2月4日，邓某白血病复发入院治疗，市劳鉴委于2016年3月2日出具《工伤复发确认意见》，确认邓某属于工伤复发，医疗期为2016年2月4日至2016

---

〔1〕 广东省深圳市中级人民法院（2016）粤03行终792号判决。

年 8 月 4 日，邓某于 2016 年 4 月 13 日去世。2016 年 5 月 9 日，被告市社保局受理了原告邓某家属提出的工伤待遇申请，要求其支付医疗费、鉴定费、住院伙食费、丧葬补助金、供养亲属抚恤金和一次性工伤补助金。市社保局作出《深圳市工伤保险待遇决定书》，同意支付旧伤复发医疗费、鉴定费、住院伙食费，不同意支付丧葬补助金、供养亲属抚恤金和一次性工伤补助金。邓某家属不服，遂提起行政诉讼。

【案例评析】本案争议焦点之一是邓某因职业病已享有 24 个月停工留薪期，其旧伤复发后，能否重新享受停工留薪期的医疗救治待遇。根据国务院发布的《工伤保险条例》第 33 条和第 38 条规定，职工因工作遭受事故伤害或者患职业病需要暂停工作接受工伤医疗的，在停工留薪期内，原工资福利待遇不变，由所在单位按月支付；停工留薪期一般不超过 12 个月；伤情严重或者情况特殊，经设区的市级劳动能力鉴定委员会确认，可以适当延长，但延长不得超过 12 个月；工伤职工在停工留薪期满后仍需治疗的，继续享受工伤医疗待遇；工伤职工工伤复发，确认需要治疗的，享受该条例第 30 条、第 32 条和第 33 条规定的工伤待遇。据此，工伤或患职业病的职工的停工留薪期一般不超过 12 个月，伤情严重或者情况特殊，经设区的市级劳动能力鉴定委员会确认，可以适当延长至 24 个月，且职工工伤或职业病复发的，在其已经享受的停工留薪期的基础上，另外仍可根据《工伤保险条例》第 33 条的规定享受停工留薪期的医疗救治待遇。可知，《工伤保险条例》第 33 条第 2 款规定的停工留薪期最长期限不能超过 24 个月，应是指工伤职工治疗时单次享受的停工留薪期最长不能超过 24 个月，而非指累计不能超过 24 个月；职工患职业病复发，经确认需治疗的，可重新享受停工留薪期的医疗救治待遇。本案中，邓某属于工伤复发，在已享有过 24 个停工留薪期后，仍可再次享受 24 个月停工留薪期的医疗救治待遇。

（二）妥善安置岗位

对不适宜继续从事原工作的职业病病人，应当调离原岗位，并妥善安置。对从事接触职业病危害的作业的劳动者，应当给予适当岗位津贴。

职业病病人变动工作单位，其依法享有的待遇不变。用人单位在发生分立、合并、解散、破产等情形时，应当对从事接触职业病危害的作业的劳动者进行健康检查，并按照国家有关规定妥善安置职业病病人。

（三）获得社会保障与赔偿

职业病病人伤残以及丧失劳动能力依法应获得社会保障，按照国家有关工伤保险的规定执行。劳动者被诊断患有职业病，但用人单位没有依法参加工伤保险的，其医疗和生活保障由用人单位承担。职业病病人除依法享有工伤保险外，依照有关民事法律，尚有获得赔偿的权利的，有权向用人单位提出赔偿要求。用人单位已经不存在或者无法确认劳动关系的职业病病人，可以向地方人民政府医疗保障、民政部门申请医疗救助和生活等方面的救助。

〔疑难案例〕 工作期间无职业病危害接触史，
是否影响职业病工伤认定？ [1]

2014年11月21日，中核深圳凯利集团有限公司（以下简称凯利公司）向深圳市人力资源和社会保障局（以下简称深圳市人社局）申请工伤认定，请求认定公司员工张华丽患职业病为工伤。广东省职业病防治院于2014年10月27日出具的《职业病诊断证明书》载明：诊断结论为职业性放射性肿瘤；职业病危害接触史：张丽华于1964年8月至1964年12月、1956年12月至1968年11月、1970年2月至1986年7月在核工业国营743矿工作，接触放射性粉尘、氡气、放射性外照射；1986年8月至1987年7月在核工业韶关技工学校工作，1987年8月至1991年9月在核工业广东矿冶局工作，1991年10月至1996年6月在凯利公司工作，无接触职业危害因素情况。经查，张华丽原工作单位核工业国营743矿早年已行政关闭，其所在地韶关市人力资源和社会保障局认定张华丽在原单位工作期间，因社保局尚未成立，没有缴纳过任何社会保险，不予受理工伤认定。因张华丽1991年10月调入凯利公司直至退休一直缴纳工伤保险，故凯利公司向所在地的深圳市人社局申请工伤认定。深圳市人社局认为张华丽于1991年1月调入凯利公司工作至1996年6月退休期间，并无从事放射性工作，无职业病危害接触史，不符合《广东省工伤保险条例》第9条第4项的规定，不予认定工伤。凯利公司不服，遂向深圳市福田区人民法院提起行政诉讼。一审法院认为，张华丽经广东省职业病防治院诊断为职业性放射性肿瘤，根据诊断依据可知其所患职业病系在核工业国营743矿工作造成，并非在凯利公司工作所造成。深圳市人社局作出

---

〔1〕 广东省深圳市中级人民法院（2015）深中法行终字第1112号判决。

不予工伤认定的决定，事实清楚，依据充分。对凯利公司请求撤销工伤认定书，不予支持。凯利公司不服一审判决，向深圳市中级人民法院提起上诉。二审法院认为，张华丽于2014年10月被诊断为职业性放射性肿瘤，上诉人凯利公司为张华丽获得诊断时的所在单位，有法律效力的《职业病诊断证明书》上载明的用人单位亦为凯利公司。事实上，张丽华于1991年10月调入凯利公司工作直到1996年6月退休，凯利公司也一直为张丽华缴纳工伤保险。因此，当张丽华被诊断为职业病时，凯利公司作为其所在单位有义务为张丽华提出工伤认定申请，而被上诉人深圳市人社局应依法进行认定。深圳市人社局以提出工伤认定申请单位不是导致张丽华患职业病的工作单位为由，排除其享受工伤保险待遇的权利，与工伤保险立法宗旨及相关规定相违，不予采纳。因此，二审法院判决依法撤销深圳市人社局认定张丽华不属于或不视同工伤的决定。

【案例评析】本案争议焦点是被上诉人深圳市人社局以张华丽在上诉人凯利公司工作期间无职业病危害接触史为由，认定张华丽不属于或不视同工伤是否合法有据。工伤的核心在于因工作受伤或患病，工伤认定作为行政确认行为，是社会保险行政部门行使职权对职工是否因工作受伤或患病的事实进行确认，该事实不因职工工作单位的变动而改变。根据《工伤保险条例》对于职工患职业病认定为工伤的条件除职业病诊断鉴定书外，并无附加其他条件，即并未设定职工须在用人单位工作期间患职业病的限制条件。将提出工伤认定申请的单位理解为导致患职业病的单位，实质上混淆了工伤认定与工伤保险待遇承担。两者分属于两种不同阶段的行政行为，不能以后续工伤保险待遇的承担来否定工伤认定事实。而且工伤认定申请只是程序启动了工伤认定程序，提出申请的用人单位并非工伤保险待遇的承担者。

第五节　职业病防治的监督与法律责任

除了规范用人单位的行为和保障劳动者的权益外，由卫生行政部门对职业病防治活动实施监督管理也是职业病防治法的重要内容。卫生行政部门对职业病防治活动实施监督管理，是代表国家行使的管理社会事务的权力，也是国家职能作用的体现。在监管过程中，对有违法行为的单位和个人追究相应的法律责任，促使应当承担责任者担当起应负的责任，享有权利者的权利得到保护不致受到侵害，在法制轨道上建立起职业病防治的法律秩序。

一、职业病防治的监督

（一）监督检查的范围

县级以上地方卫生行政部门依照职业病防治法律、法规、国家职业卫生标准和卫生要求，依据职责划分，应当定期对职业病防治工作进行监督检查。具体检查内容如下：

1. 法律法规、标准的执行情况。

2. 规章制度建立情况。

3. 备案的职业病诊断信息真实性情况。

4. 按照备案的诊断项目开展职业病诊断工作情况。

5. 开展职业病诊断质量控制、参加质量控制评估及整改情况。

6. 人员、岗位职责落实和培训情况。

7. 职业病报告情况。

设区的市级以上地方卫生行政部门应当对职业病鉴定办事机构的监督管理，对职业病鉴定工作程序、制度落实情况及职业病报告等相关工作情况进行监督检查。

（二）监督措施

卫生行政部门履行监督检查职责时，有权采取下列措施：

1. 进入被检查单位和职业病危害现场，了解情况，调查取证。

2. 查阅或者复制与违反职业病防治法律、法规的行为有关的资料和采集样品。

3. 责令违反职业病防治法律、法规的单位和个人停止违法行为。

（三）临时控制措施

发生职业病危害事故或者有证据证明危害状态可能导致职业病危害事故发生时，卫生行政部门可以采取下列临时控制措施：

1. 责令暂停导致职业病危害事故的作业。

2. 封存造成职业病危害事故或者可能导致职业病危害事故发生的材料和设备。

3. 组织控制职业病危害事故现场。

上述三项措施均是临时性的，在职业病危害事故或者危害状态得到有效控制后，卫生行政部门应当及时解除控制措施。

（四）规范执法行为

在职业卫生监督执法过程中，卫生行政部门和执法人员享有法律赋予的权利，同时也必须严格执法，秉公执法，使执法行为规范化。

1. 职业卫生监督执法人员应当依法经过资格认定。职业卫生监督执法人员应当忠于职守，秉公执法，严格遵守执法规范。职业卫生监督执法人员依法执行职务时，应当出示监督执法证件。职业卫生监督执法人员依法执行职务时，被检查单位应当接受检查并予以支持配合，不得拒绝和阻碍。涉及用人单位的秘密的，应当为其保密。

2. 职业卫生监督管理部门应当加强队伍建设。卫生行政部门应当提高职业卫生监督执法人员的政治、业务素质；依法建立、健全内部监督制度，对工作人员执行法律、法规和遵守纪律的情况，进行监督检查。

3. 卫生行政部门及其职业卫生监督执法人员履行职责时，不得有下列行为：（1）对不符合法定条件的，发给建设项目有关证明文件、资质证明文件或者予以批准；（2）对已经取得有关证明文件的，不履行监督检查职责；（3）发现用人单位存在职业病危害的，可能造成职业病危害事故，不及时依法采取控制措施；（4）其他违法行为。

二、法律责任

依照违法行为的性质、情节，职业病防治法规定了民事责任、行政责任、刑事责任三种责任。

（一）行政责任

1. 用人单位的行政责任。（1）责令限期改正。用人单位有下列行为的，由卫生行政部门责令限期改正，给予警告，可以并处罚款。用人单位未按规定及时、如实向卫生行政部门申报产生职业病危害的项目；未实施由专人负责的职业病危害因素日常监测或者监测系统不能正常监测的；订立或者变更劳动合同时未告知劳动者职业病危害真实情况的；未按照规定组织职业健康检查、建立职业健康监护档案或者未将检查结果书面告知劳动者的；未在劳动者离开用人单位时提供职业健康监护档案复印件的；向用人单位提供可能产生职业病危害的设备、材料，未按照规定提供中文说明书或者设置警示标识和中文警示说明的；生产、经营或者进口国家明令禁止使用的可能产生职业病危害的设备或者材料的。（2）责令停产停业。针对用人单位的下列违法行为，除责令限期改正之外，情节严重的，由卫生行政部门责令停止产生职业病危害的作业，或者提请有关人民政府按照国务院规定的权限责令停建、关闭。建设单位未按照规定进行职业病危害预评价的；未与主体工程同时设计、同时施工、同时投入生产和使用的，建设项目的职业病防护设施设计不符合国家职业卫生标准和卫生要求；未对职业病防护设施进行职业病危害控制效果评价的或者竣工验收的；用人单位的工作场所职业病危害因素的强度或者浓度超过国家职业卫生标准的；未提供或提供不符合国家职业卫生标准和卫生要求的职业病防护设施和个人使用的职业病防护用品；未按规定进行职业病防护设备、应急救援设施和防护用品的维护、检修、检测或保持正常运行使用状态的；未按规定对工作场所职业病危害因素进行检测、评价的；对经治理仍有职业病危害因素的工作场所未停止作业的；未按规定安排职业病病人、疑似职业病病人进行诊治的；未立即采取应急救援和控制措施或者未及时报告急性职业病危害事故的；未按照规定在产生严重职业病危害的作业岗位醒目位置设置警示标识和中文警示说明的；拒绝职业卫生监督管理部门监督检查的；隐瞒、伪造、篡改、毁损职业健康监护档案、工作场所职业病危害因素检测评价结果等相关资料或者拒不提供职业病诊断、鉴定所需资料的；未按照规定承担职业病诊断、鉴定费用和职业病病人的医疗、生活保障费用的；隐瞒技术、工艺、设备、材料所产生的职业病危害而采用的；隐瞒本单位职业卫生真实情况的；不按规定运输、贮存可能发生急性职业损伤的有毒、有害或者放射性同位素物质；使用国家明令禁止使用的可能产生职业病危害的设备或者材料的；将产生职业病危害的作业转移给没有职业病防护条件的单位和个人，或者没有职业病防护条件的单位和个人接受产生职业病危害的作业的；擅自拆除、停止使用职业病防护设备或者应急救援设施的；安排未经职业健康检查的劳动者、有职业禁忌的劳动者、未成年工或者孕期、哺乳期女职工从事接触职业病危害的作业或者禁忌作业的；违章指挥和强令劳动者进行没有职业病防护措施的作业的。（3）对责任人员的处分。用人单位未按照规定报告职业病、疑似职业病的，由主管部门责令限期改正，给予警告，并处罚款；对直接负责的主管人员和其他直接责任人员，可以依法给予降级或者撤职的处分。

2. 政府机构的行政责任。（1）卫生行政机构的责任。县级以上人民政府在职业病防治工作中未依法履行职责，本行政区域出现重大职业病危害事故、造成严重社会影响的，依法对直接负责的主管人员和其他直接责任人员给予记大过直至开除的处分。卫生行政部门不按照规定报告职业病和职业病危害事故的，由上一级行政部门责令改正，通报批评，给予警告；虚报、瞒报的，对单位负责人、直接负责的主管人员和其他直接责任人员依法给予降级、撤职或者开除的处分。（2）卫生监督机构的责任。县级以上人民政府职业卫生监督管理部门不履行法定职责，滥用职权、玩忽职守、徇私舞弊，依法对直接负责的主管人员和其他直接责任人员给予记大过或者降级的处分；造成职业病危害事故或者其他严重后果的，依法给予撤职或者开除的处分。

3. 职业病诊断鉴定机构的行政责任。（1）违反职业病诊断资质的法律责任。医疗卫生机构未按照规定备案开展职业病诊断的，由县级以上地方卫生行政部门责令改正，给予警告，可以并处罚款。未取得职业卫生技术服务资质认可擅自从事职业卫生技术服务的，由卫生行政部门责令立即停止违法行为，没收违法所得，并处罚款；情节严重的，对直接负责的主管人员和其他直接责任人员，依法给予降级、撤职或者开除的处分。从事职业卫生技术服务的机构和承担职业病诊断的医疗卫生机构，超出资质认可或者诊疗项目登记范围从事职业卫生技术服务或者职业病诊断的，不依法履行法定职责或者出具虚假证明文件的，由卫生行政部门责令立即停止违法行为，给予警告，没收违法所得，并处罚款；情节严重的，由原认可或者登记机关取消其相应的资格；对直接负责的主管人员和其他直接责任人员，依法给予降级、撤职或者开除的处分。其作出的职业病诊断无效。（2）违反职业病诊断规定的法律责任。职业病诊断机构违反下列规定，由县级以上地方卫生行政部门责令限期改正；逾期不改的，给予警告，并可以处以罚款。未建立职业病诊断管理制度的；未按照规定向劳动者公开职业病诊断程序的；泄露劳动者涉及个人隐私的有关信息、资料的；未按照规定参加质量控制评估，或者质量评估不合格且未按要求整改的；拒不配合卫生行政部门监督检查的。（3）违反职业病报告制度的法律责任。职业病诊断机构未按照规定报告职业病、疑似职业病的，由县级以上地方卫生行政部门责令限期改正，给予警告，并处罚款；对直接负责的主管人员和其他直接责任人员，可以依法给予降级或者撤职的处分。（4）鉴定人员的违法责任。职业病诊断鉴定委员会组成人员收受职业病诊断争议当事人的财物或者其他好处的，给予警告，没收收受的财物，可以并处罚款，取消其担任职业病诊断鉴定委员会组成人员的资格，并从省、自治区、直辖市人民政府卫生行政部门设立的专家库中予以除名。

（二）民事责任

用人单位违反法律规定，已经对劳动者生命健康造成严重损害的，除承担行政责任之外，还需要对劳动者承担民事赔偿责任。劳动者患职业病或者遭受其他职业性健康损害的，除依法享有工伤保险待遇之外，还有权向用人单位提出赔偿要求。

（三）刑事责任

用人单位违反《职业病防治法》规定，造成重大职业病危害事故或者其他严重后果，构成犯罪的，对直接负责的主管人员和其他直接责任人员，依法追究刑事责任。

从事职业卫生技术服务的机构和承担职业病诊断的医疗卫生机构，超出资质认可或者诊疗项目登记范围从事职业卫生技术服务或者职业病诊断的，不依法履行法定职责或者出具虚假证明文件的，构成犯罪的，依法追究刑事责任。

公共卫生应急法律制度

◆【本章知识结构图】

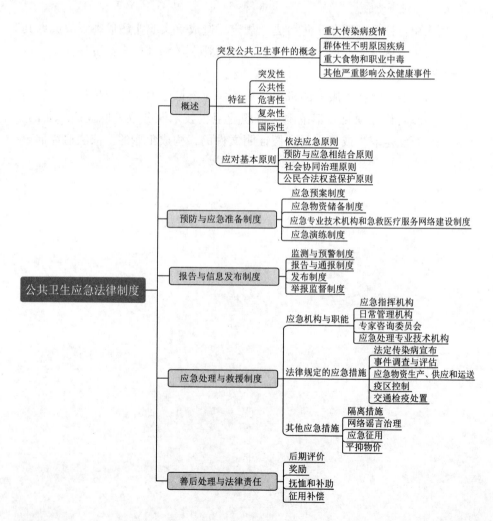

◆【引导案例】

　　新冠疫情是新中国成立以来发生的传播速度最快、感染范围最广、防控难度最大的一次重大突发公共卫生事件。2019 年 12 月 27 日，湖北省中西医结合医院向武汉市江汉区疾控中心报告不明原因肺炎病例。12 月 31 日凌晨，国家卫生健康委派出工作组、专家组赶赴武汉市开展现场调查，并成立疫情应对处置领导小组，指导做好疫情处置工作。2020 年 1 月 7 日，中国疾控中心成功分离新型冠状病毒毒株。1 月 9 日，国家卫生健康委专家评估组对外发布武汉市不明原因的病毒性肺炎病原信息，病原体初步判断为新型冠状病毒。1 月 14 日，国家卫生健康委召开全国电视电话会议，部署加强湖北省、武汉市疫情防控工作，做好全国疫情防范应对准备工作。会议指出，新冠病毒导致的新发传染病存在很大不确定性，人与人之间的传播能力和传播方式仍需要深入研究，不排除疫情进一步扩散蔓延的可能性。1 月 20 日，国家卫生健康委发布公告，将新冠纳入《传染病防治法》规定的乙类传染病并采取甲类传染病的防控措施；将新冠纳入《国境卫生检疫法》规定的检疫传染病管理。1 月 23 日凌晨 2 时许，武汉市疫情防控指挥部发布 1 号通告，机场、火车站离汉通道暂时关闭。交通运输部发出紧急通知，全国暂停进入武汉市道路水路客运班线发班。24 日开始，从各地和军队调集 346 支国家医疗队、4.26 万名医务人员和 965 名公共卫生人员驰援湖北省。23 日至 29 日，全国各省份陆续启动重大突发公共卫生事件省级一级应急响应。1 月 31 日，世界卫生组织宣布新冠疫情构成"国际关注的突发公共卫生事件"。2 月 2 日开始，在中央指导组指导下，武汉市部署实施确诊患者、疑似患者、发热患者、确诊患者的密切接触者"四类人员"分类集中管理，按照应收尽收、应治尽治、应检尽检、应隔尽隔"四应"要求，持续开展拉网排查、集中收治、清底排查三场攻坚战。2 月 3 日，中央指导组从全国调集 22 支国家紧急医学救援队，在武汉市建设方舱医院。2 月 10 日，建立省际对口支援湖北省除武汉市以外地市新冠医疗救治工作机制，统筹安排 19 个省份对口支援湖北省武汉市以外 16 个市州及县级市。3 月 18 日，全国新增本土确诊病例首次实现零报告。至 19 日，湖北省以外省份连续 7 日无新增本土确诊病例。4 月 8 日起，武汉市解除持续 76 天的离汉离鄂通道管控措施，有序恢复对外交通，逐步恢复正常生产生活秩序。历时 3 个月，武汉保卫战、湖北保卫战取得决定性成果，疫情防控阻击战取得重大战略成果，维护了人民生命安全和身体健康，为维护地区和世界公共卫生安全作出了重要贡献。

思考：武汉抗击疫情保卫战取得决定性成果有何关键性措施。

◆**【基本原理】**

第一节　公共卫生应急法律制度概述

公共卫生应急法律制度是指面对突发公共卫生事件情况的反应制度。突发公共卫生事件的发生会产生一系列法律问题：一方面，常态社会下运行的法律在面对突发公共卫生事件时可能失灵，必须有突发事件应对法加以控制；另一方面，在突发事件应对法施行过程中，常态法律制度下保护的私权可能遭受限制、克减甚至剥夺。突发事件应急处置与正常社会秩序有效维护之间的平衡就成为公共卫生应急法律制度构建和运行的难题。因此，突发公共卫生事件的法治应对凸显了公共卫生法治的重要性，既是对我国治理体系和治理能力的考验，也是全球面临的重大现实问题。

一、突发公共卫生事件简介

（一）概念

人类社会早期对公众造成威胁的突发事件多为自然灾害，如地震、洪水等。自 20 世纪以来，突发公共事件在世界范围内频发，给人类社会带来巨大破坏和威胁，如 1918 年西班牙流感、2001 年美国炭疽生物病毒攻击事件、2014 年西非埃博拉疫情等。中华人民共和国成立以来也曾多次发生影响较大的突发公共卫生事件，如 1988 年上海暴发甲肝疫情、1999 年宁夏沙门氏菌感染食物中毒、2003 年多个省份发生传染性非典型肺炎疫情、2020 年伊始肆虐全国的新冠疫情等。突发公共卫生事件，是指突然发生，造成或者可能造成社会公众健康严重损害的重大传染病疫情、群体性不明原因疾病、重大食物和职业中毒以及其他严重影响公众健康的事件。

1. 重大传染病疫情。传染病在集中的时间、地点发生，导致大量的传染病人出现，其发病率远远超过平常的发病水平。这些重大传染病疫情包括：鼠疫、肺炭疽和霍乱暴发；动物间鼠疫、布氏菌病和炭疽等流行；乙类、丙类传染病暴发或多例死亡；发生罕见或已消灭的传染病；发生新发传染病的疑似病例；可能造成严重影响公众健康和社会稳定的传染病疫情以及上级卫生行政部门临时规定的疫情等。

2. 群体性不明原因疾病。即指在一定时间内，某个相对集中的区域内同时或者相继出现多个临床表现基本相似的患者，又暂时不能明确诊断的疾病。这种疾病可能是传染病、群体性癔病或者某种中毒。

3. 重大食物和职业中毒。食物中毒事件是指人食用了有毒有害物质的食品或有毒有害物质污染的食品后出现的急性、亚急性食源性疾患事件。职业中毒事件是指劳动者因接触粉尘、放射性物质和其他有毒有害物质等因素所致的突发急性职业病危害事件。

4. 其他严重影响公众健康的事件。主要包括：（1）有毒有害化学物品、生物毒素等引起的集体性急性中毒事件；（2）有潜在威胁的传染病动物宿主、媒介生物发生异常；（3）医源性感染暴发；（4）药品引起的群体性反应或死亡事件；（5）预防接种引起的群体性反应或死亡事件；（6）严重威胁或危害公众健康的水、环境、食品污染和放射性、有毒有害化学物质的丢失、泄漏等事件；（7）发生生物、化学和辐射等恐怖袭击事件；（8）国务院卫生行政部门规定的其他重大公共卫生事件。

（二）特征

1. 突发性。突发公共卫生事件发生时间突然，在事件发生之前没有预兆或预测难度大，人们往往缺乏防范和准备，以致在事发初期有效控制的难度大。而且突发公共卫生事件的蔓延范围、发展速度、趋势和结果难以预测。

2. 公共性。突发公共卫生事件危害对象是社会公众而非特定的某个人，危害对象具有不特定性，范围广且难准确界定。

3. 危害性。突发公共卫生事件危害后果具有严重性，直接表现为发病人数多或病死率高，还会引发公众恐慌、焦虑等对社会、政治、经济产生间接影响，严重危及社会公众的身心健康。

4. 复杂性。突发公共卫生事件复杂性表现在成因复杂、种类复杂和影响复杂三方面。突发公共卫生事件的应对也具有复杂性，需要多环节着手、多部门协作。

5. 国际性。突发公共卫生事件具有国际性，其应急处置需要多国合作。世界卫生组织于 2020 年 1 月 30 日官方公布，将 2019 年末在中国武汉暴发的新冠疫情列为"国际关注的突发公共卫生事件"。

（三）类型

根据突发公共卫生事件的性质、危害程度、涉及范围，可以将其划分为特别重大的突发公共卫生事件（Ⅰ级）、重大的突发公共卫生事件（Ⅱ级）、较大的突发公共卫生事件（Ⅲ级）和一般的突发公共卫生事件（Ⅳ级），依次用红色、橙色、黄色、蓝色进行预警。其中特别重大的公共卫生事件，如传染性非典型肺炎、人感染高致病性禽流感，并有扩散趋势；烈性病菌株、毒株、致病因子等丢失事件；周边以及与我国通航的国家和地区发生特大传染病疫情，并出现输入性病例等。

二、突发公共卫生事件应急的立法概况

（一）国外突发公共卫生事件应急立法

20 世纪以来，世界范围内的突发公共卫生事件频发。为应对突发公共卫生事件，诸多国家通过制定法律保障突发公共卫生事件应急管理措施运行。

1. 美国。1987 年制定《公共卫生服务突发事件反应指南》，将公共卫生服务作为突发事件反应的一项主要辅助功能。2000 年通过《公共卫生威胁和突发事件法案》。2001 年"9·11"恐怖袭击事件发生之后，又通过旨在防范炭疽热生物恐怖袭击的《公共卫生安全和反生物恐怖主义法案》。2002 年又相继通过《生物恐怖主义准备和反应法案》、《生物恐怖主义准备法案》和《国内安全法案》。2003 年，美国国土安全部成立，全面负责突发事件的管理和协调，包括突发公共卫生事件。

2. 英国。1990 年，英国卫生部门突发事件规划协调小组首次发布了国民医疗服务体系关于重大突发事件的国家手册，1996 年重新编制，1998 年修订再版。2002 年颁布突发事件控制保障标准，为所有的卫生服务组织提供了一个最低服务标准。

3. 加拿大。1985 年联邦政府颁布《紧急状态法》，赋予联邦政府经过议会表决与各省的协商后，应对国家突发事件时采取的措施。1988 年通过《应急准备法》，与《紧急状态法》相配合，并督促《国民应对计划》的发展和实施。

4. 日本。1961 年制定了《灾害对策基本法》。1998 年"和歌山毒咖喱事件"发生后，采取措施建立了综合的公共卫生突发事件管理计划。1999 年通过

的《感染症法》，提供了基本信息的预防管理制度建立的基础。受美国"9·11"事件影响，日本认识到现代国家在应对恐怖袭击的必要性，因此进一步加快了国家危机管理的建设。

国外通过立法建立起突发公共卫生事件管理的结构体系和功能体系两个相对独立又密切关联的系统。一是结构体系，是指国家突发公共卫生事件的内部运作体系，包括应对突发事件所涉及的决策、信息、执行和保障四大系统的处理机制；二是功能体系，作为结构体系的外部支持，主要是指应对突发公共卫生事件的周期性波动、指向不明阶段所进行的举措，包括预防、反应、扩散和总结等方面。

【扩展资料】美国突发公共卫生事件应对体系简介

美国将公共安全作为和国防安全、金融安全、信息安全一样重要的国家安全。旨在应对生物恐怖、保障国家安全，美国建立了一整套应对突发公共卫生事件的体系。美国国防部、联邦调查局、环境保护局、应急管理局和能源部均参与了应对体系的建立和加强工作。具体而言，美国的公共卫生事件应对体系包括以下几个子系统：

1. 全国公共卫生信息系统。包括国家应急行动中心、电子网络疾病监测报告系统、大都市症状监测系统以及临床公共卫生沟通系统。电子网络疾病监测报告系统，是根据疾病设立不同的报告系统，如普通传染病、艾滋病、结核病等。近年来该系统通过网络传递信息，灵活机动地针对新病设立新的监测报告系统。此外，各大都市还开发出各种针对不同症状的监测系统以及可以迅速通知临床人员的预警系统。已有的症状监测系统，有的监测医院急症室病人，有的监测市面药房药物销售，有的监测学生缺课，有的监测法医死亡解剖。目的就是发现早期疾病暴发的先兆，赢得时间准备应对。

2. 全国公共卫生实验室快速诊断应急网络系统。美国公共卫生系统实验室体系，按联邦、州、基层分为三级。该系统专长于实用检验，在人员、设备、资金方面与大学临床实验室各有所长，均统一为现场调查服务。

3. 现场流行病学调查机制机动队伍和网络系统。CDC的疫情情报服务培训班通过50多年的运行，已建立一支精良的机动队伍和网络系统。至"9·11"事件后，美国还拨专款建立了一支地方流行病学专职队伍。

4. 大都市医学应急网络系统。该系统覆盖美国境内的所有大城市。该系统的建立是由联邦政府出资装备和补贴各大都市医院，包括现有的传染病医院和综合医院的传染病科，使每个签约医院或科都有应对装置配备。这些医院平时根据市场需要运行，同时不断进行传染病防治能力的训练。一旦疫情出现，在政府要求的时间内可以马上转换为应急医院。

5. 医药器械应急药品救援快速反应系统。美国的国家医药和用品应急系统以大集装箱的形式，在美国几个保密的战略地点储备应急医药和急救用品，包括疫苗、抗生素、抗体、解毒剂及输液设施等，可在 12 小时内为美国受灾区一次提供 50 吨以上的医药和急救用品。

（二）我国突发公共卫生事件应急立法

目前我国突发公共卫生事件应急法律体系主要由核心法律和特别规范构成。其中，核心法律主要有三部，即 2007 年 8 月 30 日由全国人大常委会通过的《突发事件应对法》，1989 年 2 月 21 日通过的《传染病防治法》，1986 年 12 月 2 日通过的《国境卫生检疫法》。特别法规包括两部行政法规和多部部门规章：其中行政法规是指《突发公共卫生事件应急条例》和《国境卫生检疫法实施细则》；多部部门规章，包括《传染病防治法实施办法》《突发公共卫生事件与传染病疫情监测信息报告管理办法》《医疗机构传染病预检分诊管理办法》等；以及国务院发布的《突发事件应急预案管理办法》《突发事件公共卫生风险评估管理办法》、原卫生部印发的《全国不明原因肺炎病例监测、排查和管理方案》《法定传染病疫情和突发公共卫生事件信息发布方案》、各级地方政府的突发公共卫生事件应急预案等规范性文件。

上述法律、法规和规范性文件构成了较为完整的突发公共卫生事件应急的基本法律框架，为应对传染病疫情、群体性不明原因疾病、重大食物和职业中毒等影响公众健康的事件提供了重要法律制度保障，发挥了重要作用，但这一法律框架远非完善。现行突发公共卫生事件应急法律体系还存在诸多问题，诸如预防体系有待进一步加强，指挥体系从常态化转入应急状态不够迅速，应急处置流程不够明确，信息流转不畅通，部门之间基于大数据的疫情预警、决策制定、响应实施、应急救治、社区（农村）管理等全链条工作衔接性、动态性、及时性有待进一步提升，突发公共卫生事件应急处置机构、人员、设备、设施还存在一定短板和弱项，卫生应急物资储备机制有待进一步完善等。

究其主要原因是上述法律法规制定的时间、背景和针对的主要问题不同，从而导致某些概念、程序和具体机制设计上不一致，制度衔接不够，系统性不强。《突发事件应对法》作为我国应对突发公共卫生事件的最高级别立法，其目的是"预防和减少突发事件的发生……维护国家安全、公共安全、环境安全和社会秩序"，因此其应对的突发事件包括自然灾害、事故灾难、公共卫生事件和社会安定事件，而公共卫生事件仅是其中的一部分；2004 年修订的《传染病防治法》是在总结 2003 年非典疫情经验和教训的基础上进行突发公共卫生事件应急立法，其目的是"预防、控制和消除传染病的发生与流行，保障人体健康和公共卫生"，之后又于 2013 年第二次修正，该法是主要针对传染病防治工作的特别立法，仅涉及突发公共卫生事件中传染病疫情一类事件的法律规定；《国境卫生检疫法》制定目的是"防止传染病由国外传入或者由国内传出"，也是为落实世界卫生组织的《国际卫生条例（2005）》"根据本条例调整国内立法和行政安排"的规定，制定和修改的相应国内立法。由于在制定时的具体目的不完全一致，因此在一些具体规定和制度设计上出现了不一致。如在信息收集、研判和公布、预警期启动、应急响应机制启动、危险区域或疫区宣布、应急措施规定等方面都有不一致的规定，《突发事件应对法》将这些权力赋予县级以上地方人民政府，而《传染病防治法》则将这些权力赋予省级和中央人民政府或其主管机构。这在法律适用时就会产生相应的冲突和模糊地带。按照解决法律冲突的新法优于旧法、特别法优于一般法的基本原则，首先应当考虑适用新法，即《突发事件应对法》，而该法在突发公共卫生事件应急方面的规定过于原则化，如果适用特别法《传染病防治法》，又会出现与一般法规定不一致的地方。《突发公共卫生事件应急条例》虽是针对突发公共卫生事件应急处置的专门性立法，但该条例属于国务院颁布的行政法规，法律效力等级较低，不能作为隔离与医学观察等限制人身自由措施的合法性依据。

近年来，突发事件应对管理工作遇到了一些新情况新问题，特别是新冠疫情对应对管理带来新的挑战。公共卫生应急状态下权力的规制是公共卫生法律制度中一个比较具有特殊性的话题。现行法律体系对国家紧急权力缺乏系统性的建构，故应当以专门法的形式构建国家紧急权力的法律规范体系，即需要制定一部单行的突发公共卫生事件应对法。

目前该项立法工作已被列入 2022 年全国人大常委会立法计划。[1]未来的突发公共卫生事件应对法，在法律框架中应涵盖总则、管理体制、应急准备、监测与预警、应急响应、应急保障、善后恢复、法律责任、附则等内容。主要内容包括：一是明确界定突发公共卫生事件的定义和法律适用范围；二是明确党对突发公共卫生事件应急管理工作的领导；三是完善制度措施提高突发公共卫生事件应急准备和监测预警能力；四是规范突发公共卫生事件应急处置关键环节；五是健全完善突发公共卫生事件应急保障体系。

三、突发公共卫生事件应对基本原则

（一）依法应急原则

人类发展历史已然有力地证明，依法治理是最为可靠与稳定的治理方式。法治是实现社会良好治理的可靠保障。突发公共卫生事件的有力应对，既有赖于医疗技术的不断进步，也离不开法治作为重要的保障予以支撑。在突发公共卫生事件应急中，法治思维与法治方式的运用显得尤为重要。突发公共卫生事件的法治应对，主要在立法、执法、司法三个层面予以体现。

1. 在立法层面应构建系统完备、科学规范、运行有效的突发公共卫生事件应对的法律体系。我国突发公共卫生事件应对方面已制定《传染病防治法》《突发事件应对法》《突发公共卫生事件应急条例》等相关法律法规，但仍然存在不少需要优化完善之处。如《传染病防治法》于 1989 年颁行，虽经 2004 年修订和 2013 年修正，但在近年来突发公共卫生事件应急中又暴露出预警机制、协调机制、防治机制不健全等诸多问题，因此亟须进一步修订，以强化公共卫生法治保障。

2. 在执法层面需要进一步规范突发公共卫生事件应急中的执法行为。一方面，对于妨害突发公共卫生事件治理的相关违法犯罪行为应强化执法，依法予以打击。另一方面，要加大对公民个人信息和隐私权的保护力度，执法主体对公民的个人信息进行搜集使用，应当遵循合目的性原则、比例原则和安全原则。

3. 在司法层面需进一步强化突发公共卫生事件的司法应对。检察机关主

---

[1] 参见"制定突发公共卫生事件应对法 全面提升卫生应急管理能力"，载 http://www.npc. gov.cn/npc/c30834/202206/5d1276fbcd8f4e6d809ecaf2ef61f1be.shtml，最后访问日期：2022 年 6 月 28 日。

动扩充检察职能，积极在保护野生动物等领域探索实施并完善公益诉讼制度；审判机关通过完善云法庭等审理模式，对妨害传染病防治以及非法猎捕、杀害珍贵、濒危野生动物的犯罪行为进行精准定罪量刑，维护刑事司法公平正义。

（二）预防为主，预防与应急相结合原则

《突发事件应对法》第 5 条规定"突发事件应对工作实行预防为主、预防与应急相结合的原则"。凡事预则立，不预则废。突发公共卫生事件的发生是一种可能，认识上有预见、工作上有防范，可能性就难以甚至不会转化为必然性，即使突发公共卫生事件的发生不可避免，也可以减少损失，争取应急工作主动。预防为主、预防与应急相结合需要做到：

1. 国家建立重大突发事件风险评估体系，减少重大突发事件的发生与影响。重大突发事件风险评估体系的建立应包括以下层次：一是对本地方、本部门可能发生重大突发事件的领域、区位环节等进行监测并对收集到的各类突发事件风险信息进行分析、研判，提出预防、减少或者控制突发事件发生的建议和对策；二是对本地方、本部门年度内发生的各类突发事件及其应对工作情况，尤其是对防范工作进行评估，找出可能发生重大突发事件的领域、区位、环节，以认识、把握突发事件发生、发展的规律和趋势，完善相关制度和工作机制；三是对特定的突发事件应对工作情况包括应急处置和防范工作情况进行评估。

2. 社会建立有效的动员机制，增强全民的公共安全和防范风险的意识。县级以上各级人民政府卫生行政部门和其他有关部门，应当对公众开展突发事件应急知识的专门教育，利用广播、影视、报刊、互联网络等多种媒介为社会公众提供突发公共卫生事件应急知识的普及教育，宣传卫生科普知识，指导群众以科学的行为和方式对待突发公共卫生事件，增强全社会对突发事件的防范意识和应对能力。

3. 法律确认正常状态和应急状态之间的第三种社会状态——常态化防控状态。常态化防控状态是一种内嵌了正常社会状态与应急性超常规防控状态但同时又区别于两者的特殊治理状态。[1]针对新型冠状肺炎疫情流行时间较

---

〔1〕 参见陈云良："制定突发公共卫生事件应对法需要重点解决的问题"，载《民主与法制》2022 年第 20 期。

长的一类突发公共卫生事件，这一特殊的社会状态亟须获得法律确认。首先，常态化防控既维系着社会正常运转，保障生产、工作、生活的正常秩序，又须保持着防止传染病暴发和传播的高度警惕性。民众在日常生产生活中会被附加必要的防护义务，如佩戴口罩、查验健康码、进行核酸检测等。其次，常态化防控状态下可根据公共卫生事件的发展情况，有序、精准地适用封控、隔离等应急性防控措施。最后，须灵活处理好正常状态与应急状态之间的衔接。一方面，针对公共卫生事件的突然暴发或反复恶化的情况，及时采取管控、封控、隔离等应急措施；另一方面，对应急区域或状态进行实时的观察研判，一旦处于低风险或感染病例清零，应快速恢复社会生产生活的正常秩序。

图 5-1：社区移动安全采样工作站

（三）社会协同治理原则

突发公共卫生事件的发生涉及面广、持续时间长、耗费的社会资源巨大，在当下社会利益多元化的背景下，仅靠政府一元治理模式已经无法有效应对危机。而且随着国家治理的转型，部分国家应急权力开始向社会或非政府组织转移，他们利用自己的专业特长积极参与突发公共卫生事件应对，取得了良好的社会效果。现代社会应对突发公共卫生事件的治理模式应是一种政府为主导、所有利益者共同参与的协同治理模式。

1. 贯彻统一领导、分级负责的行政应急原则。统一领导，是指在突发公共卫生事件应急工作中，必须坚持由各级人民政府的应急指挥部对应急工作实行统一指挥。突发公共卫生事件发生后，国务院设立全国突发事件应急处理指挥部，由国务院有关部门和军队有关部门组成，国务院主管领导人担任总指挥，负责对全国突发事件应急处理的统一领导、统一指挥；省、自治区、直辖市人民政府成立突发事件应急处理指挥部，省、自治区、直辖市人民政府主要领导人担任总指挥，负责领导、指挥本行政区域内突发事件应急处理工作。分级负责，是指各级人民政府及其卫生行政部门和其他有关部门，在各自的职责范围内做好突发公共卫生事件应急处理的有关工作。具体而言，县级以上地方人民政府卫生行政部门，具体负责组织突发事件的调查、控制和医疗救治工作；县级以上地方人民政府有关部门，在各自职责范围内做好突发事件应急处理的有关工作；涉及两个以上行政区域的，由有关行政区域共同的上一级人民政府共同负责，或者由各有关行政区域的上一级人民政府共同负责。

2. 提升基层自治组织的公共卫生治理能力。《突发事件应对法》第55条规定："突发事件发生地的居民委员会、村民委员会和其他组织应当按照当地人民政府的决定、命令，进行宣传动员，组织群众开展自救和互救，协助维护社会秩序。"基层治理是国家治理的基石，尤其是在突发公共卫生事件应对上，往往会出现国家和政府层面执法人员数量严重不足的情况。以基层自治组织为单位发挥其协助执法功能，是对基层公共卫生治理职能的有效整合，避免了基层组织的"碎片化行政"。2021年12月31日，民政部、国家卫生健康委、国家中医药局、国家疾控局联合发布《关于加强村（居）民委员会公共卫生委员会建设的指导意见》，提出要力争用两年左右的时间，实现公共卫生委员会机制全覆盖、能力普遍提升、作用有效发挥，初步建立起常态化管理和应急管理动态衔接的基层公共卫生管理机制。基层治理的核心在于"人"，组建基层公共卫生委员会，重点在于要组织和培养一批有纪律、有素质、有担当，同时又具备一定公共卫生和医学知识的基层治理人员。建立基层公共卫生委员会，由专职人员负责协助公共卫生政策和法律的实施，动员广大人民群众共同参与抗疫，深入开展爱国卫生运动，并在疫情防控中发挥好人员摸排、居家隔离和封闭对象的管理和服务、民众基本公共卫生服务保障、公共卫生宣传教育等方面作用。地方政府要加强对基层公共卫生委员会的培训和指导，帮助基层提前制定各类突发事件应对预案，在真正发生突发公共卫生事件时，也要加强与基层公共卫生委员会的信息交流和互通，及时解决基层公共卫生委员会力所不能及的难题，形成有效的治理合力。

【扩展资料】 我国群防群控政策的历史渊源

群防群控是我国应急管理的常用方法，例如老百姓最熟悉的"除四害"（1952 年），这是群防群控在传染病防治领域中第一次亮相，并取得了巨大成功；后来在血吸虫病防治中（1956 年），群防群控再次得到了广泛运用；2003 年的非典防治运动中，群防群控发挥了重要的作用。2017 年爱国卫生运动 65 周年暨全国爱国卫生工作座谈会召开，群防群控被写入新时期爱国卫生运动的 42 字工作方针。所以"群防群控"并不是新事物，而是我们国家长期在传染病防治过程中产生并经过验证的方式。

《突发公共卫生事件应急条例》第 40 条对群众性防控作了具体说明：传染病暴发、流行时，街道、乡镇以及居民委员会、村民委员会应当组织力量，团结协作，群防群治，协助卫生行政部门和其他有关部门、医疗卫生机构做好疫情信息的收集和报告、人员的分散隔离、公共卫生措施的落实工作，向居民、村民宣传传染病防治的相关知识。

群防群控在新冠疫情中得到充分体现。首先，群防群控体现在社区管理。按照流行病学的科学方法，要做到有效阻断传播途径、防止在社区人群中传播，需要扎实城市社区防控网、打牢乡村防控篱笆，使基层的公共服务与设施，例如最重要的教育、医疗等服务正常运转，保障人民的生活正常有序。如想完成面广、量大、质高的任务，必须动员和依靠所有基层社会的力量和资源。其次，群防群控体现在多部门协调。在"武汉保卫战"初期，由于各地捐赠的疫情防控物资较多，一度出现物资调配混乱的问题。后来由疫情防控指挥部将物资的采购及配送交给电商物流企业实施专业化运作，从而迅速扭转混乱局面，保证了疫情防控一线的需要。所以，社区、乡村乃至国家正常运转，不仅需要医疗、教育、社区管理等专业人员，更需要不同领域的社会服务专业人员参与，才能更好的保障民生，维持社会的发展。"新冠抗疫"是一场人民的战争，需要每一个人都要认真对待和身体力行。作为个人，在疫情期间应该注意个人防护、外出佩戴口罩、保持良好的卫生习惯；主动如实申报登记个人信息；及时接种新冠疫苗等。作为相关单位，在疫情期间应落实责任，聚焦重点人群服务，加强社区动态管理等。最后，群防群控也体现在信息公开。信息的科学公开不但不会引发恐慌，反倒拉直了公众心中的"问号"、给社会吃上了"定心丸"，更有助于人们了解疫情发展，保持清醒警觉，做好自我防护，有的放矢，促进联防联控、群防群控落地落实。

3. 充分发挥科学技术人员在突发公共卫生事件治理中的作用。突发公共卫生事件既是一个法治问题，亦是一个科学问题。习近平总书记指出："人类同疾病较量最有力的武器就是科学技术，人类战胜大灾大疫离不开科学发展和技术创新。"突发公共卫生事件应急工作需要尊重科学、依靠科学，充分发挥科学技术人员在突发公共卫生事件治理中的重要作用。一方面，应当发挥科学技术人员在突发公共卫生事件治理中的指导与支撑作用。在治理决策上，利用现有信息进行科学推断，尽量压缩"科学不确定性"的真空，使风险决策的结果尽可能为正向，同时应当保持对"决策失误"的包容性，减轻或免除对"决策失误"的追责；在精准防控上，大数据技术为流行病学调查、预测和健康码、行程码的实施提供了技术支撑，提高公共卫生执法监督效力，有效地防止了传染病扩散；在临床救治上，不断加强药物研发，发挥中西医结合、中西药并用的特色和优势，切实提高治愈率，降低重症率，尽最大可能救治患者的生命。另一方面，应当发挥法治保障科学技术人员合法权益的作用。切实保障科学研究所需要的物质、信息、设备、经费等基本条件，让科研工作者"劳有所得""苦有所获"，才能留住高端人才，不断增强科技竞争力。对参加突发事件应急处理的医疗卫生人员，给予适当补助和保健津贴；对参加突发事件应急处理作出贡献的人员，给予表彰和奖励；对因参与应急处理工作致病、致残、死亡的人员，按照国家有关规定，给予相应的补助和抚恤。

（四）公民合法权益保护原则

公民合法权益的保障和国家公权力的行使之间存在着紧密的互动关系，共同构成了公共卫生治理的版图。随着突发公共卫生事件的发生、救援和恢复重建，常态社会下畅行无阻的私权可能会受到种种限制、克减甚至是剥夺，如财物的征收征用、人身自由的限制、病患的强制隔离治疗、交通出行的安全检查、住所区的管控封控等。这些非常态社会现象均蕴含着共有的法律问题，即突发公共卫生事件中公共利益和私权之间的冲突。公权力和私权利、公共利益和个人合法权益、突发事件应急处置和正常秩序有效维护之间的平衡，充斥着权利与权力的博弈，共同构成了看似二律背反、实则并行不悖的紧急状态下的公共卫生法治图景。[1]现行的《传染病防治法》《突发事件应对法》《突发公共卫生事件应急条例》，均强调公民有服从政府决定和命令、配合政府采取应急措施、积极参加应急救援工作、协助维护社会秩序等义务，忽视公民权利保障。以行政征用为例，《传染病防治法》和《突发公共卫生事件应急条例》对于行政征用的程序、补偿等问题语焉不详，《突发事件应对法》虽对行政征用作出"应当补偿"的规定，但没有更为详细的具有可操作性的规定。

　　未来制定突发公共卫生事件应对法的基本逻辑之一，是通过"应急授权"或"限权原则"来平衡突发公卫生事件中公共利益和私权之间的冲突。所谓应急授权，即公权力的临时扩张。在突发公共卫生事件中，公权力的扩张则主要通过创建专门性的行政主体，如应急指挥机构，对特定行政区域实行封控管理、对特定企业要求停产停业、对特定个体实施隔离措施等，行使超常规的行政职权来应对突发公共卫生风险，以求能快速扼制风险的扩大化，恢复社会正常秩序。但公权力的临时扩张应在合理的限度之内，特定个体或组织承受生产生活的临时限制，是为了公共卫生安全而作出个人贡献，而突发公共卫生事件一旦得到有效应对，个体也会因此获得更好的公共卫生安全保障，在这个层面上个人利益和公共利益是具有一致性的，因而合理范围公权力的扩张是正当的。为此，应急状态下的授权应受到法律保留、比例原则、禁止不当联结以及核心权利保障等诸多原则的限制，而这些限制最终都指向对个体人性尊严的保障。[2]

第二节　突发公共卫生事件的预防与应急准备制度

一、突发公共卫生事件应急预案制度

（一）概述

为了有效预防、及时控制和消除突发公共卫生事件及其危害，指导和规

---

〔1〕 参见谢晖："论紧急状态中的国家治理"，载《法律科学（西北政法大学学报）》2020年第5期。

〔2〕 参见赵宏："疫情防控下个人的权利限缩与边界"，载《比较法研究》2020年第2期。

范各类突发公共卫生事件的应急处理，最大程度地减少突发公共卫生事件对公众健康造成的危害，保障公众身心健康与生命安全，需要制定突发公共卫生事件应急预案。突发公共卫生事件应急预案，是指经一定程序制定的处置突发公共卫生事件的事先方案。根据《突发公共卫生事件应急条例》的规定，国务院卫生行政部门按照分类指导、快速反应的要求，制定全国突发事件应急预案，报请国务院批准；省、自治区、直辖市人民政府根据全国突发事件应急预案，结合本地实际情况，制定本行政区域的突发事件应急预案。所谓分级指导，是指对不同性质的突发事件制定不同的应急预案；所谓快速反应，是指一旦发生突发事件，应急预案立即可以启动，应急处理机制立即可以作出反应。

（二）内容

2006 年 2 月 26 日，原卫生部印发《国家突发公共卫生事件应急预案》，包括以下主要内容：（1）突发事件应急处理指挥部的组成和相关部门的职责；（2）突发事件的监测与预警；（3）突发事件信息的收集、分析、报告、通报制度；（4）突发事件应急处理技术和监测机构及其任务；（5）突发事件的分级和应急处理工作方案；（6）突发事件预防、现场控制，应急设施、设备、救治药品和医疗器械以及其他物质和技术的储备与调度；（7）突发事件应急处理专业队伍的建设和培训。

突发公共卫生事件应急预案应当根据突发事件的变化和实施中发现的问题及时进行修订、补充。

（三）分类

根据不同划分标准，可以对突发公共卫生事件应急预案进行分类。

1. 根据应急区域不同，可以将突发公共卫生事件应急预案分国家突发公共卫生事件应急预案和地方突发公共卫生事件应急预案。

2. 根据应急主体不同，可以将突发公共卫生事件应急预案分为三类：一是专项应急预案，为应对突发公共卫生事件或者针对突发事件紧急医学救援等重要专项工作而预先制定的涉及多个部门的应急方案；二是部门应急预案，由各级卫生行政部门根据专项预案和部门职责，为开展突发事件卫生应急处置工作而预先制定的工作方案；三是医疗卫生机构应急预案，由各级各类医疗卫生机构根据医疗机构职责，为有效开展卫生应急处置工作而预先制定的工作方案。专项应急预案和部门应急预案一般由县级以上卫生行政部门编制，其主要内容包括组织指挥机制、风险评估、信息报告、应急保障、部门职责等；医疗卫生机构应急预案由各级各类医疗卫生机构编制，其内容则侧重相应责任人、风险隐患监测、信息报告、应急队伍组成、处置流程、资源等。

（四）启动

突发公共卫生事件发生后，卫生行政部门应当组织专家对事件进行综合评估，初步判断事件的类型和严重程度等，提出是否启动突发公共卫生事件应急预案的建议。在全国范围内或者跨省、自治区、直辖市范围内启动全国突发公共卫生事件应急预案，由国务院卫生行政部门报国务院批准后实施。省、自治区、直辖市启动突发公共卫生事件应急预案，由省、自治区、直辖市人民政府决定，并向国务院报告。2019 年末在武汉暴发新型冠状肺炎疫情期间，我国内地 31 个省份启动了一级应急响应。

一旦决定启动应急预案，各有关部门应根据预案规定的职责要求，服从应急处理指挥部的统一指挥，立即到达规定岗位，采取有关控制措施。医疗卫生机构、监测机构和科学研究机构，应当服从突发事件应急处理指挥部的统一指挥，相互配合、协作、集中力量开展相关的科学研究工作。

二、建立应急物资储备制度

国务院有关部门和县级以上地方人民政府及其有关部门，应当根据突发事件应急预案的要求，建立突发事件应急流行病学调查、传染源隔离、医疗救护、现场处置、监督检查、监测检验、卫生防护等有关物资、设备、设施、技术与人才资源储备，保证应急设施、设备、救治药品和医疗器械等物质储备。

突发公共卫生事件的应急物资储备经费应当得到保障，所需经费列入本级政府财政预算。对边远贫困地区突发公共卫生事件应急工作给予经费支持。

三、应急专业技术机构和急救医疗服务网络建设制度

医疗机构、疾病预防控制机构、卫生监督机构、出入境检验检疫机构是突发公共卫生事件应急处理的专业技术机构。设区的市级以上地方人民政府应当设置与传染病防治工作需要相适应的传染病专科医院，或者指定具备传染病防治条件和能力的医疗机构承担传染病防治任务。突发公共卫生事件发生后，专业技术机构要服从卫生行政部门的统一指挥和安排，开展应急处理工作。

县级以上各级人民政府应当加强急救医疗服务网络的建设，配备相应的医疗救治药物、技术、设备和人员，提高医疗卫生机构应对各种突发事件的救治能力。县级以上卫生行政部门，应当定期对医疗卫生机构和人员开展突发事件应急处理相关知识、技能的培训，定期组织医疗卫生机构进行突发事件应急演练，推广最新知识和先进技术。应急处理专业技术机构要结合本单位职责，开展专业技术人员处理突发公共卫生事件能力培训，提高快速应对能力和技术水平。

自2010年开始，我国启动了国家卫生应急队伍建设工作。按照《国家突发公共卫生事件应急预案》等要求，建设四类国家卫生应急队伍，即紧急医学救援类、突发急性传染病防控类、突发中毒事件处置类、核和辐射突发事件卫生应急类。考虑医疗卫生力量强弱和交通便利性等因素，将全国划分为华东、华中、华南、华北、西南、西北、东北七个大区，按区域规划建设国家卫生应急队伍，并合理布局。依托上述医疗卫生机构建设，我国国家卫生应急队伍建成后，将实现车载化、集成化和自我保障化要求，应急处置能力和水平将显著提升。

四、应急演练制度

《突发事件应对法》和《突发公共卫生事件应急条例》均对开展突发公共卫生事件应急演练进行规定。应急演练，是指各级人民政府及其部门、企事业单位、社会团体等演练组织单位，组织相关单位及人员，依据有关应急预案，模拟应对突发公共卫生事件的活动。应急演练能在突发公共卫生事件发生时有效减少人员伤亡和财产损失，迅速从各种灾难中恢复正常状态，具有重要意义：

1. 提高应对突发公共卫生事件风险意识。开展应急演练，通过模拟真实事件及应急处置过程能给参与者留下更加深刻的印象，从直观上、感性上真正认识突发事件，提高对突发事件风险源的警惕性，能促使公众在没有发生突发事件时，增强应急意识，主动学习应急知识，掌握应急知识和处置技能，提高自救、互救能力，保障其生命财产安全。

2. 检验应急预案效果的可操作性。通过应急演练，可以发现应急预案中存在的问题，在突发公共卫生事件发生前暴露预案的缺点，验证预案在应对可能出现的各种意外情况方面所具备的适应性，找出预案需要进一步完善和修正的地方；可以检验预案的可行性以及应急反应的准备情况，验证应急预案的整体或关键性局部是否可以有效地付诸实施；可以检验应急工作机制是否完善，应急反应和应急救援能力是否提高，各部门之间的协调配合是否一致等。

3. 增强突发公共卫生事件应急反应能力。应急演练是检验、提高和评价应急能力的一个重要手段，通过接近真实的亲身体验的应急演练，可以提高决策人员应对突发事件的分析研判、决策指挥和组织协调能力；可以帮助应急管理人员和各类救援人员熟悉突发事件情景，提高应急熟练程度和实战技能，改善各应急组织机构、人员之间的交流沟通、协调合作；可以让公众学会在突发事件中保持良好的心理状态，减少恐惧感，配合政府和部门共同应对突发事件，从而有助于提高整个社会的应急反应能力。

应急演练组织单位应当根据实际情况采取实战演练、桌面推演等方式，组织开展人员广泛参与、处置联动性强、形式多样、节约高效的应急演练。

第三节　突发公共卫生事件的报告与信息发布制度

一、突发公共卫生事件监测与预警制度

突发公共卫生事件具有高度不确定性，其发生时间、范围、强度等不可完全预测，需要通过监测公共卫生领域日常数据信息，及早发现事件征兆；事件一旦发生，其演变迅速，更需要对事件发生、演变的全过程加以监测，为应急决策提供数据支持与信息依据；事件结束后的应急处置效果评价，亦需要相关数据信息佐证。因此，监测贯穿着突发公共卫生事件应急管理的全过程。预警是监测的目的之一，只有及时、准确地作出突发公共卫生事件预警，才能快速、有效地应对，将突发公共卫生事件控制在萌芽状态，最大限度地降低事件危害程度。总之，监测与预警是控制、降低或减少突发公共卫生事件危害的关键所在，是从源头上实现突发公共卫生事件治理的措施与手段。因此，《突发事件应对法》设立专章规定了突发公共卫生事件监测与预警制度，要求地方各级人民政府建立和完善突发公共卫生事件监测与预警系统，指定机构负责开展突发事件的日常监测，并确保监测与预警系统的正常运行。

（一）突发公共卫生事件监测制度

1. 监测制度的法律规定。《突发事件应对法》规定，国家建立突发事件监测制度。县级以上人民政府及有关部门应当根据公共卫生事件的种类和特点，建立健全基础信息数据库，完善监测网络，划分监测区域，确定监测点，明确监测项目，提供必要的设备、设施，配备专职或者兼职人员，对可能发生的突发事件进行监测。具体而言，各级医疗机构、疾病预防控制机构、卫生监督机构、出入境检验检疫机构负责开展突发公共卫生事件的日常监测工作。省级卫生行政部门按国家要求进行重点传染病和突发公共卫生事件主动监测。

根据监测时间不同，可以将突发公共卫生事件监测分为三个阶段：一是突发公共事件发生前监测，通过连续、系统地收集、分析与突发事件相关联的公共卫生信息，对突发公共卫生事件的发生作出预报，使处在决策和应急管理人员及时掌握信息；二是突发公共事件发生期间监测，系统地收集、分析和解释对人们健康危害、其他负面影响情况，以及应急措施效果等信息，并及时将信息反馈给相关机构和人员；三是突发公共事件结束后监测，继续系统地收集与事件有关的信息，以总结经验教训，评价应急措施效果，为调整公共卫生政策和策略服务。

2. 监测的主要内容。监测工作应当根据突发公共卫生事件的类别，制定监测计划，科学分析、综合评价监测数据。监测内容主要有：（1）传染病监测，包括《传染病防治法》规定的患有甲类、乙类和丙类传染病病人、疑似传染病病人、病原携带者和其他新发传染病病人；（2）基本卫生监测，包括食品卫生（如食品、食源性疾病）、职业卫生、放射卫生（如职业病、工作场所）、环境卫生（如水源污染、公共场所环境）、学校卫生（如饮水系统、食堂、运动场所）、社会因素、行为因素（如医源性感染因素）、卫生资源与应急能力分布情况等；（3）突发公共卫生事件监测，如发生或者发现不明原因的群体性疾病、发生传染病菌种毒种丢失等；（4）境外传染病、传播疾病的媒介生物和染疫动物、污染食品等监测。

3. 我国突发公共卫生事件监测制度的实践与完善。2003年非典疫情之后，我国启动突发公共卫生事件网络直报系统建设工程。该工程中包括健全疫情监测报告系统，将疫情报告系统一直延伸到街道和乡村，各医疗机构发现疫情可直接上网，把个案资料输入到传染病公共数据库，从而大大提高信息的分级享用。该监测系统较之原系统最大的改进之处在于纳入疫情报告和检测的源头——医疗卫生机构，监测范围覆盖了全国绝大部分综合医院、社区卫生服务中心和乡镇卫生院。2013 年《关于传染病防治工作和传染病防治法实施情况的报告》指出，我国 100% 的县级以上疾病预防控制机构、98% 的县级以上医疗机构、94% 的基层医疗卫生机构实现了法定传染病实时网络监测，从医疗卫生机构发现、诊断后逐级报告的平均时间由 5 天缩短为 4 小时。但直报系统的实际运行没有如此简单。有的医生、医疗机构对没有确诊的病例不愿轻易填报；临床医生在病人增加的情况下无暇填报信息需求大的传染病报告卡；有的医生对不明原因肺炎的定义不清楚，不了解报告程序，甚至不知道需要报告。[1]加之各级地方政府担心不明原因肺炎广泛传播会严重影响当地经济和社会稳定，故对该类传染病的监测极其关注。在此压力下，卫生行政部门、疾控中心、医疗机构对病例监测报告极其谨慎，最终被诊断为病例的占比很小，而随之产生的是病例排除工作带来的人、财、物浪费。临床医务人员则抱着"多一事不如少一事"心态规避报告。[2]因此，未来需要考虑的是，一方面完善直报监测系统的设计，符合疾病预防控制机构、医疗机构以及医务工作人员的报告工作规律；另一方面在法律上保障信息直报不受地方政府的干预。[3]

（二）突发公共卫生事件预警制度

突发公共卫生事件预警是一个复杂的系统工程，主要由风险信息系统、预警评价指标体系、预警事件评价与推断分析、报警系统、预警防范措施五个部分构成。因此，现代化的预警系统必须由健全的应急管理网络体制、专业队伍网络化管理和计算机网络技术构建的预警信息处理平台等三个部分组成。

1. 预警制度的法律规定。《突发事件应对法》规定，国家建立健全突发事件预警制度。按照公共卫生事件的发生、发展势态和可能造成的危害程度分为一级、二级、三级和四级的预警级别，分别用红色、橙色、黄色、蓝色

---

〔1〕参见向妮娟等："2004-2009 年中国不明原因肺炎病例报告情况分析"，载《疾病监测》2010 年第 5 期。

〔2〕参见张杰敏等："关于不明原因肺炎监测工作的探讨"，载《中国公共卫生管理》2013 年第 3 期。

〔3〕参见沈岿："论突发传染病信息发布的法律设置"，载《当代法学》2020 年第 4 期。

标示，一级为最高级别。当公共卫生事件即将发生或者发生的可能性增大时，县级以上地方各级人民政府应当根据有关法律、行政法规和国务院规定的权限和程序，发布相应级别的警报，同时向上一级人民政府报告，必要时可以越级上报。

发布三级、四级警报，宣布进入预警期后，县级以上地方各级人民政府应当根据即将发生的突发事件的特点和可能造成的危害，采取下列措施：（1）启动应急预案；（2）责令有关部门、专业机构、监测网点和负有特定职责的人员及时收集、报告有关信息，向社会发布反映突发事件信息的渠道，加强对突发事件发生、发展情况的监测、预报和预警工作；（3）组织有关部门和机构、专业技术人员、有关专家学者，随时对突发事件信息进行分析评估，预测发生突发事件可能性的大小、影响范围和强度以及可能发生的突发事件的级别；（4）定时向社会发布和公众有关的突发事件预测信息和分析评估结果，并对相关信息的报告工作进行管理；（5）及时按照有关规定向社会发布可能受到突发事件危害的警告，宣传避免、减轻危害的常识，公布咨询电话。

发布一级、二级警报，宣布进入预警期后，县级以上地方各级人民政府除采取上述措施外，还应当针对即将发生的突发事件的特点和可能造成的危害，采取下列一项或多项措施：（1）责令应急救援队伍、负有特定职责的人员进入待命状态，并动员后备人员做好参加应急救援和处置工作的准备；（2）调集应急救援所需物资、设备、工具，准备应急设施和避难场所，并确保其处于良好状态、随时可以投入正常使用；（3）加强对重点单位、重要部位和重要基础设施的安全保卫，维护社会治安秩序；（4）采取必要措施，确保交通、通信、供水、排水、供电、供气、供热等公共设施的安全和正常运行；（5）及时向社会发布有关采取特定措施避免或者减轻危害的建议、劝告；（6）转移、疏散或者撤离易受突发事件危害的人员并予以妥善安置，转移重要财产；（7）关闭或者限制使用易受突发事件危害的场所，控制或者限制容易导致危害扩大的公共场所的活动；（8）法律、法规、规章规定的其他必要的防范性、保护性措施。

发布突发事件警报的人民政府应当根据事态的发展，按照有关规定适时调整预警级别并重新发布。有事实证明不可能发生突发事件或者危险已经解除的，发布警报的人民政府应当立即宣布解除警报，终止预警期，并解除已经采取的有关措施。

2. 我国突发公共卫生事件预警制度的实践与完善。2004 年修订的《传染病防治法》第 19 条引入疫情预警制度，规定："国家建立传染病预警制度。国务院卫生行政部门和省、自治区、直辖市人民政府根据传染病发生、流行趋势的预测，及时发出传染病预警，根据情况予以公布。"2007 年《突发事件应对法》第 42~47 条又对突发事件的预警制度作了细化规定。立法机关期待借助预警制度的引入，提升我国预防传染病发生和抑制疫情扩散的能力，实现政府在传染病防治中由事后的救火员向事前的监测预警员的角色转变。但在 2019 年末武汉暴发新型冠状肺炎疫情初期，现行预警制度设计未达到预期立法效果。在 2020 年 1 月 20 日晚间钟南山院士通过央视向公众披露新型冠状肺炎病毒确定会人传人以及已有医务人员感染的信息之前，有关机关甚至未曾发出过任何真正意义上的预警信息。学界围绕现行预警制度的解释适用、立法缺陷与完善等问题，展开了有益讨论，主要问题是：（1）将预警信息的发布与普通信息公开混同问题。二者在制度构造、运行逻辑等方面存在的实质性差异。疫情预警是一种预测决定，并不要求有关机关所发布的预警信息一定是准确的；而在普通信息公开中所公布的信息必须是准确的。在疫情发生的早期，即便传染病的成因、传播特征、流行范围甚至其本身是否为传染病等事实尚未最终查明，基于风险管控的需要，政府也应当及时发出预警，提醒社会公众加以防范；而当疫情发展到中后期，随着流行病学调查以及相关诊疗、科研活动的展开，疾病的各项特征逐渐被认知清楚，此时政府的信息公开义务就逐渐转向普通常规制度，须公开的信息包括各地的确诊人数、疫情防控进展、疫源地等。针对新发传染病疫情的科学上不确定的风险而迟疑公布预警信息，预警信息的发布应贯彻预防原则，在超越科学证据的确信而提前介入管控风险，在获得初步风险信息后的第一时间内就对外公布，提醒社会公众加以防范和注意，使其防患于未然，避免事后出现严重或不可逆的后果。（2）预警权限配置封闭集中化问题。现行立法仅允许国家卫生健康委和省级政府对外发布预警，排除了疾病预防控制机构等非行政机关染指此项权力，也不允许县、市两级政府及其卫生行政部门等低级别行政机关的行使。一是违背权力配置的功能适当原则。预警权力的有效运作，依赖于预警机构本身具备成熟的监测体制和专业的预测能力，我国各级疾病预防控制机构承担传染病监测和预测的职责，但并无发布预警的权力，此种制度设计在客观上造成了有能力收集预警信息的机构却无权公布该信息，而有权公布该信息的机关又没法及时获取信息的悖反式局面。二是运行效率低下。预警发布权被限定于高级别的行政机关行使，于是在依赖于一个由医生、医疗机构以及各级卫健委、政府等多元主体组成的复杂的信息层报体系中，逐级传递预警信息的效率十分低下，很难满足预警信息发布的及时性要求。三是制度定位存在严重偏差。现行预警制度的设计其实侧重给医疗机构、疾控机构和行政机关发出警示，而疏于对社会公众的提醒，将早期的预警信息隔绝于社会公众之外，缺乏坚实的突发公共卫生事件应急的社会基础。对此，应当建立开放分散化的预警权限配置体系，赋予各级疾病预防控制机构发布预警信息的权力，重视一线医生的判断并对其反馈的疫情保持足够的尊重。同时将预警制度定位于向社会公众公开发布预警信息，保障社会公众在传染病疫情方面的知情权，对于在疫情发生初期出现的网络舆情言论，公权力机关也应保持尽可能的宽容。（3）预警发布后的配套制度建设不完善。《传染病防治法》和《突发事件应对法》规定的预警制度仅止步于早期预警信息发布阶段，缺乏后续环节的配套性制度，未能实现预警制度所有环节的完整覆盖。这种点状的立法思维难以适应现代行政对风险进行持续性监管的需要。对此需要加强三个方面的配套制度建设：一是实现预警信息的持续性发布。除早期预警之外，在事件发展的中后期，预警主体仍负有持续性地发布预警信息的义务，包括公开本地确诊人员、疑似人员和治愈人员的居住地、行动轨迹、复阳情况等信息，用于提醒与这些人员处于近距离接触范围的公众做好预防措施。二是对预警信息的及时解释与更正。当预警发布主体所披露的疫情信息容易引发公众误解时，有权机关应及时作出解释和澄清。针对预警信息的不确定性，建立预警信息的更正制度，要求有关机关在发布预警后，应根据医学上认识进展，对此前发布的预警信息作出及时更正。三是构建合理的责任机制。预警主体在发布之时尽到了审慎义务，并在事后及时通过解释、更正等措施减少了其危害，应免于追究责任。[1]

二、突发公共卫生事件报告与通报制度

突发公共卫生事件的报告是决策机关掌握事件发生、发展信息的重要渠道。只有建立一套完整规范的突发公共卫生事件报告制度，并保证其正常运

---

〔1〕 参见施立栋："我国传染病疫情预警制度之检讨"，载《清华法学》2021年第2期。

转，才能保障决策机关准确把握事态、正确地进行决策，有关部门及时采取应急管理措施。《突发公共卫生事件应急条例》规定，国家建立突发事件应急报告制度，对早期发现的潜在隐患以及可能发生的突发事件，应当依法定的报告程序和时限及时报告。

（一）报告主体

1. 突发事件监测机构。由县级以上各级人民政府卫生行政部门指定的开展突发事件日常监测机构。这类机构根据突发事件的类型不同，被指定在不同的卫生机构中或者卫生机构中不同的部门。由于其承担着对突发事件的监测，在发现有规定报告的情形时，应当向所在地县级人民政府卫生行政部门报告。

2. 医疗卫生机构。包括各级各类疾病预防控制、卫生监督、医疗、保健等与卫生有关的机构。上述机构在发现有规定报告的情形时，应当向所在地县级人民政府卫生行政部门报告。医疗机构卫生人员、乡村医生、个体开业医生作为责任报告人也负有报告义务。

3. 有关单位。包括突发事件的发生单位，与群众健康和卫生保健工作有密切关系的机构或者单位，如食品安全机构、环境监测机构、教育机构等。有关单位在发现有规定报告的情形时，应当向所在地县级人民政府卫生行政部门报告。

4. 卫生行政部门。在接到突发事件监测机构、医疗卫生机构和有关单位的报告后，应当向本级人民政府报告，并同时向上级人民政府卫生行政部门和国务院卫生行政部门报告。国务院卫生行政部门对可能造成重大社会影响的突发事件，应当向国务院报告。

除上述法定报告主体之外，任何单位和个人都有权向国家卫生行政部门和地方各级人民政府及其有关部门报告突发公共卫生事件及其隐患，也有权向上级政府部门举报不履行或者不按照规定履行突发公共卫生事件应急职责的部门、单位以及个人。

（二）报告内容与时限

1. 报告内容。一旦发现下列情形之一的，立即启动应急报告制度：（1）发生或者可能发生传染病暴发、流行的；（2）发生或者发现不明原因的群体性疾病的；（3）发生传染病菌种、毒种丢失的；（4）发生或者可能发生重大食物和职业中毒事件的。

2. 报告时限。突发事件监测机构、医疗卫生机构和有关单位发现有上述情形之一的，应当在 2 小时内向所在地县级人民政府卫生行政部门报告；接到报告的卫生行政部门应当在 2 小时内向本级人民政府报告，并同时向上级人民政府卫生行政部门和国务院卫生行政部门报告。

县级人民政府应当在接到报告后 2 小时内向设区的市级人民政府或者上一级人民政府报告；设区的市级人民政府应当在接到报告后 2 小时内向省、自治区、直辖市人民政府报告。

省、自治区、直辖市人民政府应当在接到报告 1 小时内，向国务院卫生行政部门报告。国务院卫生行政部门对可能造成重大社会影响的突发事件，应当立即向国务院报告。报告方式根据实际情况，可以选择电话、传真或者网络直报。

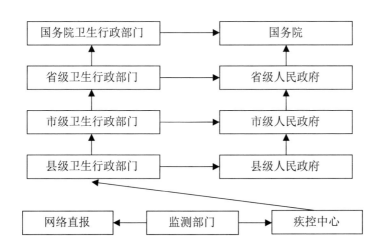

图 5-2：突发公共卫生事件信息报告流程

（三）通报制度

国务院卫生行政部门应当根据发生突发事件的情况，及时向国务院有关部门和各省、自治区、直辖市人民政府卫生行政部门以及军队有关部门通报。

突发事件发生地的省、自治区、直辖市人民政府卫生行政部门，应当及时向毗邻省、自治区、直辖市人民政府卫生行政部门通报。接到通报的省、自治区、直辖市人民政府卫生行政部门，必要时应当及时通知本行政区域内的医疗卫生机构。县级以上地方人民政府有关部门，已经发生或者发现可能引起突发事件的情形时，应当及时向同级人民政府卫生行政部门通报。

（四）法律责任

任何单位和个人对突发事件，不得隐瞒、缓报、谎报或者授意他人隐瞒、缓报、谎报。隐瞒是指为了某种目的和利益，明知突发事件的真实情况，故意不按规定报告突发事件；缓报是为了某种目的和利益，明知突发事件的真实情况，故意不按规定的时限报告突发事件；谎报是为了某种目的和利益，明知突发事件的真实情况，故意编造虚假的情况报告，或者不真实地报告突发事件的情况。授意是指将自己的意图通过一定方式明示或暗示他人，使其按照自己的意图从事某一活动。隐瞒、缓报、谎报或者授意他人隐瞒、缓报、谎报突发事件，不仅不能反映突发事件的真实情况，而且会失去处理和控制突发事件的最佳时机，导致事态扩大，严重影响公众健康，对社会、经济秩序造成不良影响。为保证报告信息的真实性，《突发公共卫生事件应急条例》规定，接到报告的地方人民政府、卫生行政部门依法报告的同时，应当立即组织力量对报告事项调查核实、确证，采取必要的控制措施，并及时报告调查情况。

三、突发公共卫生事件发布制度

国家建立突发事件的信息发布制度。国务院卫生行政部门负责向社会发布突发事件的信息。必要时，可以授权省、自治区、直辖市人民政府卫生行政部门向社会发布本行政区域内突发事件的信息。根据信息类型的不同，可以分为总体信息发布、个案信息发布、预警信息发布。信息发布应当及时、准确、全面。

及时、准确、全面地发布突发事件的信息，是政府对社会、对公众责任的体现，也是有效控制突发事件的一项积极主动的措施。一是有利于缓解社会的紧张、消除公众的恐惧；二是有利于发挥信息主渠道的作用，稳定人心；三是有利于动员社会各部门、各方面的力量和广大民众协同行动；四是有利于国际的信息交流和协作。

四、举报监督制度

国家建立突发事件举报制度，公布统一的突发事件报告、举报电话。任何单位和个人有权向人民政府及其有关部门报告突发事件隐患，有权向上级人民政府及其有关部门举报地方人民政府及其有关部门不履行突发事件应急处理职责，或者不按照规定履行职责的情况。接到报告、举报的有关人民政府及其有关部门，应当立即组织对突发事件隐患、不履行或者不按照规定履行突发事件应急处理职责的情况进行调查处理。对举报突发事件有功的单位和个人，县级以上各级人民政府及有关部门应当予以奖励。

第四节 突发公共卫生事件的应急处理与救援制度

应急处理与救援，是突发公共卫生事件发生后，各相关部门在应急指挥部的统一领导指挥下，相互合作，各尽其责，快速反应，依靠科学采取果断措施，进行的应急处理与救援工作。

一、应急机构与职能

（一）应急指挥机构

全国应急指挥机构与地方应急指挥机构共同组成突发公共卫生事件应急指挥系统。国务院成立全国突发公共卫生事件应急指挥部，由国务院有关部门和军队有关部门组成，国务院主管领导人担任总指挥；省、自治区、直辖市人民政府成立省级突发公共卫生事件应急处理指挥部，由政府主要领导人担任总指挥；地级市和县级人民政府成立地方突发公共卫生事件应急处理指挥部。

根据应急处理的需要，指挥部有权紧急调集人员，储备物质、交通工具以及相关设施、设备。具体而言，全国突发公共卫生事件应急处理指挥部对突发事件应急处理工作进行督察和指导，处理特别重大的突发公共卫生事件，负责对全国突发公共卫生事件应急处理的统一领导、统一指挥。省、自治区、直辖市突发公共卫生事件应急处理指挥部对本行政区域内突发事件应急处理工作进行督察和指导，负责领导、指挥本行政区域内的突发公共卫生事件的应急处理工作。地级市和县级突发公共卫生事件应急处理指挥部负责本地区突发公共卫生事件的协调和指挥，决定采取本行政区域内处理突发公共卫生事件的必要措施。

县级以上地方人民政府应保证应急处理所需的医疗救护设备、救治药品、医疗器械等物资的生产、供应，提供必要资金，保障因突发公共卫生事件致病、致残的人员得到及时、有效的救治。卫生行政部门具体负责组织突发公共卫生事件的调查、控制和医疗救治工作。铁路、交通、民用航空行政部门应当保证及时运送。

（二）日常管理机构

国家卫生行政部门设立突发公共卫生事件应急指挥中心，承担卫生应急和紧急救援工作，组织编制专项预案，承担预案演练的组织实施和指导监督工作，指导卫生应急体系和能力建设，并发布突发公共卫生事件应急处置信息。省级卫生行政部门结合地方实际情况，设立省级突发公共卫生事件的日常管理机构，负责辖区内突发公共卫生事件应急协调、管理工作。地市级和县级卫生行政部门也须指定机构负责本辖区内突发公共卫生事件应急的日常管理工作。

【扩展资料】国家突发公共卫生事件应急指挥中心

经中央编制委员会办公室批准，原卫生部于 2004 年设立卫生应急办公室，作为突发公共卫生事件应急指挥中心。其职责是组建监测和预警系统，统一指挥和组织协调有关突发公共卫生事件应急处理工作；制定突发公共卫生事件应急预案，组织预案培训和演练；培训公共卫生和医疗救护专业人员、指导各地实施突发公共卫生事件应急预案；帮助和指导各地应对其他经常性突发事件的伤病救治工作。

（三）专家咨询委员会

国务院和省级卫生行政部门组建突发公共卫生事件专家咨询委员会；县级以上卫生行政部门可根据应急工作需要，组建突发公共卫生事件应急处理专家咨询委员会。该专家咨询委员会下设应急管理组、突发急性传染病组、鼠疫防治组、中毒处置组、核和辐射事件处置组、紧急医学救援组、应急保障组、心理救援组等。其主要职责是：研究国内外卫生应急相关领域的发展战略、方针、政策、法规和技术规范，了解相关工作进展情况；参与研究制定国家卫生应急体系建设与发展有关规划、政策、法规及各类实施方案；对卫生应急领域重大项目的立项和评审提供意见和建议；对突发事件的预防、准备和处置各环节工作提出意见和建议，并给予技术指导；承担相关部门委托的其他工作。

（四）应急处理专业技术机构

医疗机构、疾病预防控制机构、卫生监督机构、出入境检验检疫机构是突发公共卫生事件应急处理的专业技术机构。应急处理专业技术机构应当服从突发公共卫生事件应急处理指挥部的统一指挥，结合本单位职责、相互配合、协作，集中力量开展应急处理工作。

1. 医疗机构。各级各类医疗机构在预防和处置突发事件时，承担责任范围内突发公共卫生事件的监测报告任务，对致病、致伤人员提供医疗救护和现场救援、及时转运接诊；做好院区现场控制、消毒隔离、个人防护、医疗垃圾和污水处理工作，防止院内交叉感染发生；协助疾病预防控制机构开展标本的采集、流行病学调查工作；分析总结群体性不明原因疾病和新发传染病病例，积累临床诊断治疗经验，积极开展医学研究和国际交流合作。

2. 疾病预防控制机构。负责突发公共卫生事件的报告和现场流行病学的调查处理，如对有关人员采取观察、隔离措施、采集病人和环境样本、环境和物品的卫生学处理等；加强疾病和健康监测工作，开展病因现场快速检测和实验室检测；对新发现的突发传染病、不明原因群体性疾病、重大食物和职业中毒事件，应当尽快组织力量制定相关的技术标准、规范和控制措施。

3. 卫生监督机构。负责协助地方卫生行政部门对食品卫生、环境卫生以及医疗卫生机构的疫情报告、医疗救治、传染病防治等进行卫生监督和执法稽查。

4. 出入境检验检疫机构。负责对入境、出境的人员、交通工具、运输设备、行李、货物、邮包等物品，实施传染病检疫、监测和卫生监督。

二、法律规定的应急措施

为确保快速、有效地应急处理突发公共卫生事件，《突发公共卫生事件应急条例》规定了五大应急处理措施。

（一）法定传染病的宣布

国务院卫生行政部门对新发现的突发传染病，根据危害程度、流行强度，依照《传染病防治法》的规定及时宣布为法定传染病。宣布为甲类传染病的，由国务院决定；乙类、丙类传染病病种，由国务院卫生行政部门决定并予以公布。

【扩展资料】宣布新型冠状病毒感染为乙类传染病

2020 年 1 月 20 日，经国务院批准国家卫生健康委发布第 1 号公告：一、将新型冠状病毒感染的肺炎纳入《传染病防治法》规定的乙类传染病，并采取甲类传染病的预防、控制措施。二、将新型冠状病毒感染的肺炎纳入《国境卫生检疫法》规定的检疫传染病管理。

（二）事件调查与评价

省级以上人民政府卫生行政部门或者其他有关部门指定的突发公共卫生事件应急处理专业技术机构，负责突发公共卫生事件的技术调查、确证、处置、控制和评价工作。上述专业技术机构有权进入突发事件现场进行调查、采样、技术分析和检验，对应急处理工作进行技术指导，有关单位和个人应当予以配合。任何单位和个人不得以任何理由予以拒绝。

［典型案例］ 拒不配合疫情防控管理暴力袭警

2020 年 2 月 2 日 17 时许，被告人叶某驾车载其舅父和胞兄途经湖北省崇阳县新冠防控指挥部金塘镇寒泉村疫情检测点时，工作人员要求叶某等人检测体温。叶某等人拒绝检测，辱骂工作人员并用车辆堵住检测点，后经人劝导移开，工作人员报警。当日 18 时许，崇阳县公安局金塘派出所所长张某带领民警万某、辅警姜某等人到叶某家传唤其接受调查，叶某拒绝并用拳头殴打张某、姜某等人，其亲属亦撕扯、推搡民警，阻碍民警依法传唤叶某。经鉴定，被害人张某、姜某损伤程度均为轻微伤。

【案例评析】被告人叶某在疫情防控期间，拒不配合防控管理，以暴力方法阻碍人民警察执行公务，致二人轻微伤，其行为构成妨害公务罪，应依法从重处罚。叶某有坦白情节，且认罪认罚。综合其犯罪情节，法院以妨害公务罪判处被告人叶某有期徒刑一年零三个月。

（三）应急物资生产、供应和运送

突发事件发生后，国务院有关部门和县级以上地方人民政府及其有关部门，应当保证突发事件应急处理所需的医疗救护设备、救治药品、医疗器械等物质的生产、供应；铁路、交通、民用航空行政部门应当保证及时运送。根据应急处理的需要，突发事件应急处理指挥部有权紧急调集人员、储备的物质，交通工具以及相关设施、设备。

（四）疫区的控制

根据突发事件应急处理的需要，应急处理指挥部可以对食物和水源采取控制措施；必要时，对人员进行疏散或者隔离，并可以依法对传染病疫区实行封锁。对传染病暴发、流行区域内流动人口，突发事件发生地的县级以上人民政府应当做好预防工作，对传染病病人和疑似传染病病人，应当采取就地隔离、就地观察、就地治疗的措施；对密切接触者根据情况采取集中或居家医学观察；对需要治疗和转诊的应当依照有关规定执行。县级以上地方人民政府卫生行政部门应当对突发事件现场采取控制措施，宣传突发事件防治知识，及时对易受感染的人群和其他易受损害的人群采取应急接种、预防性投药、群体防护等措施。

（五）交通检疫处置

突发公共卫生事件发生时，应实施交通卫生检疫，铁路、交通、民航、出入境检验检疫等部门设置临时交通卫生检疫站，对进出疫区、乘坐交通工具或者出入境的人员、物资、动物进行检验检疫。

交通工具上发现需要采取应急控制措施的传染病病人、疑似传染病病人，其负责人应当以最快的方式通知前方停靠点，并向交通工具的营运单位报告。交通工具的前方停靠点和营运单位应当立即向交通工具营运单位行政部门和县级以上地方人民政府卫生行政部门报告。卫生行政部门接到报告后，应当立即组织有关人员采取相应的医学处置措施。交通工具上的传染病病人密切接触者，由交通工具停靠点的县级以上各级人民政府卫生行政部门或者铁路、交通、民用航空行政部门，根据各自的职责，依照传染病防治法律、行政法规的规定，采取控制措施。

三、其他应急措施的合法性分析

（一）隔离的法律问题

《突发公共卫生事件应急条例》第33条规定，根据突发事件应急处理的需要，突发事件应急处理指挥部必要时，有权对人群进行疏散或者隔离。我国自非典型肺炎、禽流感、甲型 H1N1、新型冠状肺炎疫情等各类突发公共卫生事件以来，各级政府采取了强有力的隔离措施，卓有成效。隔离措施目的在于避免传染性公共卫生事件蔓延，提供被隔离者医疗诊断、照护服务，协助其早日恢复健康，进而全面阻绝事件的扩散。隔离的本质是对人身自由的限制，故法律上应对该措施的实施提供相应程序保障。但现行立法上针对隔离标准和适用对象不明确、实施主体不明确、程序规定不完善等问题突出。[1]

1. 隔离措施的表述较为混乱。从法律规范上来看，"隔离"一词的表述不明确。1989 年《传染病防治法》第 24 条规定了隔离治疗、强制隔离治疗、医学观察；2013 年《传染病防治法》第 41 条增加"隔离措施"，但没有明确其内涵和外延；《突发公共卫生事件应急条例》使用了"控制措施"的概念；《国境卫生检疫法实施细则》第 2 条规定了隔离、留验和就地诊验三种形式。在实务操作中，有关隔离措施种类更是纷繁复杂，如隔离治疗、强制隔离、隔离医学观察等。与此不同的是，国外立法中将隔离措施主要分为隔离（isolation）和检疫（quarantine）两种方式。两者区分标准主要为是否染疫，前者是针对患病者实行的隔离措施，后者是将与患者有过接触但未患病者、疑似可能染病但无临床症状者或者携带病菌者与健康人群分离或限制其行为的措施。由于我国隔离概念的内涵非常模糊，范围过于宽泛，可能会扩大隔离措施适用的范围，加之实践使用不规范的法律概念，致使隔离措施在具体实施过程中混乱与无序。这一切问题的根源在于我国隔离措施尚未能形成体系化。对此，引入隔离措施两分法，将"隔离"的概念与"检疫"区别开，并细化各种措施的法律规定。隔离是隔离措施中最为严格的手段，适用于确定已罹患传染病者，具体包括隔离治疗、留验、就地诊验等形态。在大多数情况下，隔离和治疗同步进行，隔离的期限根据医学检查结果确定。留验则主要实施医学诊察和检验，如实务中医学留验、医学观察，以待进一步诊断的措施，可适用于病原长期携带者。而就地诊验则相对灵活，可适用于普通的传染病。检疫适用于不确定是否罹患传染病者，如传染病接触者、疑似可能染病者等，具体方式包括集中检疫、居家检疫，因其措施强度较弱，可大规模实行。

2. 隔离措施的实施主体不明确。隔离措施的具体实施主体较为广泛，包

---

[1] 参见高秦伟："传染病防控中的隔离措施"，载《中外法学》2020 年第 3 期。

括县级以上地方人民政府、卫生行政部门、疾病预防控制机构和医疗机构。此外，《国内交通卫生检疫条例》第 6 条规定，对出入检疫传染病疫区的交通工具及其承运的人员，县级以上地方人民政府卫生行政部门或者铁路、交通、民用航空行政部门的卫生行政部门根据各自的职责，有权对检疫传染病病人、病原携带者、疑似检疫传染病病人和与其密切接触者，实施临时隔离、医学检查及其他应急医学措施。实务上的实施主体亦较为混乱，有以区县人民政府名义作出的，有以卫生行政部门名义作出的，也有以临时成立的"指挥部"名义作出的情况。未来修法，应进一步明确县级以上各级人民政府决定实施隔离措施尤其是大规模检疫的职责，明确卫生行政部门采取隔离的职责，明确医疗机构、疾病预防控制机构的报告、配合义务，明确公安机构的行政协助义务。

3. 隔离的司法审查问题。从法律性质来讲，隔离属于强制措施，要求被隔离者必须在指定处所接受治疗或医学观察，被隔离者的人身自由将受到暂时限制。现代法治观念认为，对人身自由的剥夺和限制应由宪法规定，且要求必须经过正当司法程序决定，方可充分体现对人身自由的合法保护。针对突发公共卫生事件中实施隔离是否需要进行司法审查，还必须考量公共利益的维系问题。当面临突发公共卫生事件暴发或快速蔓延时，已造成多人致伤致死或大面积扩散传播的紧急状态下时，立即采取隔离措施当属必要且有效控制手段。此时，完全由法院事先或事中介入操作存在难度，缓不济急，根本无法达致保护公益的防治效果。对此，依据重要性和影响程度，对于比较轻微的人身自由限制，如对轻度的人身自由限制且时限并不久长的隔离措施，可以免除严格的司法审查；而对于程度较为严重的人身自由剥夺则必须适用司法审查。德国传染病防治法则区分了两种情形：一般情况下卫生行政机关可强制执行隔离措施，对此必须申请法院准许；如果情况紧急，卫生行政机关可先下令暂时强制区隔，同时须在随后 24 小时内取得法院许可。《欧洲人权公约》第 5 条尽可能地明确区分各种不同人身自由侵害的样态，对于非刑事被告人身自由侵害情形，如传染病防治、精神病人的隔离措施，则无法官保留的事前适用，仅规定公民可申请法院尽快审查决定的合法性。通过层级化的法律风险控制体系，从宪法层面对人身自由的限制措施加以审查，为隔离措施提供组织和程序保障，从而使个人权利和公共利益达至平衡。

4. 程序保障缺位，配套措施不完善。《传染病防治法》第 56 条仅规定，卫生行政部门工作人员依法执行隔离职务时，应当不少于两人，并出示执法证件，填写卫生执法文书。对于执法主体在执法中的说明理由、告知义务、隔离决定的送达、被隔离者对隔离决定的申辩权等均没有规定。而且隔离程序分类设置不健全，没有区分一般程序和紧急程序；在程序要件方面规定过于简略，第39条仅依据医学标准，过于强调隔离的应急性；第41条有关隔离措施的规定也无具体的法律标准，更缺乏授权主体、适用条件、必要性考量等内容。另外，隔离区域内人民群众基本医疗、生活需求的保障也是检验隔离措施是否合法的标准。有基本医疗需求的居民，如高血压、糖尿病等慢性病患者及慢性传染病患者，属地家庭医生、社区医生团队要做好对接。尤其是老年人、儿童、孕产妇、残疾人等重点人群需要重点标注并做好关心与服务保障。第一，普通居民可以通过医院的互联网平台进行网上咨询、复诊、配药。而对于发热等症状居民，可以由街道或居村委安排专车或联系"120"，就近转运到发热门诊进一步排查和诊治，诊治期间做好闭环管理。第二，针对确需外出就医居民，非急危重症患者，需要报告社区管理人员后，由街道或居村委安排专用车辆和志愿者，将患者闭环转运到定点医疗机构。第三，针对急危重症患者，由街道或居村委联系"120"急救车辆转运，患者或家属也可自行拨打"120"，急救中心优先派车满足急危重症患者的就医需求，并做好闭环管理工作。必要时请"110"协助转运。第四，各隔离区域指定定点医疗机构，与相应街道形成对口关系，为各街道内居民提供应急医疗服务；各定点医疗机构指定专人专线负责接听就医电话，并向社会公开信息，畅通就医渠道。第五，隔离区域内"高级别"医院（三级甲等医院和国家区域中心医院）需全面做好对各隔离区定点医疗机构的专业支撑，对于各定点医疗机构发出的会诊需求，应及时响应，指派专家进行协助会诊，必要时，组织专家直接参与救治。

［典型案例］ 拒不执行居家隔离规定出入公共场所致28人被隔离

被告人常某长期在湖北省武汉市居住。2020年1月23日凌晨，常某获悉武汉市将于当日10时关闭离汉通道，实施封城管理，即刻驾车带着妻儿赶到湖南省长沙市，当晚在长沙市乘飞机抵达北京市。1月24日凌晨，常某一家三口在首都机场乘坐出租车到达北京市房山区某小区，与其母亲、哥哥共同居住。其间，常某明知北京市采取相关疫情防控措施，未向社区报告武汉居住史，且不执行居家隔离规定，多次出入超市、药店等公共场所，并乘车往返北京市海淀区、门头沟区、房山区等地。2月16日，常某的母亲被确诊为新冠患者。2月18日，常某被确诊为无症状感染者（病原携带者），与其密切接触的28人被隔离。

【案例评析】被告人常某在新冠疫情暴发后，武汉实施封城管控前，从武汉绕道长沙抵京，不执行如实报告和居家隔离规定，往返北京市多个地区，引起新型冠状病毒传播的严重危险，致20多人被隔离观察，其行为构成妨害传染病防治罪，应依法惩处。常某归案后积极配合防疫机构说明行动轨迹，如实供述自己的犯罪事实，认罪认罚。据此，法院以妨害传染病防治罪判处被告人常某有期徒刑8个月。

（二）网络谣言治理的法律问题

突发公共卫生事件往往伴随着网络谣言的滋生传播，对预防控制、应急管理及民众心态等带来负面影响。涉及公共卫生事件的谣言内容多集中于事件暴发流行、应急措施、个人防护等民众关心的话题，通过互联网络滋生发酵，传播速度快、影响范围广、易引发社会恐慌。因此，有必要运用法律治理突发公共卫生事件中的网络谣言。针对网络谣言治理的现行法律法规体系尚不完善，特别是应对突发公共卫生事件网络谣言治理的法律规范需要进一步调整，特别是现行立法缺乏明确划分网络谣言与言论自由的法律界限。执法机构在规制网络谣言的过程中存在打击范围过宽等过度限制公民言论自由的现象。如2019年末武汉暴发新型冠状肺炎病毒疫情初期，李文亮、刘文等8名市民因在网络散布传染病信息，涉嫌"造谣"被当地公安机关约谈并予以训诫处罚，遭到社会公众质疑。为此，首先，应及时公开信息，压缩谣言发酵空间。建立突发公共卫生事件多元化信息发布机制，利用新闻媒介、门户网站、社交媒体等进行实时信息发布和辟谣，让事件真实信息占据舆论空间，消除民众质疑。其次，多部门联合治理网络谣言。突发公共卫生事件中网络谣言的治理涉及卫生行政部门、新闻部门、公安部门等。在明确各部门职能的同时，应增强协同执法，建立彼此联动、密切配合的联动执法机制。再次，严格适用《治安管理处罚法》第25条有关网络谣言构成要件的规定。其一，在客观行为方面，行为人通过网络实施了散布谣言的行为，应区分"公共言论"与"私人言论"；其二，在危害后果方面，应将行为人散布谣言的行为扰乱了"公共秩序"解释为以"公众生活的平稳与安宁"为核心内容的现实公共场所秩序，并引入比例原则的审查；其三，在主观方面，对于涉及公共言论的"故意"的认定，可采用"实质恶意"原则，合理平衡公共秩序与言论自由价值的冲突。[1]最后，建立权力制约和救济机制。完善政府责任制度、行政复议诉讼制度、国家赔偿制度等监督救济体系，使公民权益受损时有途径申诉、有制度保障，保护公民的合法权益。

〔典型案例〕 编造并在信息网络上传播虚假疫情信息

2021 年 8 月 3 日晚，被告人潘某为恐吓群友，在江苏省句容市编造"王某，男，22 岁，镇江市润州区人，2021 年 8 月 2 日晚上 7 点半于润州区光明新村小区出发至溧水周家山，途经句容市梅花小区拜访亲友（08：30），紧接来到帕提亚广场中心露天小吃摊（09：00-11：00），次日到溧水检查核酸，检测两人均为阳性，已被隔离，若有与上述时间地点相符的群众，请积极自我居家隔离并尽快与地方医院取得联系"的虚假新冠疫情信息，并将上述信息制作成视频后发送至一个 46 人的 QQ 群。后该虚假信息被迅速传播扩散至 204 个微信群，涉众逾万人，造成群众恐慌，严重扰乱社会秩序。案发后，潘某主动到公安机关投案，并如实供述了上述事实。

【案例评析】被告人潘某编造虚假的疫情信息在信息网络上传播，严重扰乱社会秩序，其行为已构成编造、故意传播虚假信息罪。潘某具有自首情节，认罪悔罪，依法可从轻处罚。据此，法院以编造、故意传播虚假信息罪判处被告人潘某有期徒刑 8 个月。

（三） 应急征用的法律问题

《突发事件应对法》第 12 条规定，有关人民政府及其部门为应对突发事件，可以征用单位和个人的财产。行政征用是指行政主体基于公共利益需要，依据法律、法规强制性取得行政相对人财产使用权或劳务，并给予经济补偿的具体行政行为。[2]行政征用可以分为一般征用和应急征用。突发公共卫生

---

〔1〕 参见孟凡壮："网络谣言扰乱公共秩序的认定——以我国《治安管理处罚法》第 25 条第 1 项的适用为中心"，载《政治与法律》2020 年第 4 期。

〔2〕 参见李飞主编：《〈中华人民共和国突发事件应对法〉释义及实用指南》，中国民主法制出版社 2014 年版，第 45 页。

事件中的征用应归属于应急征用。新冠疫情期间，中央和地方各级政府应对紧急情况需要临时征用物资，实施过程引发一些争议，包括应急征用权的法定主体是否包括政府职能部门、客体是否仅限于财产、权力运行的法律控制机制为何等。

1. 应急征用权限的法定主体。《突发事件应对法》第 12 条规定"有关人民政府及其部门"是应急征用的主体，但第 52 条却规定应急征用主体是"人民政府"。《传染病防治法》第 45 条亦将应急征用主体限定为"县级以上地方人民政府"。针对政府职能部门，尤其是卫生行政部门是否享有应急征用权，学界存在支持说和排除说两种不同观点。各级地方人民政府卫生行政部门承担组织突发事件的调查、控制和医疗救治工作等职能，必然牵涉人员物资调用事宜，必要时需要行使应急征用权。《突发事件应对法》第 12 条属于授权条款，各级地方人民政府卫生行政部门虽然没有法律直接规定的应急征用权，但可以通过该授权条款获得相应权限。因此，我国突发公共卫生事件的应急征用主体应当理解为县级以上各级人民政府及其专门法授权的应急职能部门。

2. 应急征用权限的客体范围。根据《突发事件应对法》第 12 条规定，应急征用对象是单位和个人的财产。第 52 条又将该财产范围具体化为"设备、设施、场地、交通工具和其他物资"等有形的动产或不动产。关于劳务能否成为应急征用的客体需进行法律条文梳理解释。行政法学理论认为，行政征用的内容包括劳务、生产、服务等无形财产性权利，即有关行政主体在应急状态下，特别在抢险、救灾中，根据法律规定，强制性地征调劳力进行特定工作，并支付一定的报酬。[1]根据《立法法》第 8 条第 5 项规定，对人身自由限制的强制事项，只能由法律专门规定，而不能通过对财产权限制条款的扩大解释得出。《突发事件应对法》第 52 条规定的"组织生产"和《传染病防治法》第 45 条规定的"调集人员"，均不涉及强制人身自由的劳动征用形式。因此，县级以上地方人民政府有权征用劳务和公共服务。为保障劳务服务提供方的人身自由权，应急征用劳务的方式可以是组织内的人事动员或者与劳务提供方签订协议等。另外，由于劳务属于特殊的财产性权利，基于对人身自由权的特别保护，应限制政府职能部门的劳务和公共服务征

---

〔1〕 参见胡建淼：《行政法学》，法律出版社 2015 年版，第 405 页。

用权。

3. 法律控制机制。《突发事件应对法》第 12 条还规定了征用后返还原物和补偿损失等内容，但并未涉及应急征用的合理标准和补偿程序规范。可知，我国突发公共卫生事件的应急征用权限运行的法律控制机制尚不完善，有进一步改进空间。一是明确应急征用的合理标准。将《突发事件应对法》第 11 条规定的比例原则作为衡量应急征用行为合理性的标准，并进一步将该原则具体化为以人身安全保障为底线、公共利益之间的同等法益限制、对征用财产的合理保护等可操作的审查规则。二是完善应急征用的法律程序。构建应急征用实施的程序框架，主要包括征用审批、决定送达、清单登记、财产返还与补偿等基本流程。[1]

（四）平抑物价的法律问题

《突发公共卫生事件应急条例》第 52 条规定，在突发事件发生期间，散布谣言、哄抬物价、欺骗消费者，扰乱社会秩序、市场秩序的，由公安机关或者工商行政管理部门依法给予行政处罚；构成犯罪的，依法追究刑事责任。新冠疫情暴发以来，全国各地市场监管机构已查处了多起哄抬疫情防控急需的口罩等防护用品、药品等价格违法案件，其中多以涉嫌非法经营罪移送公安机关立案侦查。《办理妨害预防、控制突发传染病疫情等灾害的刑事案件的解释》第 6 条规定，违反国家在预防、控制突发传染病疫情等灾害期间有关市场经营、价格管理等规定，哄抬物价、牟取暴利，严重扰乱市场秩序，违法所得数额较大或者有其他严重情节的，以非法经营罪定罪，依法从重处罚。《刑法》第 225 条对非法经营罪的规定为："违反国家规定，有下列非法经营行为之一，扰乱市场秩序，情节严重的……（一）未经许可经营法律、行政法规规定的专营、专卖物品或者其他限制买卖的物品的；（二）买卖进出口许可证、进出口原产地证明以及其他法律、行政法规规定的经营许可证或者批准文件的；（三）未经国家有关主管部门批准非法经营证券、期货、保险业务的，或者非法从事资金支付结算业务的；（四）其他严重扰乱市场秩序的非法经营行为。"可知，非法经营罪本质特征在于违反特殊行业的市场准入规定和认可制度。疫情期间哄抬物价的防疫物资，除了医用防护口罩、防护服等少

---

〔1〕 参见张亮："应急征用权限及其运行的法律控制——基于我国《突发事件应对法》第 12 条的法释义学分析"，载《政治与法律》2020 年第 11 期。

数属于医疗器械的外，多数防疫物资均不属于国家规定的专营物品，不实行专营专卖或特许经营范围。故此类哄抬物价行为实则违反的是特殊时期的国家有关市场经营、价格管理制度。其危害后果不在于扰乱市场秩序，而在于妨害疫情防控，不能将其归入"其他严重扰乱市场秩序的非法经营行为"。因此，司法解释突破《刑法》规定，将疫情期间哄抬物价行为径行认定为非法经营罪实为不妥。疫情期间哄抬物价行为的刑事规制应从非法经营罪转向妨害传染病防治罪，并通过修订扩大妨害传染病防治罪的适用范围予以适用。对于传染病以外的突发公共卫生事件，可在危害公共安全罪一章中增设"妨害突发事件应对罪"。[1]

〔典型案例〕　疫情期间哄抬口罩价格牟取暴利

被告人谢某系被告单位上海某工贸有限公司的法定代表人、实际经营者。2020年1月初，该公司以每盒5.125元的价格购入一批一次性使用无纺布口罩（规格：50只/盒），在公司网络店铺以每盒7元的价格销售。1月23日至29日间，谢某将上述口罩的销售价格，陆续涨至每盒21元至每盒198元不等，累计销售1900余盒，销售金额17万余元，违法所得16万余元。

上海市松江区人民法院经审理认为，被告单位上海某工贸有限公司和被告人谢某在新冠疫情防控期间，违反国家有关市场经营、价格管理等规定，哄抬口罩价格，牟取暴利，扰乱市场秩序，情节严重，其行为均构成非法经营罪，应依法从严惩处。被告单位、谢某具有坦白、全部退赔被害人经济损失等情节。据此，于2020年3月23日以非法经营罪分别判处被告单位上海某工贸有限公司罚金人民币20万元；判处被告人谢某有期徒刑8个月，并处罚金人民币18万元。

【案例评析】在疫情防控期间，违反国家有关市场经营、价格管理等规定，囤积居奇，哄抬疫情防控急需的口罩等防护用品价格的行为具有明显的社会危害性，不仅严重扰乱市场秩序，还制造或加剧了恐慌性需求，破坏社会秩序，严重影响疫情防控和复工复产。此类行为情节严重的，应当以非法经营罪定罪处罚。需要注意的是，对于虽然超出有关价格管理规定，但幅度

---

〔1〕　参见吴加明："疫情期间哄抬物价行为的刑事规制"，载《政治与法律》2020年第7期。

不大，违法所得不多，对疫情防控没有重大影响，不应当纳入刑事处罚范围，可以由有关部门予以行政处罚。具体到本案，被告单位及被告人在疫情防控期间利用口罩紧俏的"商机"，坐地起价，最高涨价幅度达 28 倍，违法所得数额大，严重扰乱市场秩序，应以非法经营罪定罪处罚。

第五节　突发公共卫生事件的善后处理与法律责任

《突发事件应对法》以应急处置为中心向两端延伸，前端以监测预防为重点，后端延伸到恢复重建，实现了从预防开始到善后结束的整体覆盖，构建了一个系统、完备的突发公共卫生事件应急法律体系。

一、应急状态终止

突发公共卫生事件隐患或相关危险因素消除，或末例传染病病例发生后经最长潜伏期无新病例出现，则应急状态终止。

特别重大突发公共卫生事件由国务院卫生行政部门组织有关专家进行分析论证，提出终止应急反应的建议，报国务院或者应急指挥部批准，公布突发公共卫生事件应急状态终止。重大、较大和一般突发公共卫生事件由其所辖的地方人民政府卫生行政部门组织专家进行分析论证，提出终止应急反应的建议，报本级人民政府批准后公布，并向上一级人民政府卫生行政部门报告。

二、善后处理

根据《突发事件应对法》的规定，突发事件的威胁和危害得到控制或者消除后，履行统一领导职责或者组织处置突发事件的人民政府应当停止执行应急处置措施，同时采取或者继续实施必要措施，防止发生自然灾害、事故灾难、公共卫生事件的次生、衍生事件或者重新引发社会安全事件。

（一）后期评估

突发公共卫生事件应急结束后，履行应急指挥职责的人民政府应当立即组织对突发公共卫生事件的处置及造成损失情况进行评估，组织受影响地区尽快恢复生产、生活、工作和社会秩序。评估内容主要包括：突发公共卫生事件概况、现场调查处置情况、病人救治情况、所采取措施的效果评价、应急处理过程中存在的问题和取得的经验及改进建议。后期评估具有重要意义，有利于经验教训的总结，改进后续工作。

〔典型案例〕 重庆开县井喷事件

2003 年 12 月 23 日，重庆市开县高桥镇罗家寨发生了国内乃至世界气井井喷史上罕见的特大井喷事故。21 时 55 分，四川石油管理局川东钻探公司川钻 12 队"罗家 16H"井起钻时，突发井喷，富含硫化氢的气体从钻具水眼喷涌达 30 米高，硫化氢浓度达到 100ppm 以上。失控的有毒气体随着空气迅速扩散，导致在短时间内发生大面积灾害，人民群众的生命财产遭受了巨大损失。据统计，井喷事故发生后，离气井较近的高桥镇、麻柳乡、正坝镇和天和乡 4 个乡镇，30 个村，9.3 万余人受灾，6.5 万余人被迫疏散转移，累计门诊治疗 27 011 人（次），住院治疗 2142（次），243 位人员遇难，直接经济损失达 8200 余万元。

【案例评析】造成本次事件的原因有二：一是危机发生前缺乏风险管理意识。没有进行项目开采风险评估和选址；项目人与当地政府与居民没有进行前期风险沟通，对于可能发生危害考虑不足，没有指定相应应急预案，并进行应急处置日常演习。二是危机发生过程中，应急处理措施不及时。如针对事件发生，当地政府是最后一个知晓，没有及时利用广播等系统进行危机报告；对受害村民疏散工作组织不到位，导致许多村民逃离后中途返回造成二次伤害；当地医疗机构医疗救治不及时，造成死伤数量大。

（二）奖励

县级以上各级人民政府及其卫生行政部门，应当对参加突发公共卫生事件应急处理作出贡献的人员，给予表彰和奖励。民政部门对在突发公共卫生事件应急处理工作中英勇献身的人员，按有关规定追认为烈士。相关部门对举报突发公共卫生事件有功的单位和个人，应当予以奖励。

（三）抚恤和补助

地方各级人民政府组织有关部门对因参与应急处理工作致病、致残、死亡的人员，按照国家有关规定，给予相应的补助和抚恤。对参加应急处理一线工作的专业技术人员应根据工作需要制订合理的补助标准，给予补助。

（四）征用物资、劳务的补偿

突发公共卫生事件应急处理期间，地方各级人民政府根据需要可以紧急调集、征用有关单位、企业、个人的物资，调集相关的人员，相关的单位和人员，必须配合和服从。应急工作结束后，地方各级人民政府应当组织有关部门对紧急调集、征用有关单位、企业、个人的物资和劳务进行合理评估，给予补偿。

三、责任追究

在突发公共卫生事件的预防、监测、预警、报告、调查、控制和处置过程中，对有隐瞒、缓报、谎报信息，玩忽职守、失职渎职，拒绝配合调查、扰乱社会和市场秩序的，依法追究法律责任。

（一）政府及相关部门的法律责任

县级以上各级人民政府卫生行政部门和其他有关部门有下列行为之一，对主要负责人、负有责任的主管人员和其他直接责任人员依法给予降级、撤职的行政处分；造成传染病传播、流行或者对社会公众健康造成其他严重危害后果的，依法给予开除的行政处分；构成犯罪的，依法追究刑事责任。

1. 未依法履行报告职责，对突发事件隐瞒、缓报、谎报或者授意他人隐瞒、缓报、谎报。

2. 未依法完成突发事件应急处理所需要的设施、设备、药品和医疗器械等物资的生产、供应、运输和储备。

3. 对上级人民政府有关部门的调查不予配合，或者采取其他方式阻碍、干涉调查。

4. 在突发事件调查、控制、医疗救治工作中玩忽职守、失职、渎职。

5. 拒不履行应急处理职责。

（二）医疗卫生机构的法律责任

医疗卫生机构有下列行为之一的，由卫生行政部门责令改正、通报批评、给予警告；情节严重的，吊销《医疗机构执业许可证》；对主要负责人、负有责任的主管人员和其他直接责任人员依法给予降级或者撤职的纪律处分；造成传染病传播、流行或者对社会公众健康造成其他严重危害后果，构成犯罪的，依法追究刑事责任。

1. 未依法履行报告职责，隐瞒、缓报或者谎报。

2. 未依规定及时采取控制措施。

3. 未依规定履行突发事件监测职责。

4. 拒绝接诊病人。

5. 拒不服从突发事件应急处理指挥部调度。

［典型案例］　村卫生室负责人违规收治发热病人致 457 人被隔离

2020 年 1 月 29 日，安徽省六安市霍邱县卫生健康委下发《关于进一步规范发热病人就诊程序的通知》，严禁村卫生室、个体诊所对未经预检分诊的发热病人进行诊疗。同日，霍邱县周集镇中心卫生院召开全镇卫生室主任会议，对上述通知进行传达，某村卫生室负责人吴某参会。1 月 30 日至 2 月 10 日，吴某擅自收治未经预检分诊的发热病人刘某、李某，并安排在卫生室协助工作的妻子王某为二人输液治疗各 5 次。吴某隐瞒收治发热病人的情况，每日向镇中心卫生院上报的收治发热病人数均为零。其间，该卫生室作为快递收发点、电费代交点，有大量人员进出。2 月 15 日至 18 日，李某、刘某、王某先后被确诊为新冠患者。截至 3 月 2 日，457 人为此被隔离。六安市疾控中心、合肥市检测机构对被隔离人员进行 680 次核酸检测。

【案例评析】安徽省六安市霍邱县人民法院经审理认为，被告人吴某作为村卫生室负责人，明知新冠疫情期间村卫生室严禁对未经预检分诊的发热病人进行诊疗，仍违规收治发热病人，并瞒报收治情况，引起新型冠状病毒传播的严重危险，其行为构成妨害传染病防治罪，应依法惩处。吴某具有自首等情节，依法从轻处罚。据此，于 2020 年 4 月 2 日以妨害传染病防治罪判处被告人吴某有期徒刑一年。

（三）其他单位或个人的法律责任

在突发事件应急处理工作中，有关单位和个人未依规定履行报告职责，隐瞒、缓报或者谎报，阻碍突发事件应急处理工作人员执行职务，拒绝国务院卫生行政部门或者其他有关部门指定的专业技术机构进入突发事件现场，或者不配合调查、采样、技术分析和检验的，对有关责任人员依法给予行政处分或者纪律处分；违反治安管理行为的，由公安机关给予治安管理处罚；构成犯罪的，依法追究刑事责任。

在突发事件发生期间，散布谣言、哄抬物价、欺骗消费者，扰乱社会秩序、市场秩序的，由公安机关或者工商行政管理部门依法给予行政处罚；构成犯罪的，依法追究刑事责任。

【拓展资料】惩治妨害预防、控制突发传染病疫情的刑事责任

为依法惩治妨害预防、控制突发传染病疫情等灾害的犯罪活动，保障预防、控制突发传染病疫情等灾害工作的顺利进行，切实维护人民群众的身体健康和生命安全，最高人民法院、最高人民检察院根据《刑法》等有关规定，2003 年 5 月 14 日公布《关于办理妨害预防、控制突发传染病疫情等灾害的刑事案件具体应用法律若干问题的解释》。"两高"的司法解释共涉及刑法的 30 个条文和 30 多个罪名，并对有关犯罪的界限与刑罚适用，作出了具体规定。主要包括以下几类案件：传播传染病病毒危害公共安全的案件；以防治传染病之名，非法行医，制售假冒伪劣产品、药品、医疗器械、防护用品等医用卫生材料，危害医务人员和人民群众身体健康的案件；虚假广告、坑蒙拐骗、哄抬物价、扰乱市场经济秩序的案件；在传染病防治期间趁火打劫，侵犯公民人身权利和公私财产，危害社会治安的案件；编造、传播谣言或恐怖信息，危害国家政权或社会稳定的案件；国家工作人员、企事业单位的工作人员，贪污、侵占、挪用防治传染病款物的案件；有关国家工作人员、国有企事业单位工作人员，在防治传染病工作中渎职失职，造成疫情传播等严重后果的案件；妨害传染病防治公务的案件等。

精神卫生法律制度

◆【本章知识结构图】

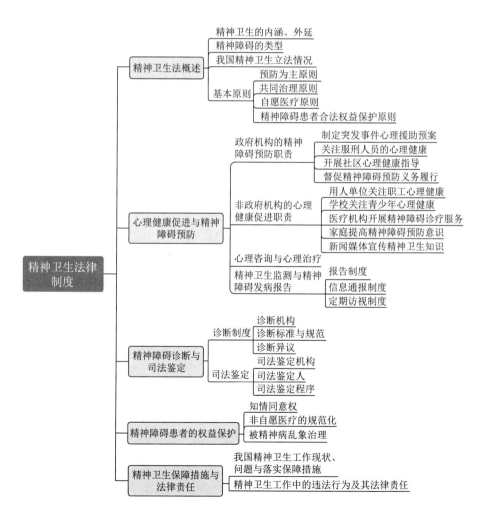

◆【引导案例】

1989 年 23 岁的徐为去澳大利亚留学。2000 年因留澳申请被拒，他被遣送回国，心有不甘，跑到大使馆申诉。父亲和大哥徐兴因此认定他不正常，于 2001 年将其送至上海市普陀区精神卫生中心治疗，一年后出院。2003 年他又和家人发生争执，被送入上海青春精神病康复院，诊断为精神分裂症。2008 年徐为父亲去世后，居委会指定大哥徐兴为监护人。徐为入院后经过治疗后认为已经"康复"，提出出院要求，但被徐兴屡次以自己常年在外打工无法监护为由拒绝。上海青春精神病康复院坚持"谁送进来就由谁接走"原则，以监护人不同意为由拒绝为徐为办理出院。2012 年徐为委托律师尝试通过变更监护人的方式出院无果。当时，上海普陀区法院委托鉴定机构对他进行精神状态鉴定及民事行为能力评定，结果为患有精神分裂症，处于残留期，评定为具有限制民事行为能力。2013 年《精神卫生法》施行，徐为依据该法第82 条的规定，将上海青春精神病康复院与徐兴诉至法院，请求判决被告侵犯其人身自由。这是我国第一起依据《精神卫生法》起诉的案件。该案经过一审、二审，法院均驳回徐为的诉讼请求，再审申请也被驳回。法院裁判理由是：一是徐为的精神健康状况，属于非自愿住院治疗的精神疾病患者，不适用精神卫生法关于"自愿住院"的规定，其是否出院，仍然需要得到其监护人同意；二是监护人的监护能力，根据徐为的家庭状况，其大哥是唯一的监护人，但监护能力不足可能导致其出院后无人照顾。2017 年经司法鉴定机构鉴定，出具鉴定意见为：徐为患有精神分裂症，目前病情缓解，应评定为具有完全民事行为能力。据此，上海青春精神病康复院才同意徐为出院。

思考：本案是否符合《精神卫生法》规定的住院自愿治疗原则？

◆【基本原理】

第一节　精神卫生法概述

精神卫生既是全球性的重大公共卫生问题，也是较为严重的社会问题。2020 年《柳叶刀·精神病学》发表《中国抑郁障碍患病率及卫生服务利用的流行病学现况研究》显示，我国精神障碍的终身患病率为 16.6%，其中罹患抑郁障碍的有近1亿人。当前我国精神卫生治理工作中的突出问题是城乡二元化差异显著。在经济不发达的农村，许多精神障碍患者得不到及时治疗，当地政府难以支付这部分人的治疗费用，许多困难家庭也承担不起长期治疗的经济负担；而在大城市，如北京、上海等，主要的问题是精神障碍患者出院难。由于当地政府对长期住院的每一位患者都支付住院治疗费用，家属不愿接纳符合出院条件的患者回家。2013年5月实施《精神卫生法》为精神卫生防治工作提供了法律保障和政策引导。该法明确了精神卫生治理实行政府组织领导、部门各负其责、家庭和单位尽力尽责、全社会共同参与的综合管理机制，标志着我国精神障碍患者人权保障水平和社会治理能力上升到一个新的高度。

一、精神卫生的概述

（一）精神卫生的内涵

精神卫生又称精神健康、心理卫生或心理健康，在英文中用同一个短语mental health表达。精神健康是与躯体健康相对应的概念。根据世界卫生组织的描述，精神健康是一种完好的状态，即个体能够认识到个人的能力，能够应对日常生活中正常的压力，能够卓有成效地工作，能够对社会有所贡献。

（二）精神卫生的外延

精神健康不仅仅指没有精神疾病。现代精神卫生防治体系覆盖所有的人群，包括儿童和青少年、成人、老年人。这些人群存在于不同的精神健康状态下，即普通人、心理亚健康者、精神障碍患者。根据不同群体的精神健康状态，将面临医疗问题和非医疗的选择问题。对普通人群主要以提供心理健康教育和心理咨询或辅导的预防性服务为主。社区卫生服务中心、乡镇卫生院、妇幼保健院等基层卫生机构，以及各年龄组人群学习、生活、工作的机构是提供普通人群预防性服务的主要场所。对心理亚健康者，除了提供心理健康教育和心理咨询或辅导的预防性服务以外，还提供心理危机干预和精神疾病的早期识别服务。社区卫生服务中心、乡镇卫生院、妇幼保健院等基层卫生机构，综合医院精神科，精神专科医院，具备心理治疗人员的其他医疗机构是提供心理亚健康者医疗服务的主要机构。

（三）精神障碍的概念与类型

精神障碍是《精神卫生法》重点关注的精神疾病。根据《精神卫生法》

的规定，精神障碍，是指由各种原因引起的感知、情感和思维等精神活动的紊乱或者异常，导致患者明显的心理痛苦或者社会适应等功能损害。根据精神疾病的患病情况，可将其划分为三种类型，即常见精神障碍、严重精神障碍、慢性精神疾病。

1. 常见精神障碍。常见精神障碍以抑郁、焦虑、物质使用障碍为主，其患病人群占精神疾病患者总数的90%以上。对于该类病情较为严重的部分患者需要提供门诊和住院治疗。精神专科医院、综合医院精神科、社区卫生服务中心、乡镇卫生院、妇幼保健院等基层卫生机构对该类常见精神障碍患者提供医疗服务；对于病情严重者需要转诊到精神专科机构治疗，同时需要患者家庭和所在的单位、学校、社区提供适当的支持。

2. 严重精神障碍。严重精神障碍是指疾病症状严重，导致患者社会适应等功能严重损害、对自身健康状况或者客观现实不能完整认识，或者不能处理自身事务的精神障碍。严重精神障碍包括处于急性期与恢复期两种类型。严重精神障碍患者包括精神分裂症、双相情感障碍、妄想性精神障碍、分裂性情感障碍等，占精神疾病患者总数的1%左右。精神专科医疗机构为处于急性期的严重精神障碍患者提供门诊、住院治疗，负责患者报告和登记。处于恢复期的严重精神障碍患者可以继续在精神专科医疗机构接受巩固治疗，或者回到社区，在社区卫生服务中心或乡镇卫生院接受随访治疗。患者家庭和所在单位、学校、社区对他们提供的适当支持，能够有助于患者及早恢复生活能力和社会功能，减少残疾，重新回到社会。

3. 慢性精神疾病。慢性精神疾病患者是指遗留有部分功能残疾的常见或严重精神障碍患者，包括康复训练期患者与收养期患者。轻度或短期的残疾一般可以通过康复训练得到大部分或部分恢复。慢性精神疾病患者在康复训练期需要继续监测病情变化，接受随访治疗，得到生活、职业功能训练及康复指导。这些服务主要由社区卫生服务中心、乡镇卫生院等基层卫生机构提供，或承担慢性精神疾病患者康复功能的精神专科医疗机构提供。残疾程度较重或时间较长的康复困难的收养期患者，主要由养护机构提供照料服务和简单治疗、训练。承担慢性患者康复或照料职能的精神专科医疗机构，在机构设置、卫生人力配置等方面均应与承担急性住院职能的精神专科医疗机构有所不同，但目前尚未实现。

二、我国精神卫生的立法概况

精神卫生法，是调整精神卫生治理中发生的各种社会关系的法律规范的总和，包括精神疾病预防、精神障碍患者的合法权益保护、精神卫生机构职能等内容。1938 年法国颁布了世界上第一部《精神卫生法》。20 世纪 60 年代以后，世界人权运动方兴未艾，精神卫生立法进入繁盛时期。联合国于 1971 年发布《精神发育迟滞者权利宣言》、1975 年《残疾人权利宣言》、1991 年《保护精神病患者和改善精神保健的原则》等；世界卫生组织于 1995 年提出了《精神卫生保健法——十项基本原则》，供各国政府制定和修改精神卫生法的参考；世界精神病学协会、世界心理卫生联合会于 1989 年发布《精神病人人权宣言》《精神疾病患者权益和保障的声明》等。我国精神卫生工作起步较晚，1898 年在广州建立了我国第一家精神专科医院，1998 年精神卫生工作被纳入公共卫生管理。历经三十余载，我国已经制定颁布了一系列有关精神卫生的国家政策法规，初步建立包含预防、医疗和康复服务的精神卫生治理的法律体系。

（一）起步探索阶段

1958 年在南京召开了第一次全国精神卫生工作会议，制定了 1958~1962 年精神卫生工作的五年计划，提出了"积极防治，就地管理，重点收容，开放治疗"的精神卫生工作指导原则。1986 年在上海召开第二次全国精神卫生工作会议，会后国务院批转了卫生部、公安部、民政部共同签发的《关于加强精神卫生工作的意见》，制定了《精神卫生工作"七五"计划》。2001 年第三次全国精神卫生工作会议上提出了"预防为主，防治结合，重点干预，广泛覆盖，依法管理"的新时期我国精神卫生工作指导原则，并于 2002 年颁发了《中国精神卫生工作规划（2002-2010 年）》。2004 年，国务院办公厅转发了卫生部等部门联合制定的《关于进一步加强精神卫生工作的指导意见》，就"重点人群心理行为干预，加强精神疾病的治疗与康复工作，加快精神卫生工作队伍建设，加强精神卫生科研和疾病监测工作，依法保护精神疾病患者的合法权益"等提出了具体指导意见，并由此形成了我国政府当前精神卫生政策的框架。2008 年，卫生部等 17 个部门联合印发《全国精神卫生工作体系发展指导纲要（2008 年-2015 年）》，就我国精神卫生工作中还存在预防、识别和处理精神疾病与心理行为问题的力度不够、总体服务资源不足且管理分散、地区差异明显、防治机构和人员队伍缺乏、尚未建立有效的机构间工作衔接机制、精神疾病社区管理和康复薄弱等问题，将第三次全国精神卫生工作会议制定的工作指导原则进行了细化，强调了要推进精神卫生工作体系建设，并提出了具体目标。

（二）初见成效阶段

2012年10月26日，第十一届全国人民代表大会常务委员会第二十九次会议审议并通过了《精神卫生法》，自2013年5月1日起正式实施。该法是在上海、宁波、深圳、北京、杭州、无锡、武汉的精神卫生地方性法规先后颁布实施的基础上，历时27年的磨砺而成。《精神卫生法》共7章85条，对精神卫生工作的方针原则和管理机制、心理健康促进和精神障碍预防、精神障碍的诊断和治疗、精神障碍的康复、精神卫生工作的保障措施、精神障碍患者合法权益的维护等均予以规定。该法的颁布施行标志着我国精神卫生治理工作有了明确的法律指引，将逐步形成政府组织领导、部门各负其责、家庭和单位尽力尽责、全社会共同参与的综合管理机制，共同维护和促进心理健康。

（三）未来发展阶段

精神卫生立法工作虽然初见成效，但于当下精神卫生治理工作的推进而言难以毕其功于一役，需要谋划长远，久久为功。2015年国家卫生计生委、中央综治办等10部门制定了《全国精神卫生工作规划（2015-2020年）》，提出了精神卫生工作的总体目标和具体目标。规划总目标设定为：形成政府组织领导、各部门齐抓共管、社会组织广泛参与、家庭和单位尽力尽责的精神卫生综合服务管理机制，健全完善与经济社会发展水平相适应的精神卫生预防、治疗、康复服务体系，基本满足人民群众的精神卫生服务需求，健全精神障碍患者救治救助保障制度，积极营造理解、接纳、关爱精神障碍患者的社会氛围，提高全社会对精神卫生重要性的认识，促进公众心理健康，推动社会和谐发展。具体目标设定为：完善协调机制、健全服务网络、缓解人员紧缺、落实救治救助；以抑郁为代表的常见精神障碍和心理行为问题防治能力明显提升；以精神分裂症为代表的严重精神障碍的康复工作初具规模；通过普及心理卫生保健和心理健康知识，设立心理危机干预中心，明显改善精神卫生工作的社会氛围。

2017年1月，22个部门联合印发《关于加强心理健康服务的指导意见》，提出了到 2020 年，全民心理健康意识明显提高；到 2030 年，全民心理健康素养普遍提升的基本目标。

三、基本原则

（一）预防为主原则

《精神卫生法》第 3 条规定："精神卫生工作实行预防为主的方针，坚持预防、治疗和康复相结合的原则。"并在第二章"心理健康促进和精神障碍预防"中对有关单位和个人的精神障碍预防措施予以具体规定。要求各级人民政府及其有关部门应当采取措施，加强心理健康促进和精神障碍预防工作，提高公众心理健康水平；村民委员会、居民委员会应当协助所在地人民政府及其有关部门开展社区心理健康指导、精神卫生知识宣传教育活动，创建有益于居民身心健康的社区环境；用人单位应当创造有益于职工身心健康的工作环境，关注职工的心理健康；各级各类学校应当对学生进行精神卫生知识教育，配备或者聘请心理健康教育教师、辅导人员，并可以设心理健康辅导室，对学生进行心理健康教育；家庭成员之间应当相互关爱，创造良好、和睦的家庭环境，提高精神障碍预防意识。国家鼓励和支持新闻媒体、社会组织开展精神卫生的公益性宣传，普及精神卫生知识，引导公众关注心理健康，预防精神障碍的发生。县级以上地方人民政府人力资源社会保障、教育、卫生、司法行政、公安等部门应当在各自职责范围内对上述单位履行精神障碍预防义务的情况进行监督和指导。

（二）共同治理原则

《精神卫生法》第 6 条规定："精神卫生工作实行政府组织领导、部门各负其责、家庭和单位尽力尽责、全社会共同参与的综合管理机制。"《全国精神卫生工作规划（2015-2020 年）》的总目标设定为，普遍形成政府组织领导、各部门齐抓共管、社会组织广泛参与、家庭和单位尽力尽责的精神卫生综合服务管理机制。精神卫生治理的实践表明，精神疾病的严重性、复杂性、社会性，在本质上要求其防治机制的综合性。具体而言，各级人民政府领导精神卫生工作，将其纳入国民经济和社会发展规划，建设和完善精神障碍的预防、治疗和康复服务体系，建立健全精神卫生工作协调机制和工作责任制，对有关部门承担的精神卫生工作进行考核、监督。国务院卫生行政部门主管全国的精神卫生工作，县级以上人民政府卫生行政部门主管本行政区域的精神卫生工作。县级以上人民政府司法行政、民政、公安、教育、医疗保障等部门在各自职责范围内负责有关的精神卫生工作。村民委员会、居民委员会依法开展精神卫生工作，并对所在地人民政府开展的精神卫生工作予以协助。中国残疾人联合会、工会、共产主义青年团、妇女联合会、红十字会、科学技术协会等社会团体依照法律、法规或者接受政府委托，动员社会力量，开展针对正常人群的心理健康教育和心理辅导工作。精神卫生医疗机构、基层医疗卫生机构、精神疾病康复机构承担精神疾病患者的诊疗和康复工作。

（三）自愿医疗原则

《精神卫生法》第30条第1款规定，精神障碍的住院治疗实行自愿原则。精神障碍患者的住院治疗原则上应当根据患者的意愿进行，实行自愿原则；除非法律另有规定之外，患者不同意住院治疗的，医疗机构不得对患者实施住院治疗。这一原则与世界精神卫生立法理念是一致的。1991年联合国大会发布的《保护精神病患者和改善精神保健的原则》规定：除另有规定的外，未经患者知情同意，不得对其施行任何治疗。如果患者需要在精神卫生机构接受治疗，应尽一切努力避免非自愿住院。自愿医疗原则还应贯穿于出院的环节，即自愿住院治疗的精神障碍患者可以随时要求出院，医疗机构应当同意。医疗机构认为不宜出院的，应告知理由；如患者仍坚持出院，则由医疗机构在病历中记录，并提出出院后治疗建议，由患者签字确认。该原则充分体现了法律对精神障碍患者自决权的尊重与保护。

此外，还需要注意该原则在特殊医疗期间的应用问题。精神障碍患者医疗期主要有两种状态：一是常态化的医疗服务期，在采取治疗措施前征得患者及其家属的同意，在大型医院、神经专科医院或者社区为轻型精神障碍患者提供的医疗服务；二是紧急状态下的医疗服务期间，精神障碍患者发生危害自身或者他人安全的倾向，对其采取的应急性强制医疗措施。这两种医疗状态可以相互转化，一旦紧急事由消失，患者在药物的控制下保持平稳状态，应当在短时间内就转入常态化的医疗服务，不得再限制患者的人身自由。但是在实践中，精神障碍患者有很大一部分是被公安机构强制送入治疗，只有极少数是被亲属或家人强制送入医院治疗，而且社区内对于精神障碍患者的治疗和护理还不够完善，所以即使在患者状态平稳的情况下，转入常态治疗的机会微乎其微。

（四）精神障碍患者合法权益保护原则

《精神卫生法》第4条第1款规定，精神障碍患者的人格尊严、人身和财产安全不受侵犯。精神障碍患者因疾病表征，普遍受到公众的反感和歧视，其权益往往容易遭受侵害。从20世纪50年代开始，世界各国开启通过精神卫生立法实现对精神疾病患者的权利保护机制。顺应国际精神卫生立法的时代潮流，我国《精神卫生法》明确了精神障碍患者的教育、劳动、医疗以及从国家和社会获得物质帮助等方面的合法权益受法律保护，实现对精神障碍患者生命权，健康权，名誉权和隐私权的全面保护。

1. 在教育权益保护方面，县级以上人民政府及其有关部门应当采取有效措施，保证患有精神障碍的适龄儿童、少年接受义务教育。

2. 在劳动权益保护方面，扶持有劳动能力的精神障碍患者从事力所能及的劳动，并为已经康复的人员提供就业服务。国家对安排精神障碍患者就业的用人单位依法给予税收优惠，并在生产、经营、技术、资金、物资、场地等方面给予扶持。

3. 在医疗权益保护方面，法律规定精神障碍患者享有治疗权。医疗机构不得因就诊者是精神障碍患者，推诿或者拒绝为其治疗属于本医疗机构诊疗范围的其他疾病。县级以上人民政府卫生行政部门应当组织医疗机构为严重精神障碍患者免费提供基本公共卫生服务。精神障碍患者的医疗费用按照国家有关社会保险的规定由基本医疗保险基金支付，对家庭经济困难的严重精神障碍患者参加基本医疗保险给予资助。精神障碍患者通过基本医疗保险支付医疗费用后仍有困难，或者不能通过基本医疗保险支付医疗费用的，医疗保障部门应当优先给予医疗救助。

4. 在物质帮助方面，对符合城乡最低生活保障条件的严重精神障碍患者，民政部门应当会同有关部门及时将其纳入最低生活保障。对属于农村五保供养对象的严重精神障碍患者，以及城市中无劳动能力、无生活来源且无法定赡养、抚养、扶养能力的严重精神障碍患者，民政部门应当按照国家有关规定予以供养、救助。对于其他严重精神障碍患者确有困难的，民政部门可以采取临时救助等措施，帮助其解决生活困难。

此外，法律还倡导全社会应当尊重、理解、关爱精神障碍患者。任何组织或者个人不得歧视、侮辱、虐待精神障碍患者、不得非法限制精神障碍患者的人身自由；新闻报道和文学艺术作品不得含有歧视、侮辱精神障碍患者的内容；尊重住院精神障碍患者的通信和会见探访者等权利；除依法履行职责需要公开之外，有关单位和个人应当对精神障碍患者的姓名、肖像、住址、工作单位、病历资料以及其他可能推断出其身份的信息予以保密。

第二节　心理健康促进与精神障碍预防

精神疾病不仅关系到患者的身心健康，甚至会对社会造成严重危害。近年来，重性精神障碍患者制造的重大恶性事件频发侵害了社会公共安全，如云南禄劝灭门案、南平校园惨案等。但目前医学尚未找到绝大多数精神疾病的确切病因，因此预防是减少精神疾病危害社会公共安全的最有效措施。《精神卫生法》第 3 条规定"精神卫生工作实行预防为主的方针，坚持预防、治疗和康复相结合的原则"，并在第二章"心理健康促进和精神障碍预防"中规定了具体职责与义务。

一、政府机构的精神障碍预防职责

国务院卫生行政部门主管全国的精神卫生工作。县级以上地方人民政府卫生行政部门主管本行政区域的精神卫生工作。县级以上人民政府司法行政、民政、公安、教育、医疗保障等部门在各自职责范围内负责有关的精神卫生工作。各级人民政府及其有关部门应当采取措施，加强心理健康促进和精神障碍预防工作，提高公众心理健康水平。

（一）制定突发事件心理援助预案

各级人民政府和有关部门制定的突发事件应急预案，应当包括心理援助的内容。发生突发事件，履行统一领导职责或者组织处置突发事件的人民政府应当根据突发事件的具体情况，按照应急预案的规定，组织开展心理援助工作。2019 年新型冠状肺炎病毒疫情肆虐全球，疫情下公众可能出现的紧张、害怕、焦虑，甚至恐慌等情绪及心理问题。对此，政府相关部门在发布众多版本的疫情防控方案中均结合舆情监测公众关心的心理问题，有针对性地制定心理干预措施，帮助公众更好地了解自己的心理健康状态，进行自我心理调适，维护心理健康，同时也可供各级专业机构开展疫情防控心理健康教育工作指引。对受到疫情冲击较大的地区和人群，政府机构还组织心理专家提供心理咨询和干预服务，引导帮助民众重建有益的社会支持系统和健康生活方式，对经历特定事件的创伤后应激障碍高危人群进行适时的评估，发现问题及时提供专业干预。

（二）关注服刑人员的心理健康

监狱、看守所、拘留所、强制隔离戒毒等场所，应当对服刑人员，被依法拘留、逮捕、强制隔离戒毒的人员等，开展精神卫生知识宣传，关注其心理健康状况，必要时提供心理咨询和心理辅导。《监狱服刑人员行为规范》第20条规定："接受心理健康教育，配合心理测试，养成健康心理。"《社区矫正法》第40条第1款规定："社区矫正机构可以通过公开择优购买社区矫正社会工作服务或者其他社会服务，为社区矫正对象在教育、心理辅导、职业技能培训、社会关系改善等方面提供必要的帮扶。"《社区矫正法实施办法》第43条第3款规定："社区矫正机构、司法所……根据社区矫正对象的心理健康状况，对其开展心理健康教育、实施心理辅导。"《戒毒条例》第39条规定："负责社区康复工作的人员应当为社区康复人员提供必要的心理治疗和辅导、职业技能培训、职业指导以及就学、就业、就医援助。"

［典型案例］　对未成年人犯罪惩罚注重心理疏导[1]

2015年6月，被告人李某通过网友介绍，独自一个人来到上海寻找工作。其间，李某无固定住所，曾日夜在网吧等处漂泊。10月20日，李某前往上海市娄山关路巴比馒头店内购买食品，乘袁某不备之机，窃得其放置于店内工作台下面的一只黑色单肩包，内有现金8400元。被告人李某因涉嫌盗窃罪被诉至上海市长宁区人民法院（以下简称法院）。经综合社会调查情况，法院了解被告人的家庭情况如下：李某犯罪时未满18周岁，初中毕业后曾在县某中学读书，后辍学；其父亲精神发育迟滞（轻度），无正当职业，2015年因犯盗窃罪被判处有期徒刑8个月，现在服刑中；其母亲多年前离家出走至今未归；其与妹妹自幼与祖父母生活在一起，家庭没有稳定收入，生活靠祖父母务农收入维持，经济特别困难；李某平时在村里和学校遵纪守法，与他人和睦相处，表现良好。综上，法院认为：由于家庭缺失，父母对李某疏于管教，致其脱离监护；李某因文化程度较低，法治意识薄弱，一时糊涂犯罪，且事

---

[1]　参见"上海市长宁区人民检察院诉李某某盗窃案"，载《中华人民共和国最高人民法院公报》2016年第8期。

发后李某对自己的错误行为有所认识，在监所期间认罪悔过，表现较好；决定对李某适用缓刑，实施社区矫治，由其伯父做好帮教工作。

【案例评析】未成年人犯罪案件的审理方式与成年人犯罪案件不同，应根据实际情况适用刑事诉讼法中"未成年刑事案件诉讼程序"规定，结合心理疏导、法律援助等方式，对犯罪的未成年人进行教育、感化和挽救，做到教育为主，惩罚为辅。本案中李某因过早离开家庭和学校，缺少家庭和学校教育，在不劳而获思想驱动下，最终走上盗窃的犯罪道路。考虑到被告人个人成长经历，法院在本案审理过程中采取一系列法律援助措施：通知李某伯父参加诉讼，并劝导其愿意承担李某的帮教工作；在向被告人送达起诉书副本时，组织心理咨询师对李某进行心理疏导；委托上海市阳光社区青少年事务中心长宁区工作站社工到庭参加诉讼；接受被告人所在地司法局的社会情况调查，并接受司法建议，对被告人实施社区矫治；指派法律援助中心的律师担任被告人的辩护人。法院最终作出了缓刑判决，是希望李某能吸取教训，进一步增强法治意识，争取早日回归社会，做一名遵纪守法、自食其力、有益社会的好公民。

（三）开展社区心理健康指导

村民委员会、居民委员会应当协助所在地人民政府及其有关部门开展社区心理健康指导、精神卫生知识宣传教育活动，创建有益于居民身心健康的社区环境。近年来，北京市建立起市、区、街道三级精神卫生防护体系，让居民们能够就近就便地得到咨询，通过心理健康和心理疾病科普工作给精神卫生工作注入活力。乡镇卫生院或者社区卫生服务机构应当为村民委员会、居民委员会开展社区心理健康指导、精神卫生知识宣传教育活动提供技术指导。例如北京市西城区安馨心理健康服务中心为抑郁症患者提供专家咨询服务，抑郁症患者的母亲通过专家解答学会了和孩子的沟通，也渐渐懂得跟孩子进行交流，尊重孩子、接纳孩子，正确面对抑郁症。

（四）督促精神障碍预防义务的履行情况

县级以上地方人民政府人力资源社会保障、教育、卫生、司法行政、公安等部门应当在各自职责范围内分别对用人单位、各级各类学校、医疗机构、监狱、看守所、拘留所、强制隔离戒毒所等场所，以及村民委员会、居民委员会等履行精神障碍预防义务的情况进行督促和指导。为此，监管部门应建立精神卫生工作督导制度，根据精神卫生工作规划和年度工作计划，制定年度督导计划和督导方案，定期组织开展工作督导，每年至少会同有关部门开展一次联合督导，具体形式如下：

1. 汇报座谈。听取被监管单位相关部门的工作汇报，双方就有关情况进行讨论，了解被监管地区工作情况及存在问题。

2. 查阅资料。包括检查各种管理或技术指导性文件、会议材料、工作记录、管理文档等资料，核实相关数据和填报内容，检查被监督单位实际工作程序及操作过程。

3. 现场检查。抽取精神卫生医疗机构、社区康复机构、学校、村民委员会、居民委员会、监狱、看守所、拘留所、强制隔离戒毒所等场所进行现场检查，实地了解精神障碍患者管理服务情况及存在问题。

4. 人员访谈。与患者、家属、被监管单位工作人员等进行访谈，访谈对象随机选定。

开展督导工作时，要遵照督导计划进行检查，坚持问题导向，查找工作中的薄弱环节，不流于形式，不走过场，发现问题及时提出整改建议和要求，被监管单位在规定时间内反馈整改情况。

二、非政府组织机构的心理健康促进责任

（一）用人单位关注职工的心理健康

《健康中国行动（2019-2030年）》提出，实施职业健康保护行动，强化政府监管职责，督促用人单位落实主体责任，提升职业健康工作水平，有效预防和控制职业病危害，切实保障劳动者职业健康权益，对维护全体劳动者身体健康、促进经济社会持续健康发展至关重要。随着生活节奏加快和工作产生的压力以及其他综合因素的影响，心理健康疾病成为影响职工健康的重要因素。用人单位应当创造有益于职工身心健康的工作环境，关注职工的心理健康。具体而言，用人单位应当逐步提高职工工资收入、改善福利待遇、优化工作环境，畅通沟通渠道，及时高效地调解职工与用人单位、职工内部的矛盾纠纷，构建和谐劳动关系，缓解职工心理压力；加强技能培训，畅通职工上升通道，缓解职工职业发展焦虑，增强信心，为职工心理健康创造良好氛围。对处于职业发展特定时期或者特殊岗位工作的职工，应当有针对性开展心理健康教育。

（二）学校关注青少年的心理健康

婴儿期、儿童期和青少年期是精神卫生的脆弱期和机遇期。养育、照顾和支持性学习环境可以极大地保护未来的精神卫生，而不好的童年经历会增强患精神疾病的风险。开设校内心理健康教育课程是最为有效的预防措施。各级各类学校应当对学生进行精神卫生知识教育。配备或者聘请心理健康教育教师、辅导人员，并可以设立心理健康辅导室，对学生进行心理健康教育。2021 年北京市教委发布《关于加强中小学生心理健康管理工作的通知》，明确指出中小学每校至少配备一名专职心理健康教育教师；各区每年面向小学高年级、初中、高中开展一次心理健康测评。

学校应针对不同学生群体或重要事件时间节点，针对性加强心理健康教育。如学前教育机构应当对幼儿开展符合其特点的心理健康教育。发生自然灾害、意外伤害、公共安全事件等可能影响学生心理健康的事件，学校应当及时组织专业人员对学生进行心理援助。地方各级人民政府教育行政部门和学校应当重视教师心理健康。教师应当学习和了解相关的精神卫生知识，关注学生心理健康状况，正确引导、激励学生，通过心理健康教育活动课、班团队会、团体辅导、心理训练、专题教育活动、专题讲座等形式开展心理健康教育。学校和教师还应当与学生父母或者其他监护人、近亲属沟通学生心理健康情况。

［典型案例］　学校是否应对学生自杀身亡的后果承担赔偿责任[1]

原告李某某、宋某某之子李某系被告湟川中学高二（6）班学生。2005年 11 月 8 日，李某在参加湟川中学组织的政治课考试中，因夹带纸条被监考老师以作弊处理，随后监考老师将纸条交校政教处。次日上午，湟川中学政教处依照《青海湟川中学关于考试纪律的规定》给予李某记过处分，并张榜公布。同日下午李某未到校参加考试，并于当晚 7 时许在家中自缢身亡。原告李某某、宋某某认为，湟川中学的错误处理决定给李某造成了巨大的精神压力和严重的心理伤害，并导致李某自杀身亡，请求判令湟川中学赔偿死亡赔偿金、精神损失费等。一审法院判决驳回原告的诉讼请求，原告不服提起

---

〔1〕参见"李建青、宋宝宁诉青海湟川中学人身损害赔偿纠纷案"，载《中华人民共和国最高人民法院公报》2009 年第 4 期。

上诉。二审法院经审理认为：湟川中学仅仅为了追求惩戒的时效性，没有充分考虑李某的心理承受能力，且没有按照规定将处分决定及时通知李某的家长，使得熟悉、了解李某个人情况的家长没有机会针对李某性格中存在的问题及时进行引导和教育，丧失了避免本案悲剧发生的可能，故湟川中学违反工作程序的处分行为与李某的死亡具有一定的因果关系。根据教育部制定的《学生伤害事故处理办法》第9条规定，二审法院判决湟川中学承担20%的赔偿责任。

【案例评析】中小学生系未成年人，其心理发育并未成熟，对于外界刺激的承受能力有限，学生之间的个体差异也比较大。学校作为教育机构，在处分学生时应当充分考虑学生的心理承受能力，在处分的同时做好教育、疏导工作。从根本上讲，对学生的处分也是教育手段，而不是简单的惩罚。只有在充分考虑受处分学生的心理素质，针对其实际情况进行教育、疏导的基础上，处分手段才能真正发挥教育作用，才能避免可能发生的悲剧。如果学校在处分过程中，仅仅为了追求惩戒的时效性，没有充分考虑学生的心理承受能力，且没有按照规定及时与家长进行沟通，使得家长没有机会对学生进行有针对性的引导和教育，学校则对造成学生发生伤害事故具有过错，应当认定学校的违规行为与学生的伤害事故具有一定的因果关系，学校应当承担与其过错相应的赔偿责任。

（三）医疗机构的精神障碍诊疗服务

医疗机构开展疾病诊疗服务，应当按照诊断标准和治疗规范的要求，对就诊者进行心理健康指导，发现就诊者可能患有精神障碍的，应当建议其到符合《精神卫生法》规定的医疗机构就诊。我国开展精神疾病诊疗服务的医疗机构主要是精神卫生医疗机构和基层医疗卫生机构，前者主要是精神专科医院、有精神专科特长的综合医院，后者包括乡镇卫生院、社区卫生服务中心和村卫生室、社区卫生服务站，分别承担下列职责。

1. 精神卫生医疗机构职责。提供各类精神障碍的诊断、治疗、联络会诊等诊疗服务；及时向上级精神卫生医疗机构转诊疑难重症和病情不稳定患者；对符合出院条件的患者及时办理出院并将患者信息转回社区；对基层医疗卫生机构开展对口帮扶，提供随访技术指导；在精神卫生健康教育中提供专业技术支持。

2. 基层医疗卫生机构职责。登记严重精神障碍患者信息并建立居民健康档案，对患者进行随访管理、分类干预、健康体检等；配合政法、公安部门开展严重精神障碍疑似患者筛查，将筛查结果报告县级精神卫生防治技术管理机构；接受精神卫生医疗机构技术指导，及时转诊病情不稳定患者；组织开展辖区精神卫生健康教育、政策宣传活动。

（四）家庭提高精神障碍预防意识

家庭成员之间应当相互关爱，创造良好、和睦的家庭环境，提高精神障碍预防意识。发现家庭成员可能患有精神障碍的，应当帮助其及时就诊，照顾其生活，做好看护管理。

1. 家庭日常护理。患者和家属应了解所患精神障碍的名称、主要症状、复发先兆识别和应对；督促患者服药，了解所服药物名称、剂量、常见不良反应以及应对；进行体重管理，镇静催眠药物合理使用等。

2. 意外事件预防。家属尽早发现患者自伤、自杀和危害公共安全及他人安全的企图，及时与社区、民警、村（居）民委员会成员等联系；防止精神发育迟滞伴发精神障碍者走失、自伤、被拐骗和受到性侵害；防止癫痫所致精神障碍者癫痫发作时受伤致残。

3. 及时求助。发生各类应急事件时，患者和家属应向社区康复机构或其他救治救助机构寻求医疗或生活救助；在患者病情变化或遇到困难时及时向救治救助机构求助。

（五）新闻媒体宣传精神卫生知识

国家鼓励和支持新闻媒体、社会组织开展精神卫生的公益性宣传，普及精神卫生知识，引导公众关注心理健康，预防精神障碍的发生。医疗卫生机构、健康教育机构、媒体、其他有关部门及社会资源，充分利用传统媒体和各种新媒体，如广播、电视、书刊、影视、动漫、公益广告、网站、微信、微博、手机客户端等，开展多种形式的精神卫生宣传活动。普及《精神卫生法》和精神卫生相关政策，增进公众对心理健康及精神卫生服务的了解；宣传心理健康和心理保健知识，提高自我心理调适能力。通过开展多种形式的科普宣传和健康教育，提高大众尤其是重点人群对精神卫生、心理健康的重视程度，对精神障碍的识别能力和就医意识，普及"精神障碍可防可治"的知识与理念，营造接纳、理解和关爱精神障碍患者的社会氛围。

三、心理咨询

心理健康咨询是预防精神障碍的重要环节。《精神卫生法》规定，心理咨询人员应当提供业务素质，遵守执业规范，为社会公众提供专业化的心理咨询服务。

(一) 心理咨询概述

心理咨询，是指运用心理学的方法对心理适应方面出现问题并企求解决问题的求询者提供心理援助的过程。心理咨询的对象是精神状态基本健康但心理上存在冲突的亚健康者，目的是防止心理问题演变为精神障碍。在心理咨询中，发现接受咨询的人员可能患有精神障碍的，应当建议其到符合规定的医疗机构就诊。心理咨询可以分为广义和狭义，广义的心理咨询包括心理咨询和心理治疗，还有心理检查、心理测验等；狭义的心理咨询不包括心理治疗和心理检查、心理测验，仅指咨访双方通过面谈、书信、网络和电话等手段提供的心理咨询。

(二) 区分心理治疗与心理咨询

心理咨询和心理治疗具有下列不同特点，决定其在法律规制过程中需要区别对待，对二者的权利义务进行不同的规定。

1. 适用对象不同。心理咨询是为了帮助存在心理亚健康状态的求助者发现问题，依靠挖掘求助者自身的潜能来解除心理困扰的活动。心理治疗，是指借助心理学、非药物的技术和方法改变患者的心理状态来达到治疗精神障碍的目的。据此可知，心理咨询的对象是精神状态基本健康但心理上存在冲突的亚健康者；临床上，心理治疗的最常见对象是神经症等强度精神障碍患者，也包括需配合药物治疗进行心理治疗的严重精神障碍患者。

2. 行为属性不同。心理咨询是一种磋商行为，求助者与心理咨询师之间会形成一种服务合同关系。心理治疗属于医疗行为，从事精神障碍诊断、治理的专科医疗机构应当配备从事心理治疗的人员，心理治疗活动应当在医疗机构内开展。

3. 执业人员不同。心理咨询人员不得从事心理治疗或精神障碍的诊断、治疗。目前从事心理治疗的人员主要有两类：一是开展临床心理诊疗的精神科医师，有精神障碍的诊断权、心理治疗权、药物处方权；二是专门的心理治疗师，属于卫生技术人员，只有精神障碍的心理诊断、心理治疗权，无药物处方权。

（三）心理咨询人员的法律责任

心理咨询人员应当提高业务素质，遵守执业规范，为社会公众提供专业化的心理咨询服务。心理咨询人员应当尊重接受咨询人员的隐私，并为其保守秘密。心理咨询人员、专门从事心理治疗的人员在心理咨询、心理治疗活动中造成他人人身、财产或者其他损害的，依法承担民事责任。

四、精神卫生监测与精神障碍发病报告制度

国务院卫生行政部门建立精神卫生监测网络，实行严重精神障碍发病报告制度，组织开展精神障碍发生状况、发展趋势等的监测和专题调查工作。

（一）报告制度

1. 责任报告主体。具有精神障碍诊疗资质的医疗机构是严重精神障碍发病报告的责任报告单位；精神科执业医师是严重精神障碍发病报告的责任报告人。责任报告单位应当指定相应科室承担本单位的严重精神障碍确诊病例的信息报告工作，相应科室应当指定专人负责信息录入或报送。

2. 报告情形。医疗机构应当对已经发生危害他人安全的行为或者有危害他人安全的危险的，并经诊断结论、病情评估表明为严重精神障碍的患者，进行严重精神障碍发病报告。严重精神障碍是指精神分裂症、分裂情感性障碍、持久的妄想性障碍（偏执性精神病）、双相（情感）障碍、癫痫所致精神障碍、精神发育迟滞伴发精神障碍等六种重性精神疾病。

3. 报告程序。国家建立重性精神疾病信息管理系统。责任报告单位在严重精神障碍患者确诊后 10 个工作日内将相关信息录入信息系统；经再次诊断或者鉴定不能确定就诊者为严重精神障碍患者的，应当在下月 10 日前通过信息系统进行修正；严重精神障碍患者出院的，责任报告单位应当在患者出院后 10 个工作日内将出院信息录入信息系统。

（二）信息通报制度

国务院卫生行政部门应当会同有关部门、组织，建立精神卫生工作信息共享机制，实现信息互联互通、交流共享。区、县精神疾病预防控制机构应当对重性精神疾病患者建立档案，并将重性精神疾病患者信息通报社区卫生服务机构和街道办事处、乡镇人民政府。街道办事处、乡镇人民政府应当及时了解本辖区重性精神疾病患者的情况，并与精神疾病预防控制机构建立患

者信息沟通机制。此外，省、市两级建立卫生部门与公安部门之间的重性精神疾病信息定期交换与共享机制。

（三）定期访视制度

区、县精神疾病预防控制机构和社区卫生服务机构应当定期访视重性精神疾病患者。在严重精神障碍患者出院后 15 个工作日内，将患者出院信息通知患者所在地基层医疗卫生机构。基层医疗卫生机构应当为患者建立健康档案，按照精神卫生法和国家基本公共卫生服务规范要求，对患者进行定期随访，指导患者服药和开展康复训练。居民委员会、村民委员会应当协助进行定期访视，并根据精神疾病患者的病情需要，协助其进行治疗。

（四）法律责任

各级卫生行政部门、精神疾病预防控制机构、严重精神障碍责任报告单位、医疗卫生机构应当严格保管严重精神障碍患者信息，除法律规定的情形外，不得向其他机构和个人透露。各级卫生行政部门应当定期对本机构内部严重精神障碍发病报告工作进行自查，对本地区严重精神障碍发病报告管理工作实行监督管理。

第三节　精神障碍诊断与司法鉴定

精神障碍是一种精神疾病，这一疾病在法律实践中会产生诸多问题，如民事行为能力、监护能力、刑事责任能力、被害人自我防卫能力、受审能力、作证能力、服刑能力等认定。因此，精神障碍的有无以及严重程度的判断既是医学问题，也是法律问题，随之产生医学诊断与司法鉴定两种判定精神疾病并立的现状。精神障碍的诊断是运用医学知识，评估被诊断人的患病状态，以明确是否需要采取住院治疗等医学措施。精神障碍的司法鉴定，是运用司法精神病学的理论和方法，对涉及与法律实践有关的精神状态、法定能力、精神损伤程度、智能障碍等问题进行鉴定，客观评价被鉴定人法律资格与行为能力的司法活动。二者在实施主体、标准、目的与法律效果方面均存在明显区别。

一、精神障碍的诊断

（一）诊断机构

精神障碍的诊断应当在具备法定条件的医疗机构进行。《精神卫生法》规定，开展精神障碍诊断的医疗机构应具备下列条件：（1）有与从事的精神障碍诊断、治疗相适应的精神执业医师、护士；（2）有满足开展精神障碍诊断、治疗需要的设施和设备；（3）有完善的精神障碍诊断、治疗管理制度和质量监控制度。

医疗机构依法从事精神障碍诊断的，应当在医疗机构执业许可证上注明。综合性医疗机构可以按照国务院卫生行政部门的规定开设精神科门诊或者心理治疗门诊。

不符合规定条件的医疗机构擅自从事精神障碍诊断治疗的，由县级以上人民政府卫生行政部门责令停止相关诊疗活动，给予警告，并处 5000 元以上 1 万元以下罚款，有违法所得的，没收违法所得；对直接负责的主管人员和其他直接责任人员依法给予或者责令给予降低岗位等级或者撤职、开除的处分；对有关医务人员，吊销其执业证书。

（二）诊断标准与规范

1. 诊断标准。精神障碍的诊断应当以精神健康状况为依据。我国精神障碍疾病诊断标准目前采用的是《中国精神障碍分类与诊断标准第 3 版（CCMD-3）》。

2. 诊断规范。医疗机构依法开展精神障碍诊断治疗应当遵守以下要求：（1）医疗机构接到送诊的疑似精神障碍患者，不得拒绝为其作出诊断；（2）精神障碍的诊断应当由精神科执业医师作出；（3）个人可自行到医疗机构进行精神障碍诊断，不得违背本人意志进行确定其是否患有精神障碍的医学检查；（4）疑似精神障碍患者的近亲属可以将其送往医疗机构进行精神障碍诊断。对查找不到近亲属的流浪乞讨疑似精神障碍患者，由当地民政等有关部门按照职责分工，帮助送往医疗机构进行精神障碍诊断；（5）疑似精神障碍患者发生伤害自身、危害他人安全的行为，或者有伤害自身、危害他人安全的危险的，其近亲属、所在单位、当地公安机关应当立即采取措施予以制止，并将其送往医疗机构进行精神障碍诊断。

（三）诊断异议

患者或者其监护人对需要住院治疗的诊断结论有异议，可以要求再次诊断和鉴定。

1. 再次诊断。自收到诊断结论之日起 3 日内，患者或者其监护人可以向原医疗机构或者其他具有合法资质的医疗机构提出。承担再次诊断的医疗机构应当在接到再次诊断要求后指派 2 名初次诊断医师以外的精神科执业医师进行再次诊断，并及时出具再次诊断结论。

2. 医学鉴定。对再次诊断结论有异议的，可以自主委托依法取得执业资质的鉴定机构进行精神障碍医学鉴定。接受委托的鉴定机构应当指定本机构具有该鉴定事项执业资格的 2 名以上鉴定人共同进行鉴定，并及时出具鉴定报告。承担再次诊断的执业医师、接受委托的鉴定人应当到收治患者的医疗机构面见、询问患者，该医疗机构应当予以配合。

3. 诊断效果。再次诊断结论或者鉴定报告表明，不能确定就诊者为严重精神障碍患者，或者患者不需要住院治疗的，医疗机构不得对其实施住院治疗。再次诊断结论或者鉴定报告表明，精神障碍患者有危害他人安全的行为或者危险的，其监护人应当同意对患者实施住院治疗。监护人阻碍实施住院治疗或者患者擅自脱离住院治疗的，可以由公安机关协助医疗机构采取措施对患者实施住院治疗。在相关机构出具再次诊断结论、鉴定报告前，收治精神障碍患者的医疗机构应当按照诊疗规范的要求对患者实施住院治疗。

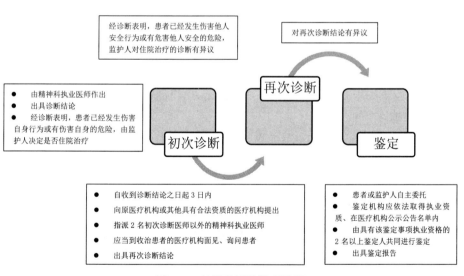

图 6-1：精神障碍的诊断流程

二、精神障碍的司法鉴定

（一）司法鉴定主体

精神障碍的司法鉴定必须在精神疾病司法鉴定指定医院，由专门从事司法鉴定业务的鉴定人进行。

1. 司法鉴定机构。《精神疾病司法鉴定管理办法》规定，精神疾病司法鉴定指定医院应当符合下列条件：（1）符合《医疗机构管理条例》及《医疗机构管理条例实施细则》的有关规定。（2）具有"司法精神病"专业诊疗科目。省、自治区、直辖市人民政府卫生行政部门核准开设司法精神病专业诊疗科目的具体条件为：二级以上精神病专科医院或者设有精神科的三级综合医院；设有司法精神病鉴定室、办公室、检查室、病案室等；有不少于 3 名精神疾病司法鉴定人；至少有 1 名具有精神科主任医师职务任职资格的精神疾病司法鉴定人。（3）省、自治区、直辖市人民政府卫生行政部门规定的其他条件。

除上述条件之外，我国对从事法医类司法鉴定业务的鉴定机构实行登记管理制度，具体办法按照司法部制定的《司法鉴定机构登记管理办法》第 14 条规定执行。符合条件的医疗机构可以向省级人民政府卫生行政部门申请，经卫生行政部门和司法行政部门审核，报省级人民政府批准，取得国务院卫生行政部门统一印制的《精神疾病司法鉴定许可证》，方可从事精神疾病司法鉴定。

2. 司法鉴定人。司法鉴定人是指运用科学技术或者专门知识对诉讼涉及的专门性问题进行鉴别和判断并提出鉴定意见的人员。根据《精神疾病司法鉴定管理办法》的规定，精神疾病司法鉴定人须具备下列条件之一：（1）取得国家高等医学院校精神卫生专业或者医疗专业本科以上学历，具有精神科执业医师资格，在精神病专科医院或者综合医院精神科连续从事精神病临床工作 5 年以上，在精神病专科医院或者综合医院精神科再连续参与精神疾病司法鉴定工作 5 年以上，并取得精神科副主任医师以上职务任职资格；（2）取得国家高等医学院校精神卫生专业或者医疗专业专科学历，具有精神科执业医师资格，在精神病专科医院或者综合医院精神病科连续从事精神病临床工作 7 年以上，在精神病专科医院或者综合医院精神科再连续参与精神疾病司法鉴定工作 5 年以上，并取得精神科副主任医师以上职务任职资格。

我国对从事法医类司法鉴定业务的鉴定人实行登记管理制度。具备上述条件之一的人员可以向省、自治区、直辖市人民政府卫生行政部门申请，经卫生行政部门和司法行政部门审核，报省级人民政府批准后，颁发国务院卫生行政部门统一印制的精神疾病司法鉴定人资格证。

（二）司法鉴定程序

1. 法律法规。目前针对精神疾病司法鉴定的法律规定主要有最高人民法院、最高人民检察院、公安部、司法部和原卫生部联合发布的《精神疾病司法鉴定暂行规定》（1989 年 8 月 1 日起施行），原卫生部发布的《精神疾病司法鉴定管理办法》，《刑事诉讼法》及相关解释中的部分内容。

2. 司法鉴定程序。（1）申请。公安机关、检察机关、审判机关、监狱管理机关和其他办案机关以及其他单位和个人，需要进行精神疾病司法鉴定的，向所在地省级精神疾病司法鉴定委员会提出委托或者申请。委托或者申请精神疾病司法鉴定，应当提交精神疾病司法鉴定委托书或者申请书，并提交被鉴定人及其家庭资料、案件情况、社会资料、疾病情况和病历资料、知情人对被鉴定人精神状态的证言、精神疾病司法鉴定委员会要求提交的其他材料。办案机关委托鉴定的，除提交上述规定的材料外，还应当提交被鉴定人案件卷宗材料。（2）受理。精神疾病司法鉴定委员会在受理鉴定委托或者申请后，应当在 3 个工作日内向委托机关或者申请人出具《精神疾病司法鉴定受理通知书》。如委托机关或者申请单位不具备法人资格或者申请人不具备完全民事行为能力；或不能按照规定提交有关材料，或者提交的材料不符合要求；或未交纳鉴定费；或有省级人民政府精神疾病司法鉴定委员会规定的其他情形，不予受理司法鉴定委托或申请。（3）组成鉴定组。应由不少于 3 名鉴定人组成精神疾病司法鉴定组。参加鉴定的鉴定人应当直接鉴定并签署分析意见和鉴定书，对于缺席鉴定或未经亲自诊查、审阅案卷和病历资料，不得签署鉴定书。鉴定意见依据多数人意见形成，有不同意见时，应当记录在案。（4）出具鉴定意见。精神疾病司法鉴定组应当于 30 个工作日内完成鉴定意见，出具《精神疾病司法鉴定书》。鉴定书应当包括以下内容：被鉴定人的基本情况、委托单位或申请人、鉴定种类、鉴定时间、鉴定机构、鉴定参加人、鉴定案由、调查和有关证据材料、检查所见、分析意见、鉴定结论、鉴定人签名及指定医院指定公章、编号及签发日期。《精神疾病司法鉴定书》经所有参加鉴定的鉴定人签字，并加盖鉴定机构公章后生效。

第四节　精神障碍患者的权益保护

精神障碍患者的人格尊严、人身和财产安全受法律保护。我国《精神卫生法》对精神障碍患者的教育、劳动、医疗以及从国家和社会获得物质帮助等合法权益均予以明确规定。在上述众多权益中，精神障碍患者的医疗权居于核心地位，是实现其他权益保护的基础，应予以重点关注。同时在医疗救治过程，精神障碍患者的行为能力、责任能力以及监护制度亦须给予法律保护。

一、知情同意权

知情同意权是患者的基本权利，对精神障碍患者而言，其知情同意权同样应当受到尊重和保护。与其他患者相较而言，精神障碍患者因行为能力限制，其行使知情同意权时往往容易受到侵害，需要法律予以特别保护。

（一）精神障碍患者知情同意权的内涵

1996 年在马德里和 1999 年在汉堡召开的世界精神病协会理事会确立了精神科医生的道德准则，对"知情同意"明确以下准则：（1）在治疗过程中患者应当被看作是合作伙伴，治疗者与患者的关系必须是在相互信任和尊重的基础上，让患者自由地和知情地作决定；精神科医生的责任就是为患者提供相关信息，使者能按照他们自己的价值和喜好来作出合理的决定。（2）当患者患精神病不能作出适当判断时，精神科医生与其家属商量，如有必要还应寻求法律咨询以维持患者的人格尊严和法律权利；不应施行任何违背患者意愿的治疗，除非不采取这种治疗会威胁到患者或周围人的生命；治疗必须始终符合患者的最佳利益。（3）需对某人进行评估时，精神科医生首先要向被评估者说明这一干预的目的、结果和用途及这一评估可能带来的影响。（4）参加遗传研究的人和他们的家属要获得充分的知情同意，与患者及其家属交流时要谨慎地说明，当前遗传知识是不完全的，可能被将来的结果修正；在计划生育或流产的遗传咨询方面提供充分的医学和精神病学信息，帮助患者作出他们自己认为最好的决定。《精神卫生法》第三章"精神障碍的诊断和治疗"中对精神障碍患者在诊断、收治、治疗、出院等阶段的知情同意权均作出了规定。

1. 诊断阶段知情同意权。《精神卫生法》第 27 条规定："精神障碍的诊断应当以精神健康状况为依据。除法律另有规定外，不得违背本人意志进行确定其是否患有精神障碍的医学检查。"强调对于精神障碍患者检查意愿的尊重，不得违背本人对于医学检查的同意权。

2. 住院阶段知情同意权。《精神卫生法》第 30 条规定，精神障碍的住院治疗实行自愿原则。第 31 条规定，经其监护人同意，医疗机构应当对患者实施住院治疗；监护人不同意的，医疗机构不得对患者实施住院治疗。可知，精神障碍患者及其监护人可行使住院治疗的否决权。

3. 治疗阶段知情同意权。《精神卫生法》第 37 条规定："医疗机构及其医务人员应当将精神障碍者在诊断、治疗过程中享有的权利，告知患者或者其监护人。"第 39 条规定："医疗机构及其医务人员应当遵循精神障碍诊断标准和治疗规范，制定治疗方案，并向精神障碍患者或者其监护人告知治疗方案和治疗方法、目的以及可能产生的后果。"强调治疗每个环节中精神障碍患者权利的保护，特别是患者本人及其监护人对相关治疗的知情权。

4. 出院阶段知情同意权。《精神卫生法》第 44 条规定，自愿住院治疗的精神障碍患者可以随时要求出院，医疗机构应当同意。强调自愿住院的精神障碍患者的出院自由，避免过度医疗的出现。

（二）精神障碍患者知情同意权的实施方式

1. 书面形式。《精神卫生法》第 43 条规定，医疗机构对精神障碍患者实施下列治疗措施，应当向患者告知医疗风险、替代医疗方案等情况，并取得患者的书面同意：（1）导致人体器官丧失功能的外科手术；（2）与精神障碍治疗有关的实验性临床医疗。无法取得患者意见的，应当取得其监护人的书面同意，并经本医疗机构伦理委员会批准。如实施第一项治疗措施，因情况紧急查找不到监护人的，应当取得本医疗机构负责人和伦理委员会批准。

2. 口头形式。除上述两种须采用书面形式之外，其他知情同意权的行使均可采用口头形式。（1）医疗机构及其医务人员应当遵循精神障碍诊断、治疗规范，制定治疗方案，并向精神障碍患者或其监护人告知治疗方案和治疗方法、目的以及可能产生的后果。（2）对于住院治疗的，医疗机构及其医务人员应当将精神障碍患者在治疗过程中享有的权利，告知患者或者其监护人。（3）医疗机构及其医务人员应当在病历资料中如实记录精神障碍患者的病情、治疗措施、用药情况、实施约束、隔离措施等内容，并如实告知患者或者其监护人。除可能对治疗产生不利影响的之外，患者及其监护人可以查阅、复制病历资料，病历资料保存期限不得少于 30 年。

（三）侵害精神障碍患者知情同意权的法律责任

《精神卫生法》第 75 条规定，医疗机构及其工作人员不得实施下列侵害知情同意权的行为：

1. 违反法律规定对精神障碍患者实施约束、隔离等保护性医疗措施。

2. 违反法律规定对精神障碍患者实施外科手术或者实验性临床医疗。

3. 违反法律规定，侵害精神障碍患者的通信和会见探访者等权利。

对于上述侵害精神障碍患者知情同意权的行为，应当依法追究医疗机构及其医务人员民事责任、行政责任、刑事责任。明确侵害知情同意权的法律责任，是为了保护精神障碍患者的知情同意权，并进行有效的监督。但上述责任规定仅停留在抽象而宽泛的原则性规定上，缺乏切实的可操作性。

二、非自愿医疗的规范化

（一）自愿医疗原则的例外规定

根据《精神卫生法》第 30 条规定，精神障碍患者住院治疗实行自愿原则。但对于诊断结论、病情评估表明，就诊者为严重精神障碍患者，并有下列情形之一的，应当对其实施强制住院治疗。

1. 已经发生伤害自身的行为，或者有伤害自身的危险的。在此情形下，必须经精神障碍患者的监护人同意，医疗机构才能对患者实施住院治疗。否则，医疗机构不得对患者实施住院治疗。监护人不同意住院治疗的，应当对在家居住的患者做好看护管理。如致使患者造成他人人身、财产损害的，或者患者有其他造成他人人身、财产损害情形的，其监护人依法承担民事责任。精神障碍患者实施住院治疗的，监护人可以随时要求患者出院，医疗机构应当同意。

2. 已经发生危害他人安全的行为，或者有危害他人安全的危险的。在此情形下，精神障碍患者实施住院治疗，医疗机构应当根据精神障碍患者病情，及时组织精神科执业医师进行检查评估。评估机构表明患者不需要继续住院治疗的，医疗机构应当立即告知患者及其监护人。医疗机构认为精神障碍患者不宜出院的，应当告知不宜出院的理由；患者或者监护人仍要求出院的，执业医师应当在病历资料中详细记录告知的过程，同时提出出院后的医学建议，患者或者其监护人应当签字确认。

（二）精神障碍患者的强制医疗程序

自愿医疗原则的适用有两种例外情形，一是针对有伤害自身的危险，以监护权为基础，重在保护被监护人的利益；二是针对有危害他人安全的危险，则是以警察权为基础，侧重公共利益的维护。针对精神障碍患者实施危害公共安全的违法行为，《刑事诉讼法》在第五编"特别程序"中设一章规定了"依法不负刑事责任的精神病人的强制医疗程序"，对司法实践中非自愿医疗予以规范化。

1. 强制医疗的适用对象。与自愿医疗例外规定不同的是，刑事司法活动中的强制医疗程序适用条件更侧重强调对社会公共安全的保护。因此，强制医疗的适用对象是实施暴力行为，危害公共安全或者严重危害公民人身安全，经法定程序鉴定依法不负刑事责任，但有继续危害社会可能的精神病人。

2. 强制医疗的实施主体。参与强制医疗程序的主体涉及公安机关、人民检察院、人民法院，依法分别履行各自职责。（1）公安机关负责执行。公安机关发现精神病人符合强制医疗条件的，应当写出强制医疗意见书，移送人民检察院；对实施暴力行为的精神病人决定强制医疗前，公安机关可以采取临时的保护性约束措施。（2）检察机关提出申请与监督。对于公安机关移送的或者在审查起诉过程中发现的精神病人符合强制医疗条件的，人民检察院应当向人民法院提出强制医疗的申请；对强制医疗的决定和执行实行监督。（3）法院决定。人民法院在审理案件过程中发现被告人符合强制医疗条件的，或者由人民检察院提出申请符合强制医疗条件的，可以作出强制医疗的决定。

3. 强制医疗程序规定。（1）合议庭审理。人民法院应当组成合议庭审理强制医疗的申请。在审理过程中，人民法院应当通知被申请人或者被告人的法定代理人到场；被申请人或者被告人没有委托诉讼代理人的，人民法院应当通知法律援助机构指派律师为其提供法律帮助。（2）作出决定。经审理，对于被申请人或者被告人符合强制医疗条件的，人民法院应当在 1 个月内作出强制医疗的决定。

（3）申请复议。被决定强制医疗的人、被害人及其法定代理人、近亲属对强制医疗决定不服的，可以向上一级人民法院申请复议。

（4）定期诊断评估与解除。强制医疗机构应当定期对被强制医疗的人进行诊断评估。对于已不具有人身危险性，不需要继续强制医疗的，应当及时提出解除意见，报决定强制医疗的人民法院批准。被强制医疗的人及其近亲属有权申请解除强制医疗。

〔典型案例〕 医疗机构对精神病患者有继续危害社会 可能性的评估具有法律效力吗？[1]

　　徐加富在 2007 年下半年开始出现精神异常，表现为凭空闻声，认为别人在议论他，有人要杀他，紧张害怕，夜晚不睡，随时携带刀自卫，外出躲避。因未接受治疗，病情加重。2012 年 11 月 18 日 4 时许，徐加富在其经常居住地听到有人开车来杀他，遂携带刀和榔头欲外出撞车自杀。其居住地的门卫张某得知其出去要撞车自杀，未给其开门。徐加富见被害人手持一部手机，便认为被害人要叫人来对其加害，当即用携带的刀刺杀被害人身体，用榔头击打其头部，致其当场死亡。经法医学鉴定，被害人系头部受到钝器打击，造成严重颅脑损伤死亡。12 月 10 日，徐加富被公安机关送往成都市第四人民医院住院治疗。随后成都精卫司法鉴定所接受成都市公安局武侯区分局的委托，对徐加富进行精神疾病及刑事责任能力鉴定，出具成精司鉴所（2012）病鉴字第 105 号鉴定意见书，载明：被鉴定人徐加富目前患有精神分裂症，幻觉妄想型；被鉴定人徐加富 2012 年 11 月 18 日 4 时作案时无刑事责任能力。成都市武侯区人民检察院遂申请对徐加富强制医疗。徐加富的诉讼代理人提出辩护意见，认为应由医疗机构对徐加富是否有继续危害社会的可能作出评估，本案没有医疗机构的评估报告，对徐加富的强制医疗的证据不充分。

　　【案例评析】在强制医疗中如何认定被申请人是否有继续危害社会的可能，需要根据以往被申请人的行为及本案的证据进行综合判断，而医疗机构对其评估也只是对其病情痊愈的评估，法律没有赋予医疗机构对患者是否有继续危害社会可能性方面的评估权利。本案中，徐加富实施了故意杀人的暴力行为后，经鉴定属于依法不负刑事责任的精神疾病患者。在徐加富的病症未能减轻并需继续治疗的情况下，如果不加约束治疗，其外出携带刀的行为具有继续危害社会的可能。四川省武侯区人民法院作出（2013）武侯刑强初字第 1 号强制医疗决定书载明对徐加富实施强制医疗。可知，审理强制医疗案件，对被申请人或者被告人是否"有继续危害社会可能"，应当综合被申请

------

〔1〕 最高人民法院指导案例 63 号。

人或者被告人所患精神病的种类、症状，案件审理时其病情是否已经好转，以及其家属或者监护人有无严加看管和自行送医治疗的意愿和能力等情况予以判定。必要时，可以委托相关机构或者专家进行评估。

（三）被精神病乱象治理

非自愿医疗是基于保障精神疾病患者健康利益和避免社会危害的目的，而采取的一项对精神障碍患者的人身自由予以一定限制并对其所患精神疾病进行治疗的特殊保安处分措施。从患者权利角度而言，该措施蕴含的警察权是一种危险的权力，因为任何个人均可能因为该权力而被剥夺自由自主权。法律必须对非自愿医疗中警察权的行使作出必要的更严格的限制，警惕精神障碍患者收治治疗被滥用。

1. 被精神病的实践表现。"该收治者不收治"与"不该收治者却被收治"反映了我国精神病收治混乱局面的两大问题。"该收治的不收治"主要问题在于家庭监护责任过重，社会救助严重不足、财政投入严重不足，导致本应该接受医疗救治的精神障碍患者无法住院治疗。而"不该收治的却被收治"，即所谓的"被精神病"则凸显的是法律制度上存在的问题。被精神病，是指本非精神障碍患者，却被强行送进精神病院，被当成精神障碍患者来治疗的错误收治行为。相比较而言，"不该收治被收治"比"该收治不收治"的问题更严重、更迫切，因为后者只是部分精神病患者的权利没得到保障，而前者则让每个公民的基本人权权利都受到了威胁。在实践中，因精神疾病强制收治治疗而常常发生形形色色的"被精神病"现象。例如徐武因不满原工作单位"同工不同酬"问题多次上访，被原单位强行送治进行精神病治疗长达 4 年；朱金红因与母亲发生房产纠纷，被母亲强行送到医院收治半年。上述案件具有的共性之处在于：当事人被送治之前有完整的社会功能，能够独立地工作和生活；送治人与被送治人有明显的利益冲突，隔离治疗使送治人获利；医疗机构能从中获取商业利益。因此，造成不该收治的个人可以被轻而易举地送进精神病院进行隔离治疗，出院时却遵循"谁送来，谁接走"的原则，住院期间没有启动任何纠错机制，投诉、申诉、起诉皆无门。一旦被收治，无论当事人怎样抗议，都没有第三方机构来处理异议。

［典型案例］　朱金红被精神病案

2010 年 3 月 8 日，朱金红被自己的母亲唐美兰带人将其绑到江苏省南通市第四人民医院接受住院治疗。然而，除了个人讲述，唐美兰几乎没有其他论据来证明女儿有病。根据媒体记者所掌握的线索，南通市第四人民医院并未出示过任何可以证明朱金红有病的有力证据。在一份入院诊断书上，一些诸如影像学、实验室检测、心理测评量表之类的硬性数据全部缺失，唯一的依据就是唐美兰提供的"4 年精神病史"。2010 年 9 月 12 日，南通市第四人民医院在接受某媒体采访时说，现在朱金红不能出院最大的障碍就是其母亲唐美兰不愿接女儿出院，导致朱金红只能继续在精神病院"接受治疗"。这样的"死结"，都源于一个"行规"，那就是只有监护人可以将精神病患者接出院。被送入医院的朱金红心急如焚，她在院中找机会向朋友、同学求救，她在医院的求救信引起社会关注。许多热心人士呼吁医院放人，有关部门就如何放人问题多次召开由人大、政法委、法院、妇联等部门参加的协调会。但这么多机构的努力，都输给了精神病院的行业规则："谁送来，谁接走。"就连其他人能否去医院探视朱金红，都"必须得到朱金红监护人的同意"。因此，医院坚持只要唐美兰不同意，其他任何人来都不能接朱金红出院，也无权探视。2010 年 9 月 14 日，迫于巨大的社会压力，医院向唐美兰发出律师函，要求她"履行监护人的职责和义务，尽快来为朱金红办理出院手续"。唐美兰拒收律师函。医院称将把律师函陆续投向朱金红的父亲、两个姐姐，并称如果亲属都拒绝履行职责，朱金红所在的街道办将成为她的"监护人"。正当大家都对朱金红短时间内出院不抱希望时，唐美兰突然同意接朱金红出院。14 日下午，朱金红出院。此后，朱金红被软禁在家中，护照、身份证、银行卡等重要证件都被唐美兰控制，一直到后来被网友救出。

2. 原因分析。被精神病的乱象暴露了我国精神病收治制度存在以下缺陷：（1）强制收治没有门槛，强制收治缺乏程序规范；（2）否认个人拒绝住院的权利，不经法定程序推定监护人；（3）出院遵循"谁送来、谁接走"的规则；（4）住院期间没有纠错机制，投诉、申诉、起诉皆无门，司法救济失灵；（5）精神损害赔偿数额非常低。造成上述制度缺陷的原因在于：（1）"医疗看护"制度完全没有防范错误和纠正错误的能力。绝大多数精神病人由家人负责看管和医疗，而且立法过度强化家庭责任，将"医疗看护"责任推到极致。当家人出于利益冲突将当事人送进精神病院时，当事人就丧失了话语权，成为任人宰割的对象。（2）我国精神病医学否认强制收治的法律属性，把

"限制人身自由的强制收治"看作"纯粹的医疗行为"，认为强制收治与人身自由无关，拒绝司法介入。（3）医疗实践中将部分强制收治当作自愿治疗。如果当事人拒绝住院，就把送治人的意愿看作是当事人本人的意愿，理论上把违背当事人意愿的"非自愿治疗"说成是"自愿治疗"；（4）精神障碍的认定用医学标准代替法律标准，将医学上的"自知力"作为判断当事人行为能力的标准，医生僭越法官的权力，给予当事人的近亲属或者送治人以"监护人"的地位。

3. 法律治理建议。党的二十大报告指出，完善社会治理体系，健全共建共治共享的社会治理制度，提升社会治理效能，畅通和规范群众诉求表达、利益协调、权益保障通道，建设人人有责、人人尽责、人人享有的社会的治理共同体。（1）贯彻落实精神障碍的医疗自愿原则。对非自愿治疗，特别是强制治疗作出具体的法律规定。审查送治主体与被送治人的利害关系。《精神卫生法》规定近亲属、所在单位、当地公安机关均可将精神障碍患者送往医疗机构进行精神障碍诊断。由于法定的送治主体比较宽泛，需审查其与被送治人的利害关系，防止因利益冲突、价值观冲突直接威胁被送治人的合法权益。区分"送治标准"与"收治标准"。送治标准可以是"疑似"精神障碍患者，但收治标准必须是"确诊"为精神障碍患者。而且收治标准不仅应采用医学标准，还应兼采法律标准，考虑对被送治人实施住院治疗是否有利于保护本人安全、他人安全以及社会公共安全。精神障碍不同于其他生理性疾病，其医学评断标准主观性强。"谁送来、谁接走"的出入院规则，实质赋予医疗机构及主治医生手握出院的决定权。在没有任何法律约束与限制情况下，很难保证医疗机构在经济利益诱惑下或公权力压迫下，作出公正决定。为保障精神障碍患者的自主决定权，应设置入院治疗后的纠错机制，允许精神障碍患者或其监护人对住院治疗的必要性与合法性提出异议。（2）赋予精神障碍患者诉权。将非自愿住院的情形纳入司法审查范围，即非自愿住院都应当获得司法授权。精神障碍患者对医院实行非自愿住院治疗有异议，可以在非自愿住院后一定时间内向法院提出申请，由人民法院作出是否准许的决定。精神科医生可以作为专家证人参加庭审。同时，应充分发挥卫生行政部门的监督功能，完善其处理投诉制度作为辅助监察机制，协助人民法院进行非自愿住院治疗的司法审查。为保障精神障碍患者充分行使诉讼权利，应允许其委托律师担任诉讼代理人，将精神障碍患者纳入法律援助范围。（3）保障精神障碍患者住院治疗期间的合法权益。在住院治疗期间，医疗机构应当配备适宜的设施、设备，保护就诊和住院治疗的精神障碍患者的人身安全，防止其受到伤害，并为住院患者创造尽可能接近正常生活的环境和条件。精神障碍患者在医疗机构内发生或者将要发生伤害自身、危害他人安全、扰乱医疗秩序的行为，医疗机构及其医务人员在没有其他可替代措施的情况下，可以实施约束、隔离等保护性医疗措施。实施保护性医疗措施应当遵循治疗规范，并在实施后告知患者的监护人。禁止利用约束、隔离等保护性医疗措施惩罚精神障碍患者。医疗机构不得强迫精神障碍患者从事生产劳动。

三、精神障碍患者的监护

精神障碍患者的认识、判断与控制能力均不完善，其治疗康复均离不开监护人的照顾看护，为保障其合法权益以及维护正常的社会秩序，法律设置监护制度完善其行为能力。

（一）精神障碍患者的行为能力

1. 民事行为能力。根据《民法典》第21~22条规定，不能完全辨认自己行为的成年人为限制民事行为能力人，实施民事法律行为由其法定代理人代理或者经其法定代理人同意、追认；不能辨认自己行为的成年人、未成年人为无民事行为能力人，由其法定代理人代理实施民事法律行为。可知，精神障碍患者实施民事法律行为的效果，与其精神健康状态有关。当精神障碍患者不能辨认或不能完全辨认自己行为，处于限制民事行为能力人或无民事行为能力人的法律地位，法律要求其法定代理人代理实施民事法律行为，保护其合法民事权益。

2. 行政行为能力。《治安管理处罚法》第13条规定："精神病人在不能辨认或者不能控制自己行为的时候违反治安管理的，不予处罚，但是应当责令其监护人严加看管和治疗。间歇性的精神病人在精神正常的时候违反治安管理的，应当给予处罚。"当精神障碍患者实施违反治安管理的行为，是否应当给予行政处罚完全取决于其精神健康状态。对不能辨认或者不能控制自己行为的精神障碍患者，不予行政处罚，而是给予医疗救治，彰显了对精神障碍患者人权的尊重与保障。

3. 刑事行为能力。《刑法》第18条规定："精神病人在不能辨认或者不能控制自己行为的时候造成危害结果，经法定程序鉴定确认的，不负刑事责任，但是应当责令他的家属或者监护人严加看管和医疗；在必要的时候，由政府强制医疗。间歇性的精神病人在精神正常的时候犯罪，应当负刑事责任。尚未完全丧失辨认或者控制自己行为能力的精神病人犯罪的，应当负刑事责任，但是可以从轻或者减轻处罚……"可知，精神障碍患者是否承担刑事责任以及刑罚轻重，均与其精神健康状态密切相关。根据精神障碍患者的精神健康状态，对其犯罪行为准确定罪量刑，既保护了精神障碍患者免受不必要的刑罚处罚，也能实现惩治犯罪、维护社会秩序的需要。

（二）精神障碍患者的监护制度

1. 监护人的确定。根据《民法典》规定，我国监护制度包括法定监护、意定监护、公职监护。针对精神障碍患者的监护而言，其监护人可以根据法律规定、遗嘱指定、协议确定、公职机构担任、意定协商等方式确定。（1）法定监护人。根据法律规定，一般情况下未成年精神障碍患者的监护人是父母；父母已经死亡或者没有监护能力的，由有监护能力的人按照顺序担任监护人。第一顺位的是祖父母、外祖母；第二顺位的是兄、姐；第三顺位的是其他愿意担任监护人的个人或组织，但是须经未成年人住所地的居民委员会、村民委员会或者民政部门同意。无民事行为能力或限制民事行为能力的成年精神障碍患者，由有监护能力的配偶，父母、子女，其他近亲属，其他愿意担任监护人的个人或者组织按顺序担任监护人。其他愿意担任监护人的个人或者组织须经精神障碍患者住所地的居民委员会、村民委员会或者民政部门同意。（2）遗嘱监护人。精神障碍患者的父母担任监护人的，可以通过遗嘱指定监护人。（3）协议监护人。依法具有监护资格的人之间可以协议确定精神障碍患者的监护人。（4）公职监护人。精神障碍患者没有符合监护资格的亲属好友，由民政部门或其住所地的居民委员会、村民委员会担任监护人。（5）意定监护。法律尊重被监护人的真实意愿，设置意定监护制度，允许精神障碍患者在其具有完全民事行为能力时与其近亲属、其他愿意担任监护人的个人或者组织事先协商，以书面形式确定在自己丧失或部分丧失民事行为能力时，由该监护人履行监护职责。

2. 监护人的监护职责。精神障碍患者的监护人应当履行监护职责，维护精神障碍患者的合法权益。禁止对精神障碍患者实施家庭暴力，禁止遗弃精神障碍患者。监护人应当妥善看护未住院治疗的精神障碍患者，按照医嘱督促其按时服药、接受随访或者治疗。村民委员会、居民委员会、患者所在单位等应当依患者或者其监护人的请求，对监护人看护患者提供必要的帮助。精神障碍患者的监护人应当协助患者进行生活自理能力和社会适应能力等方面的康复训练。

3. 监护人的变更。在作出有关精神障碍患者权益的决定时，监护人可以单方面自己作出决策，若有道德缺失的监护人出现，则很可能凌驾于患者之上，侵害患者的人身、人格、财产等一系列权利。为此法律规定了监护争议解决程序、撤销监护人资格与变更监护人制度。（1）监护争议解决程序。对监护人的确定有争议的，由精神障碍患者住所地的居民委员会、村民委员会或者民政部门指定监护人，有关当事人对指定不服的，可以向人民法院申请指定监护人；有关当事人也可以直接向人民法院申请指定监护人。（2）撤销监护人资格。针对监护人实施严重损害精神障碍患者身心健康的行为，怠于履行监护职责或者无法履行监护职责且拒绝将监护职责部分或全部委托给他人，导致被监护人处于危困状态，或者实施严重侵害精神障碍患者合法权益的其他行为，人民法院根据有关个人或组织的申请，撤销监护人资格。（3）变更监护人制度。撤销原监护人资格后，人民法院应当安排必要的临时监护措施，并按照最有利于精神障碍患者的原则依法指定监护人。监护人被指定后，不得擅自变更，擅自变更的，不免除被指定的监护人的责任。

第五节　精神卫生保障措施与法律责任

精神卫生工作实行的是全社会共同参与的综合管理机制，必须依靠政府投入大量卫生资源予以保障，社会各方主体积极参与配合。为使投入的卫生资源充分发挥效用，参与精神卫生工作的各方主体分工明确、配合协作，《精神卫生法》设专章规定了保障措施，并明确相关法律责任。

一、精神卫生的治理与保障

（一）我国精神卫生工作现状

1. 法律政策不断完善。《精神卫生法》已于 2013 年 5 月 1 日起实施。此外，《"健康中国 2030"规划纲要》《全国精神卫生工作规划（2015-2020年）》《关于加强心理健康服务的指导意见》《关于加快精神障碍社区康复服务发展的意见》《严重精神障碍管理治疗工作规范》《关于开展肇事肇祸等严重精神障碍患者救治救助工作的意见》《关于实施以奖代补政策 落实严重精神障碍患者监护责任的意见》等也陆续颁布。

2. 多部门共同参与形成良好协作局面。卫生健康、政法委、教育、公安、民政、医疗保障、残联等多部门加强了协作，现已基本形成部门协同合作的工作局面。2018 年底，全国各省级、地市级、县级已建立多部门精神卫生工作协调机制。

3. 精神卫生服务体系建立健全。"十二五"期间，不断加强省、市两级精神卫生专业机构建设，已初步形成省、市、县三级精神卫生医疗机构服务体系。通过推动综合医院普遍开设精神（心理）科、精神卫生医疗机构开设心理门诊、基层医疗卫生机构与精神卫生医疗机构合作，以及开展精神科医师规范化培训、学历教育培训等措施，精神卫生医疗机构和专业人员数量显著增加。

4. 财政投入不断增加。2014 年以来，国家对精神卫生事业的财政投入增加明显，截至 2018 年总经费为 342 067.1 万元，其中中央投入 47 217 万元，地方投入 294 850.1 万元。整合基本医保、大病保险、医疗救助、财政补助等救治救助政策，有效降低患者自付比例，扩大救治救助覆盖面。特别是将严重精神障碍纳入各项门诊保障治疗政策，减轻其经济负担。

（二）存在的主要问题

1. 精神卫生服务体系建设亟待加强。精神卫生服务资源总量仍不足且分布不均衡，主要分布于省会城市和东部发达地区，部分地市和区县无精神卫生医疗机构。县级专业机构发展严重滞后，房屋破旧，设施简陋，医师较少，慢性患者长期滞留等问题突出。市、县级精神专科医院开展常见精神障碍和心理健康服务能力严重不足。基层医疗机构精神疾病预防人员能力不足，多是兼职人员。

2. 严重精神障碍患者治疗率偏低。救治救助政策透明度不高，大多数患者和家属不知道相关政策。政策不落地，部分贫困患者吃不上药，吃不起药，长期规律服药率低。此外，患者和家属缺乏健康教育和用药指导，患者治疗依从性差，存在病耻感，监护人缺乏照料能力等问题显著。

3. 常见精神障碍和心理行为问题日益凸显。伴随着经济社会的快速转型，生活节奏明显加快，竞争压力加剧，引发广泛的心理不适，个体心理行为问题及其引发的社会问题日益凸显，成为社会热点。心理行为异常和常见精神障碍逐渐增多，个人极端情绪引发的恶性案件时有发生。

（三）落实保障措施

1. 制定实施精神卫生工作规划，加强基层精神卫生服务体系建设。以精神卫生监测和专题调查结果为依据，县级以上人民政府卫生行政部门会同有关部门依据国民经济和社会发展规划的要求，制定精神卫生工作规划并组织实施。建设和完善精神卫生服务体系，加强精神障碍预防、治疗和康复服务能力建设，因地制宜建立基层社区康复机构，鼓励和支持社会力量参与兴办精神障碍诊断、治疗的医疗机构和康复机构。重点关注贫困地区、边远地区的精神卫生工作建设，政府加大财政投入，保障城市社区、农村基层精神卫生工作所需经费。

2. 开展精神卫生工作监督检查。县级以上地方人民政府卫生行政部门应当定期对本行政区内从事精神障碍诊断、治疗的医疗机构进行检查。具体检查内容包括：（1）相关人员、设施、设备是否符合法律要求；（2）诊疗行为是否符合法律以及诊断标准、治疗规范的规定；（3）对精神障碍患者实施住院治疗的程序是否符合法律规定；（4）是否依法维护精神障碍患者的合法权益。县级以上地方人民政府卫生行政部门进行检查时应当听取精神障碍患者及其监护人的意见，发现存在违法行为的，应当立即制止或者责令改正，并依法作出处理。

3. 培育精神卫生人才，尊重精神卫生工作人员。医学院校应当加强精神医学教育和研究，培育精神医学专门人才，为精神卫生工作提供人才保障。卫生行政部门、医疗机构应当组织医务人员学习精神卫生知识和相关法律、法规、政策。加强对精神卫生工作人员的职业保护，其人格尊严、人身安全不受侵犯，依法履行职责受法律保护，因公致伤、致残、死亡的，享受工伤待遇以及国家抚恤政策。对在精神卫生工作中作出突出贡献的组织、个人，按照国家有关规定给予表彰、奖励。

4. 保障精神障碍患者的合法权益，关注严重精神障碍患者的健康权益。县级以上地方人民政府及其有关部门应当采取措施，给予精神障碍患者接受义务教育、参加力所能及的劳动、提供就业服务与扶持的保护。针对严重精神障碍患者，县级以上人民政府卫生行政部门应当组织医疗机构为严重精神障碍患者免费提供基本公共卫生服务；由基本医疗保险基金支付医疗费用，同时医疗保障部门应当优先给予医疗救助；对符合城乡最低生活保障条件的，民政部门应当及时将其纳入最低生活保障；对属于农村五保供养对象以及城市中无劳动能力、无生活来源且无赡养、抚养、扶养义务人的，民政部门应当按国家有关规定予以供养、救助。

二、精神卫生工作中的违法行为及其法律责任

（一）行政机关违法履行精神卫生工作职责的法律责任

县级以上人民政府卫生行政部门和其他有关部门违反《精神卫生法》规定履行精神卫生工作职责，或者滥用职权、玩忽职守、徇私舞弊的，由本级人民政府或者上一级人民政府有关部门责令改正，通报批评，对直接负责的主管人员和其他直接责任人员依法给予警告、记过或者记大过的处分；造成严重后果的，给予降级、撤职或者开除的处分。

（二）医疗机构违反诊疗规范的法律责任

医疗机构及其工作人员有下列行为之一的，由县级以上人民政府卫生行政部门责令改正；对直接负责的主管人员和其他直接责任人员依法给予或者责令给予降低岗位等级或者撤职的处分；对有关医务人员，暂停6个月以上1年以下执业活动；情节严重的，给予或者责令给予开除的处分，并吊销有关医务人员的执业证书。

1. 拒绝对送诊的疑似精神障碍患者作出诊断。

2. 对非自愿实施住院治疗的患者，未及时进行检查评估或者未根据评估结果作出处理。

3. 违反法律规定实施约束、隔离等保护性医疗措施。

4. 违反法律规定，强迫精神障碍患者劳动。

5. 违反法律规定对精神障碍患者实施外科手术或者实验性临床医疗。

6. 违反法律规定，侵害精神障碍患者的通信和会见探访者等权利。

7. 违反精神障碍诊断标准，将非精神障碍患者诊断为精神障碍患者。

（三）精神障碍患者及其监护人的法律责任

1. 精神障碍患者的法律责任。在精神障碍的诊断、治疗、鉴定过程中，精神障碍患者寻衅滋事，阻扰有关工作人员履行职责，扰乱医疗机构、鉴定机构工作秩序的，依法给予治安管理处罚。情节严重触犯刑法的，依照有关法律的规定处理。但精神障碍患者在不能辨认或者不能控制自己行为的时候造成危害结果，经法定程序鉴定确认的，不负刑事责任。对不负刑事责任的精神病人，应当责令他的家属或者监护人严加看管和医疗；在必要的时候，

由政府强制医疗。

2. 监护人的法律责任。监护人不得将非精神障碍患者故意作为精神障碍患者送入医疗机构治疗，遗弃、歧视、侮辱、虐待精神障碍患者，非法限制精神障碍患者人身自由，或医疗机构出具的诊断结论表明精神障碍患者应当住院治疗而其拒绝的。违反上述行为之一，致使患者人身、财产损害的，监护人依法承担民事责任。

（四）其他主体违反《精神卫生法》的法律责任

1. 心理咨询人员的法律责任。心理咨询人员从事心理治疗或者精神障碍的诊断、治疗的，由县级以上工商行政管理部门责令改正，给予警告，并处5000元以上1万元以下罚款，有违法所得的，没收违法所得；造成严重后果的，责令暂停6个月以上1年以下执业活动，直至吊销营业执照。在心理咨询活动中造成他人人身、财产或者其他损害的，依法承担民事责任。

2. 心理治疗人员的法律责任。心理治疗人员有下列情形之一的，由县级以上人民政府卫生行政部门责令改正，给予警告，并处5000元以上1万元以下罚款，有违法所得的，没收违法所得；造成严重后果的，责令暂停6个月以上1年以下执业活动，直至吊销执业证书：从事心理治疗的人员在医疗机构以外开展心理治疗活动的；专门从事心理治疗的人员从事精神障碍的诊断的；专门从事心理治疗的人员为精神障碍患者开具处方或者提供外科治疗的。在心理治疗活动中造成他人人身、财产或者其他损害的，依法承担民事责任。

3. 侵害精神障碍患者合法权益的法律责任。除依法履行职责需要公开的外，有关单位和个人不得泄露精神障碍患者的姓名、肖像、住址、工作单位、病历资料以及其他可能推断出其身份的信息，或侵害其他合法权益，给精神障碍患者或者其他公民造成人身、财产或者其他损害的，依法承担赔偿责任。对单位直接负责的主管人员和其他直接责任人员，还应当依法给予处分。

母婴保健法律制度

◆【本章知识结构图】

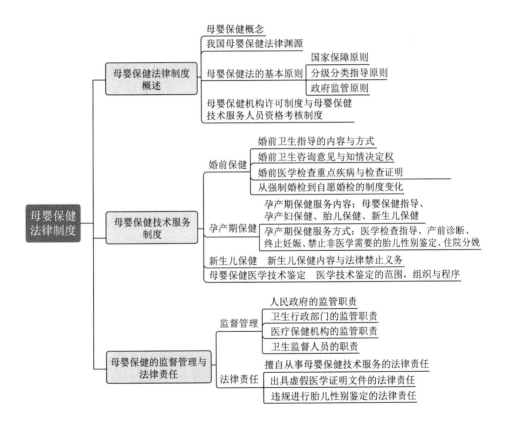

◆【引导案例】

2020 年 4 月 26 日，某市卫生监督执法人员依法对某医院的母婴保健技术服务活动进行现场检查，在该院病案室随机抽取 5 份孕期引产病历，其中 1 份病案号为 131758，姓名熊某，住院号 17110158，床号 23 号入院记录显示：病人熊某于 2017 年 11 月 4 日入院，主诉：停经 25+2 周，发现畸形 2 天；现病史显示：门诊以"胎儿畸形"（腹壁裂）；G1P0 25+2 周宫内孕单活胎收入我科。经立案调查查明，该院在未取得产前诊断执业许可情况下，根据未取得产前诊断执业许可的某县民营医院出具的彩色多普勒超声检查报告单（提示"腹壁裂"），其门诊接诊医师（手术医师）刘某违规对患者熊某作出"胎儿畸形"（腹壁裂）诊断，并实施利凡诺羊膜腔内注射引产术。以上事实有 2 份《现场笔录》、4 份《询问笔录》、患者熊某住院病案、住院费用清单、职工证明、该院关于完善医疗机构执业许可证等问题的整改报告以及某县民营医院有限责任公司门诊收费发票等证据为证。对此，市卫生监督执法机构对某医院下达了卫生监督意见书责令立即停止违法行为并限期整改；对于违规作出"胎儿畸形"诊断，并对实施引产手术的医师刘某给予警告的行政处罚；对某民营医院未取得产前诊断执业许可擅自从事产前诊断的行为进行另案处理。

思考：卫生行政部门对产前诊断技术进行监督执法的意义。

◆【基本原理】

第一节 母婴保健法律制度概述

母婴保健是直接关系到家庭稳定和社会稳定的问题，也能反映出一个国家公共卫生与健康治理的水平。我国一直十分重视对母婴权利的法律保障。《宪法》第 49 条第 1 款规定："婚姻、家庭、母亲和儿童受国家的保护。"我国第一部保护母婴健康权利的专门法律《中华人民共和国母婴保健法》于 1995 年 6 月 1 日起施行，其立法宗旨就是保护母亲和婴儿健康，提高出生人口素质。

一、母婴保健的概念

母婴保健，是为母亲和婴儿提供医疗保健服务，以保障母亲和婴儿健康、提高出生人口素质的一种活动。妇女儿童健康是人类持续发展的前提和基础，也是我们社会和谐、家庭幸福的基础。妇女儿童健康指标是国际上公认最基础的健康指标，也是衡量经济社会发展和人类发展的综合性指标。联合国千年发展目标中有关人均预期寿命的三项指标，分别是孕产妇死亡率的指标、婴儿死亡率指标、五岁以下儿童死亡率指标。

做好妇幼健康工作，对于提高出生人口素质，提升全民的健康水平，推动经济社会可持续发展，构建和谐社会，都具有十分重要的意义。我国母婴保健工作以保健为中心，以保障生殖健康为目的，实行保健和临床相结合，面向群体、面向基层和预防为主的方针。国家发展母婴保健事业，提供必要条件和物质帮助，使母亲和婴儿获得医疗保健服务。中国拥有世界上规模最大的妇女儿童的群体，多年来党中央和国务院高度重视妇女儿童的健康，以保护妇女儿童健康权益、提高妇女儿童健康水平为目标，以贯彻实施《母婴保健法》、《人口与计划生育法》和中国妇女儿童发展纲要为核心，逐步完善妇幼健康法律法规，不断健全妇幼健康服务体系，持续提高妇幼健康服务质量，着力解决妇女儿童健康突出问题，努力促进公平性和可及性，取得了举世瞩目的成就。根据全国妇幼健康监测，截止到 2021 年，全国孕产妇死亡率为 16.1/10 万，婴儿死亡率为 5.0‰，5 岁以下儿童死亡率为 7.1‰。[1]

二、我国母婴保健法的立法概况

母婴保健法是调整在提高母亲和婴儿健康、提高出生人口素质活动中产生的各种社会关系的法律规范的总和，具体包括《母婴保健法》及其配套实施的各种相关法规、规章和规范性法律文件。我国一直高度重视母婴保健工作，基本建立了符合国情的母婴保健法律制度，建立了一整套管理办法、规章、服务规范、技术标准和工作程序，开展了卓有成效的母婴保健服务，使我国母婴保健事业得到了较快的发展，人口素质不断提高。实践表明通过法律手段保障母婴保健工作有效开展，对于提高人口素质、促进家庭和谐幸福、振兴中华民族具有非常重要的意义。

为了保障母亲和婴儿健康、提高出生人口素质，1994 年 10 月 27 日，第八届全国人大常委会第十次会议通过了《母婴保健法》，该法自 1995 年 6 月 1日起施行。2009 年 8 月 27 日第十一届全国人大常委会第十次会议、2017 年

---

[1]　参见"2021 年我国卫生健康事业发展统计公报"，载 http://www.gov.cn/xinwen/2022－07/12/content_ 5700670.htm，最后访问日期：2022 年 9 月 24 日。

11 月 4 日第十二届全国人大常委会第三十次会议对《母婴保健法》分别进行修正。这是我国第一部保护妇女儿童健康的法律，是宪法对人民的健康和对妇女、儿童保护原则规定的具体化。它的颁布实施对于保障母婴健康权利意义重大。为更好地实施《母婴保健法》，2001 年 6 月 20 日国务院颁布了《母婴保健法实施办法》，并分别于 2017 年 11 月 17 日和 2022 年 3 月 29 日进行修订。该实施办法明确了我国母婴保健技术服务的范围主要包括以下事项：有关母婴保健的科普宣传、教育和咨询；婚前医学检查；产前诊断和遗传病诊断；助产技术；实施医学上需要的节育手术；新生儿疾病筛查；有关生育、节育、不育的其他生殖保健服务。

此外，国务院卫生行政部门先后颁布了一系列保障母婴权利的行政法规和部门规章，包括《产前诊断技术管理办法》（2002 年发布）、《新生儿疾病筛查管理办法》（2009 年发布）、《禁止非医学需要的胎儿性别鉴定和选择性别人工终止妊娠的规定》（2016 年发布）等规章和《婚前保健工作规范》《孕前保健服务工作规范（试行）》《孕产期保健工作管理办法》《孕产期保健工作规范》等规范性文件。

除了上述与母婴保健直接相关的规范性法律文件外，我国的《民法典》《劳动法》《妇女权益保障法》《未成年人保护法》等法律均对保护妇女儿童健康权益作出了专门的规定，全国大部分的省级地方人大皆颁布了母婴保健的地方性法规，同时国务院也先后出台了《中国妇女发展纲要（2021-2030年）》《中国儿童发展纲要（2021-2030 年）》等母婴保健保护政策。

三、母婴保健法的基本原则

（一）国家保障原则

《母婴保健法》第 2 条第 1 款规定："国家发展母婴保健事业，提供必要条件和物质帮助，使母亲和婴儿获得医疗保健服务。"母婴保健工作实行以保健为中心、以保障生殖健康为目的，实行保健和临床相结合，面向群体、面向基层和预防为主的方针。各级人民政府应当将母婴保健工作纳入本级国民经济和社会发展计划，为母婴保健事业的发展提供必要的经济、技术和物质条件，并对少数民族地区、贫困地区的母婴保健事业给予特殊支持。

（二）分级分类指导原则

母婴保健工作应根据不同地区的不同情况，实行分级分类指导的原则。

为此，《母婴保健法》第3条第1款规定："各级人民政府领导母婴保健工作。"各级政府可以针对本地区医疗保健机构和医疗机构的具体情况确定不同的服务内容和标准，保障农村母婴保健工作的顺利开展，充分发挥各级医疗保健机构的作用，将母婴保健事业纳入国民经济和社会发展计划。《母婴保健法》第4条第1款规定："国务院卫生行政部门主管全国母婴保健工作，根据不同地区情况提出分类指导原则，并对全国母婴保健工作实施监督管理。"国务院其他有关部门在各自职责范围内，配合卫生行政部门做好母婴保健工作。

（三）政府监管原则

母婴保健关乎人口素质和民族未来，各级政府应严格管理，保障相关工作的顺利开展。《母婴保健法》第29条规定："县级以上地方人民政府卫生行政部门管理本行政区域内的母婴保健工作。"县级以上地方人民政府卫生行政部门负责本行政区域内的母婴保健监督管理工作，履行下列监管职责：（1）依照《母婴保健法》和《母婴保健法实施办法》以及国务院卫生行政部门规定的条件和技术标准，对从事母婴保健工作的机构和人员实施许可，并核发相应的许可证书；（2）对《母婴保健法》和《母婴保健法实施办法》的执行情况进行监督检查；（3）对违反《母婴保健法》和《母婴保健法实施办法》的行为，依法给予行政处罚；（4）负责母婴保健工作监督管理的其他事项。各级人民政府具有监管母婴保健工作的职责，应当采取措施加强母婴保健工作，提高医疗保健服务水平，促进母婴保健事业的发展。

四、母婴保健机构与工作人员

（一）母婴保健机构

母婴保健机构，是指符合国务院卫生行政部门规定的开展母婴保健服务的条件与技术标准、依法取得县级以上卫生行政部门许可开展母婴保健服务的医疗机构。在我国，承担母婴保健工作的机构是医疗保健机构。医疗保健机构是指经卫生行政部门批准并登记注册的各级妇幼保健院和有关医疗机构。《母婴保健法》确立医疗保健机构许可制度。医疗机构取得母婴保健卫生行政许可后，应在医疗机构执业许可证上注明，依法开展母婴保健科普宣传、教育和咨询，婚前医学检查，产前诊断和遗传病诊断，助产技术，实施医学上需要的节育手术，新生儿疾病筛查以及其他生殖保健服务。省级卫生行政部门指定的医疗保健机构负责本行政区域内的母婴保健监测和技术指导。医疗保健机构按照国务院卫生行政部门的规定，负责其职责范围内的母婴保健工作，建立母婴医疗保健工作规范，提高医学技术水平，做好母婴保健服务工作。

《母婴保健法实施办法》对从事婚前医学检查的医疗保健机构资质作出了具体规定。从事婚前医学检查的医疗保健机构，由其所在地县级人民政府卫生行政部门进行审查，符合条件的，在其《医疗机构执业许可证》上注明。申请从事婚前医学检查的医疗保健机构应当具备以下条件：（1）分别设置专用的男、女婚前医学检查室，配备常规检查和专科检查设备；（2）设置婚前生殖健康宣传教育室；（3）具有符合条件的进行男、女婚前医学检查的执业医师。

（二）母婴保健工作人员

母婴保健工作人员是依法取得行政许可从事相应母婴保健工作的卫生专业技术人员。医疗保健机构应当根据其从事的母婴保健业务，配备相应的人员和医疗设备，对工作人员加强岗位业务培训和职业道德教育，并定期对其进行检查、考核。

《母婴保健法》第33条确立了母婴保健技术服务人员的资格考核制度。从事遗传病诊断、产前诊断的母婴保健工作人员，须经省、自治区、直辖市人民政府卫生行政部门许可；从事婚前医学检查、实施结扎手术和终止妊娠手术的母婴保健工作人员，须经县级以上地方人民政府卫生行政部门的考核，并取得相应的合格证书。从事母婴保健工作的执业医师应当依照母婴保健法的规定取得相应的资格。医师、助产人员和家庭接生人员应当严格遵守有关技术操作规范，认真填写各项记录，提高助产技术和服务质量。助产人员的管理，按照国务院卫生行政部门的规定执行。从事母婴保健工作人员应当严格遵守职业道德，为当事人保守秘密；除医学上确有需要的，严禁采用技术手段对胎儿进行性别鉴定。

[疑难案例] 未取得执业许可证是否可以开展终止妊娠手术？

某市卫生行政部门执法人员在某妇科医院进行检查时，发现手术室里有电动人工流产吸引器1台，妇科诊室有无痛人流门诊病历5本。但该医院未能提供《母婴保健技术服务执业许可证》，其妇科诊室医生陈亦某未能提供《母婴保健技术考核合格证》。后经调查取证，市卫生行政部门查明该医院有实施终止妊娠手术服务的收费记录。

【案例评析】本案涉及开展婚前医学检查、遗传病诊断、产前诊断以及施行结扎手术和终止妊娠手术的审批许可问题。《母婴保健法》第32条第1款规定，医疗保健机构依照本法规定开展婚前医学检查、遗传病诊断、产前诊断以及施行结扎手术和终止妊娠手术的，必须符合国务院卫生行政部门规定的条件和技术标准，并经县级以上地方人民政府卫生行政部门许可。在本案中该医院购买了电动人工流产吸引器，并进行了相应的终止妊娠手术，而该医院未能提供《母婴保健技术服务执业许可证》和《母婴保健技术考核合格证》，其行为已经违反了相关法律规定。根据《母婴保健法实施办法》第40条的规定，医疗、保健机构或者人员未取得母婴保健技术许可，擅自从事婚前医学检查、遗传病诊断、产前诊断、终止妊娠手术和医学技术鉴定或者出具有关医学证明的，由卫生行政部门给予警告，责令停止违法行为，没收违法所得；违法所得5000元以上的，并处违法所得3倍以上5倍以下的罚款；没有违法所得或者违法所得不足5000元的，并处5000元以上2万元以下的罚款。可以给予该院警告、没收违法所得并罚款的行政处罚。

第二节　母婴保健技术服务制度

母婴保健工作是一项技术性极强的工作，其主要涉及下列技术服务：有关母婴保健的科普宣传、教育和咨询；婚前医学检查；产前诊断和遗传病诊断；助产技术；实施医学上需要的节育手术；新生儿疾病筛查；有关生育、节育、不育的其他生殖保健服务。《母婴保健法》针对上述技术服务，规定了婚前保健制度、孕产期保健制度、新生儿保健制度和医学技术鉴定制度。

一、婚前保健

婚前保健是对准备结婚的男女双方，在结婚登记前所进行的婚前卫生指导、婚前卫生咨询和婚前医学检查。医疗保健机构应当为公民提供婚前保健服务，对准备结婚的男女双方提供与结婚和生育有关的生殖健康知识，并根据需要提出医学指导意见。

（一）婚前卫生指导

婚前卫生指导为公民提供性卫生知识、生育知识和遗传病知识的教育。

其主要内容包括：有关性卫生的保健和教育；新婚避孕知识及计划生育指导；受孕前的准备、环境和疾病对后代影响等孕前保健知识；遗传病的基本知识；影响婚育的有关疾病的基本知识；其他生殖健康知识。在我国，由省级妇幼保健机构提供婚前卫生指导服务，根据婚前卫生指导的内容，制定宣传教育材料。婚前保健机构通过多种方法系统地为服务对象进行婚前生殖健康教育，并向婚检对象提供婚前保健宣传资料。宣教时间不少于 40 分钟，并进行效果评估。

（二）婚前卫生咨询

婚前卫生咨询对公民有关婚配、生育保健等问题提供医学意见。医师进行婚前咨询时，应当为服务对象提供科学的信息，对可能产生的后果进行指导，并提出适当的建议。婚检医师应针对医学检查结果发现的异常情况以及服务对象提出的具体问题进行解答、交换意见、提供医学意见，帮助受检对象在知情基础上自愿作出决定。婚检医师在提出"不宜结婚""不宜生育""暂缓结婚"等医学意见时，应当充分尊重受检对象的知情决定权，耐心细致地解释医学原理，对可能发生的风险后果应重点予以说明，并由受检对象在体检查表上签署知情意见。

（三）婚前医学检查

婚前医学检查是对准备结婚的男女双方可能患影响结婚和生育的疾病进行医学检查。婚前医学检查项目包括询问病史，体格检查，常规辅助检查和其他特殊检查。婚前医学检查应当重点查明是否发现下列疾病：严重遗传性疾病；指定传染病；有关精神病；其他与婚育有关的疾病。严重遗传性疾病，是指由于遗传因素先天形成，患者全部或者部分丧失自主生活能力，后代再现风险高，医学上认为不宜生育的遗传性疾病。指定传染病，是指《传染病防治法》中规定的艾滋病、淋病、梅毒、麻风病以及医学上认为影响结婚和生育的其他传染病。有关精神病，是指精神分裂症、躁狂抑郁型精神病以及其他重型精神病。其他与婚育有关的疾病，如重要脏器疾病和生殖系统疾病等。

经婚前医学检查，医疗保健机构应当向接受婚前医学检查的当事人出具《婚前医学检查证明》，并在"医学意见"栏内注明：（1）双方为直系血亲、三代以内旁系血亲关系，以及医学上认为不宜结婚的疾病，如发现一方或双方患有重度、极重度智力低下，不具有婚姻意识能力；重型精神病，在病情发作期有攻击危害行为的，注明"建议不宜结婚"。（2）发现医学上认为不宜生育的严重遗传性疾病或其他重要脏器疾病，以及医学上认为不宜生育的疾病的，注明"建议不宜生育"。限于现有医疗技术水平难以确诊的，应当向当事人说明情况。育龄夫妻可以选择避孕、节育、不孕等相应的医学措施。（3）发现指定传染病在传染期内、有关精神病在发病期内或其他医学上认为应暂缓结婚的疾病时，注明"建议暂缓结婚"；对于婚检发现的可能会终生传染的不在发病期的传染病患者或病原体携带者，在出具婚前检查医学意见时，应向受检者说明情况，提出预防、治疗及采取其他医学措施的意见。若受检者坚持结婚，应充分尊重受检双方的意愿，注明"建议采取医学措施，尊重受检者意愿"。（4）未发现上述第（1）、（2）、（3）类情况，为婚检时法定允许结婚的情形，注明"未发现医学上不宜结婚的情形"。在出具任何一种医学意见时，婚检医师应当向当事人说明情况，并进行指导。对婚前医学检查结果有异议的，可申请母婴保健技术鉴定。

（四）强制婚前检查与自愿婚前检查

1995年实施的《母婴保健法》以法律形式确立了强制婚前检查制度。《母婴保健法》规定，男女双方在结婚登记时，应当持有婚前医学检查证明或者医学鉴定证明。婚前医学检查证明或者医学鉴定证明是我国办理结婚登记必须具备的证明材料。《母婴保健法实施办法》规定，在实行婚前医学检查的地区，婚姻登记机关在办理结婚登记时，应当查验婚前医学检查证明或者母婴保健法规定的医学鉴定证明。但2003年10月1日起施行的《婚姻登记条例》实行自愿婚前检查。值得注意的是，《民法典》自2021年1月1日起施行，原《婚姻法》废止。在《民法典》第五编婚姻家庭编中规定了结婚登记的相关条款，其中并无婚前检查要求。因此在实践中，我国实行的是自愿婚检制度。并且《民法典》只规定了重婚、有禁止结婚的亲属关系和未到法定婚龄这三种婚姻无效情形，相较于原《婚姻法》，删除了"婚前患有医学上认为不应当结婚的疾病，婚后尚未治愈"导致婚姻无效的规定，贯彻了我国公民的婚姻自主权。这与《母婴保健法》中规定的"对患指定传染病在传染期内或者有关精神病在发病期内的，准备结婚的男女双方应当暂缓结婚。"的强制性规定存在冲突，实践中以《民法典》的规定为准。

由于取消强制婚检制度后，可能出现的患有重大疾病一方隐瞒病情进行婚姻登记，从而损害配偶的身体健康或造成遗传缺陷的情况。《民法典》第

1053 条第 1 款规定了"一方患有重大疾病的，应当在结婚登记前如实告知另一方；不如实告知的，另一方可以向人民法院请求撤销婚姻。"以此来保护受欺骗一方可以解除婚姻关系；而明知对方患有重大疾病而依旧结婚的夫妻，我国法律也保护其婚姻的合法性。

【扩展资料】婚前检查制度与出生缺陷

2003 年 10 月 1 日施行的《婚姻登记条例》，将强制婚检改为自愿婚检。自 2003 年国家取消强制婚检后，各地的婚检率都大幅度下降，甚至有些地方出现了所谓"零婚检"的现象，全国婚检率由 2002 年的 68% 骤降到 2004 年的 2.76%。伴随婚检率下降的同时，新生儿出生缺陷率大幅度提升，我国的出生缺陷率由 2002 年 112.2/万上升到 2010 年的 149.9/万。

出生缺陷是严重影响出生人口素质的因素之一，虽然大部分患儿可存活，但多发展为残疾，进而影响人口质量，严重者还会死亡。研究表明，70% 的出生缺陷是可以通过婚检实现有效的预防和控制的。为了降低新生儿出生缺陷率，各地政府纷纷出台政策，由政府提供免费婚检服务。新政策出台后，婚检率出现了大幅度攀升。如 2010 年广西壮族自治区实行免费婚检以来，婚检率由 2009 年的 14.34% 大幅提高至 2011 年 93.03%。

二、孕产期保健

《母婴保健法》第 14 条规定，医疗保健机构应当为育龄妇女和孕产妇提供孕产期保健服务。孕产期保健是指医疗机构为准备妊娠至产后 42 天的妇女及胎婴儿提供的系列医疗保健服务。孕产期保健服务具体包括以下内容：母婴保健指导、孕产妇保健、胎儿保健、新生儿保健。

（一）孕产期保健服务的内容

1. 母婴保健指导。母婴保健指导是医师对育龄妇女孕育健康后代以及严重遗传性疾病和碘缺乏病等地方病的发病原因、治疗和预防方法提供医学意见。医师发现或者怀疑育龄夫妻患有严重遗传性疾病的，应当提出不生育并选择避孕等相应的医学措施；生育过严重遗传性疾病或者严重缺陷患儿的，再次妊娠前，应当进行医学检查，医师应当向当事人介绍有关遗传性疾病的知识，并给予咨询、指导。

2. 孕产妇保健。孕产妇保健是为孕产妇提供卫生、营养、心理等方面的咨询和指导以及产前定期检查等医疗保健服务。医疗机构应当为孕产妇提供下列医疗保健服务：为孕产妇建立保健手册（卡），定期进行产前检查；为孕产妇提供卫生、营养、心理等方面的医学指导与咨询；对高危孕妇进行重点监护、随访和医疗保健服务；为孕产妇提供安全分娩技术服务；定期进行产后访视，指导产妇科学喂养婴儿；提供避孕咨询指导和技术服务；对产妇及其家属进行生殖健康教育和科学育儿知识教育等。

医疗机构发现孕妇患有下列严重疾病或者接触有毒、有害因素，可能危及孕妇生命安全或者可能严重影响孕妇健康和胎儿正常发育的，应当对孕妇进行医学指导和下列必要的医学检查：严重的妊娠合并症或者并发症；严重的精神性疾病；国务院卫生行政部门规定的严重影响生育的其他疾病。生育过严重遗传性疾病或者严重缺陷患儿的，再次妊娠前，夫妻双方应当到县级以上医疗保健机构进行医学检查。医疗保健机构应当向当事人介绍有关遗传性疾病的知识，给予咨询、指导。

此外，对孕产妇的劳动权利予以特殊法律保护。根据《劳动法》规定，不得安排女职工在怀孕期间从事国家规定的第三级体力劳动强度的劳动和孕期禁忌从事的劳动；对怀孕7个月以上的女职工，不得安排其延长工作时间和夜班劳动；女职工生育享受不少于90天的产假；不得安排女职工在哺乳未满1周岁婴儿期间从事国家规定的第三级体力劳动强度的劳动和孕期禁忌从事的劳动，不得安排其延长工作时间和夜班劳动。

3. 胎儿保健。胎儿保健是指为胎儿生长发育进行监护，提供咨询和医学指导，主要是胎儿产前诊断。产前诊断包括对胎儿进行先天性缺陷和遗传性疾病的诊断，包括相应筛查。产前诊断技术项目包括遗传咨询、医学影像、生化免疫、细胞遗传和分子遗传等。

孕妇有下列情形之一的，医师应当对其进行产前诊断：羊水过多或者过少的；胎儿发育异常或者胎儿有可疑畸形的；孕早期接触过可能导致胎儿先天缺陷的物质的；有遗传病家族史或者曾经分娩过先天性严重缺陷婴儿的；初产妇年龄超过35周岁的。产前诊断对诊断患有医学上认为不宜生育的严重遗传性疾病的，医师应当向当事人说明情况，并提出相应医学意见。

4. 新生儿保健。新生儿保健是指为新生儿生长发育、哺乳和护理提供医疗保健服务。医疗保健机构对婴儿进行体格检查和预防接种，逐步开展新生儿疾病筛查、婴儿多发病和常见病防治等医疗保健服务。

（二）孕产期保健服务的方式

1. 医学检查与指导。对患严重疾病或者接触致畸物质，妊娠可能危及孕妇生命安全或者可能影响孕妇健康和胎儿正常发育的，医疗保健机构应当予以医学指导。

2. 产前诊断。产前诊断是指对胎儿进行先天性缺陷和遗传性疾病的诊断。产前诊断项目包括遗传咨询、医学影像、生化免疫、细胞遗传和分子遗传等。经产前检查，医师发现或者怀疑胎儿异常的，应当对孕妇进行产前诊断。《母婴保健法实施办法》第 20 条规定，孕妇有下列情形之一的，医师应当对其进行产前诊断：（1）羊水过多或者过少的；（2）胎儿发育异常或者胎儿有可疑畸形的；（3）孕早期接触过可能导致胎儿先天缺陷的物质的；（4）有遗传病家族史或者曾经分娩过先天性严重缺陷婴儿的；（5）初产妇年龄超过 35 周岁的。遇到上述情形，医疗保健机构在为孕妇进行早孕检查或产前检查时应当普及有关知识，提供咨询服务，并以书面形式如实告知孕妇或其家属，建议孕妇进行产前诊断。医疗保健机构出具产前诊断报告，应当由 2 名以上具有资质的执业医师签字。执业医师应本着科学负责的态度，向孕妇或家属告知技术的安全性、有效性和风险性，使其理解技术可能存在的风险和结果的不确定性。

［疑难案例］ 产前诊断应当在何种情形下施行？

患者胡某 5 月 16 日因孕 9+1 周到妇幼保健服务中心处就诊建档，共产检 7 次，12 月 20 日在该院顺产一子，患儿出生时左脚畸形，无脚趾。妇幼保健服务中心的产科超声检查报告单备注中以小字载有"本次超声检查只检查报告中所描述的内容，没有描述的胎儿结构不在检查范围内，因为目前技术条件，胎儿指、趾、耳、眼、腭、甲状腺、染色体、生殖器等众多结构尚不能作为常规项目进行检查。特此说明。"字样。经查，妇幼保健服务中心为二级甲等医院，不具有产前诊断的资质。胡某以妇幼保健服务中心违反诊疗常规，未建议其进行产前诊断检查，导致其子左脚畸形、无脚趾在胎儿期未被检出，侵害其知情权、优生优育选择权为由向人民法院提起诉讼，要求赔偿各项损失共计 10 万元。

【案例评析】产检正常却生出畸形儿，这种情况被称为"不当出生"或"出生缺陷"。"不当出生"情况下医疗机构的责任不同于普通的医疗损害责任，该类医疗纠纷的主要争议焦点在于医疗机构在产前检查的过程中是否存在过错。在医疗实践中，通过超声检查发现胎儿结构异常，是常规产检检查发现胎儿畸形的重要方法。但由于超声技术的局限性，产前超声检查不能发现所有的畸形，也不能对胎儿以后的发育作出预测，所以超声诊断不能等同于产前诊断。根据《产前超声检查指南》，目前对于中孕期大畸形超声筛查的检查项目规定只包括四肢长骨及手足，而不包括手指及足趾，产前超声检查对手、足畸形的检出较为困难。本案患者产检时不存在发现或疑诊畸形、有胎儿畸形高危因素的情况，不符合《母婴保健法》第20条规定医师应当建议孕妇进行产前诊断的法定情形。

法院经审理认为：妇幼服务中心对胡某的检查项目及检查时机均符合《临床诊疗指南-妇产科》产前保健的相关规定，医方的医疗行为符合诊疗常规；趾骨的检查不属于《产前诊断技术管理办法》规定的初步筛查的六大类畸形范围，亦不属《产前超声检查指南》指出中、晚孕期的Ⅰ-Ⅱ级的产前超声检查范围，故医方在为胡某产检时未对胎儿足趾进行检查未违反相关医学规定。胡某之新生儿先天性趾缺，是胎儿在子宫内发生结构或染色体异常，与医方诊疗行为不存在因果关系。据此判决驳回原告的诉讼请求。

本案对于医疗机构具有警示意义。医疗机构应敦促医务人员要不断学习，加强法律意识，保证其实施的产前检查行为与当前医疗技术发展水平相适应，对产检报告提示异常的情况予以高度重视，对超声检查的局限性、医院实际的技术水平以及影响超声检查结果的各种因素如实履行告知义务，充分保障胎儿父母的知情权和生育选择权。

3. 终止妊娠。产前诊断发现下列情形之一的，医师应当向夫妻双方说明情况，并提出终止妊娠的医学意见：胎儿患严重遗传性疾病的；胎儿有严重缺陷的；因患严重疾病，继续妊娠可能危及生命安全或严重危害孕妇健康的。依照《母婴保健法》规定施行终止妊娠或者结扎手术，应当经本人同意，并签署意见。本人无行为能力的，应当经其监护人同意，并签署意见。依照本法规定施行终止妊娠或者结扎手术的，接受免费服务。

4. 禁止非医学需要的胎儿性别鉴定。非医学需要的胎儿性别鉴定和选择性别人工终止妊娠，是指除经医学诊断胎儿可能为伴性遗传病等需要进行胎儿性别鉴定和选择性别人工终止妊娠以外，所进行的胎儿性别鉴定和选择性别人工终止妊娠。

《母婴保健法》规定，严禁采用技术手段对胎儿进行性别鉴定，但医学上确有需要的除外。《母婴保健法实施办法》规定，对怀疑胎儿可能为伴性遗传病，需要进行性别鉴定的，由省级卫生行政部门指定的医疗保健机构按照国务院卫生行政部门的规定进行鉴定。

2016 年 3 月 28 日，国家卫生计生委发布的《关于禁止非医学需要的胎儿性别鉴定和选择性别人工终止妊娠的规定》指出，禁止任何单位或者个人实施非医学需要的胎儿性别鉴定和选择性别人工终止妊娠。禁止任何单位或者个人介绍、组织孕妇实施非医学需要的胎儿性别鉴定和选择性别人工终止妊娠。

5. 住院分娩。《母婴保健法实施办法》规定，国家提倡住院分娩。医师和助产人员应当严格遵守有关技术操作规范，实施消毒接生和新生儿复苏，提高助产技术和服务质量，预防和减少产伤及产后出血等产科并发症，降低孕产妇及新生儿发病率、死亡率。高危孕妇应当在医疗、保健机构住院分娩。没有条件住院分娩的，应当由经县级地方人民政府卫生行政部门许可并取得家庭接生员技术证书的人员接生。

医疗保健机构按照国务院卫生行政部门的规定，出具统一制发的新生儿出生医学证明；有产妇和婴儿死亡以及新生儿出生缺陷情况的，应当向卫生行政部门报告。

三、新生儿保健

新生儿保健是指为新生儿生长发育、哺乳和护理提供医疗保健服务。新生儿保健服务的主要内容包括：开展新生儿先天性、遗传性代谢病筛查、诊断、治疗和监测；进行新生儿访视，建立儿童保健手册（卡），定期对其进行健康检查，提供有关预防疾病、合理膳食、促进智力发育等科学知识，做好婴儿多发病、常见病防治等医疗保健服务；按照规定项目对婴儿进行预防接种，婴儿的监护人应当保证婴儿及时接受预防接种；为实施母乳喂养提供技术指导，为住院分娩的产妇提供必要的母乳喂养条件。

医疗保健机构不得向孕产妇和婴儿家庭宣传、推荐母乳代用品。母乳代用品产品包装标签应当在显著位置标明母乳喂养的优越性，母乳代用品销售机构不得以推销为目的为医疗保健机构提供设备、资金和资料。

四、母婴保健医学技术鉴定

母婴保健医学技术鉴定，是指接受母婴保健服务的公民或提供母婴保健服务的医疗保健机构，对婚前医学检查、遗传病诊断和产前诊断结果或医学技术鉴定结论持有异议所进行的医学技术鉴定。母婴保健医学技术鉴定工作必须坚持实事求是，尊重科学，公正鉴定，保守秘密的原则。

（一）医学技术鉴定的范围

当事人对诊断结果有异议，可以申请母婴保健医学技术鉴定。医学技术鉴定的范围为：当事人对婚前医学检查结果有异议；当事人对遗传病诊断结果有异议；当事人对产前诊断结果有异议。

（二）医学技术鉴定的组织

县级以上地方人民政府设立母婴保健医学技术鉴定委员会（以下简称医学技术鉴定委员会），负责对婚前医学检查、遗传病诊断、产前诊断结果的异议和有异议的下一级医学技术鉴定结论进行医学技术鉴定工作。

医学技术鉴定委员会办事机构设在同级妇幼保健院内，负责委员会日常工作。根据《母婴保健法实施办法》第31条规定，母婴保健医学技术鉴定委员会分为省、市、县三级。

医学技术鉴定委员会应由妇产科、儿科、妇女保健、儿童保健、生殖保健、医学遗传、神经病学、精神病学、传染病学等医学专家组成。医学技术鉴定委员会成员应符合下列任职条件：具有认真负责的工作精神和良好的医德医风；县级应具有主治医师以上的专业技术职务；市级应具有副主任以上的专业技术职务；省级应具有主任或教授技术职务。医学技术鉴定委员会的组成人员，由卫生行政部门提名，同级人民政府聘任，医学技术鉴定委员会成员任期四年，可以连任。

（三）医学技术鉴定的程序

当事人对婚前医学检查、遗传病诊断、产前诊断意见有异议，需要进一步确诊的，可以自接到检查或者诊断结果之日起15日内向所在地县级或者设区的市级母婴保健医学技术鉴定委员会提出书面鉴定申请。母婴保健医学技术鉴定委员会应当自接到鉴定申请之日起30日内作出医学技术鉴定意见，并及时通知当事人。当事人对鉴定意见有异议的，可以自接到鉴定意见通知书之日起 15 日内向上一级母婴保健医学技术鉴定委员会申请再鉴定。

母婴保健医学技术鉴定委员会进行医学鉴定时须有 5 名以上相关专业医学技术鉴定委员会成员参加。鉴定委员会成员应当在鉴定意见上署名；不同意见应当如实记录。鉴定委员会根据鉴定意见向当事人出具鉴定意见书。医学技术鉴定实行回避制度。

鉴定委员会成员应当在鉴定结论上署名，不同意见应当如实记录。鉴定委员会根据鉴定结论向当事人出具鉴定意见书。

第三节　母婴保健的监督管理与法律责任

各级人民政府领导母婴保健工作。国务院卫生行政部门主管全国母婴保健工作，并对全国母婴保健工作实施监督管理。国务院其他有关部门在各自职责范围内，配合卫生行政部门做好母婴保健工作。县级以上地方人民政府卫生行政部门管理本行政区域内的母婴保健工作。

一、监督管理

（一）人民政府的职责

各级人民政府应当将母婴保健工作纳入本级国民经济和社会发展计划，为母婴保健事业的发展提供必要的经济、技术和物质条件，并对少数民族地区、贫困地区的母婴保健事业给予特殊支持。各级人民政府应当采取措施，提高母婴保健服务水平，积极防治由环境因素所致严重危害母婴健康的地方性高发性疾病。县级以上地方人民政府可以根据地方实际情况与需要，可以设立母婴保健事业发展专项资金，支持母婴保健事业发展。

（二）卫生行政部门的职责

1. 国务院卫生行政部门的职责。国务院卫生行政部门主管全国母婴保健工作，履行下列职责：（1）制定母婴保健法的配套规章和技术规范；（2）按照分级分类指导原则，制定全国母婴保健工作发展规划和实施步骤；（3）组织推广母婴保健及其他生殖健康的适宜技术；（4）对母婴保健工作实施监督。

2. 地方各级卫生行政部门的职责。县级以上地方各级卫生行政部门负责本行政区域内的母婴保健监督管理工作，履行下列监管职责：（1）根据有关规定与标准，对从事母婴保健工作的机构和人员实施许可并核发相应的许可证书；（2）对相应机构遵守母婴保健法及其相关规定情况进行监督检查；（3）对违反母婴保健法及其相关规定的行为依法给予行政处罚；（4）负责对母婴保健工作监督管理的其他事项。

3. 其他机构的职责。各级地方人民政府财政、公安、民政、教育、劳动保障等部门在各自职责范围内，配合同级卫生行政部门做好母婴保健工作。

（三）医疗保健机构的职责

医疗保健机构按照国务院卫生行政部门的规定，负责其职责范围内的母婴保健工作，建立医疗保健工作规范，提高医学技术水平，采取各种措施方便人民群众，做好母婴保健服务工作。

（四）卫生监督人员的职责

卫生监督人员对母婴保健机构进行监督检查时，应当出示证件。卫生监督人员可以向医疗保健机构了解情况，索取必要的资料。对母婴保健工作进行监督、检查，医疗保健机构不得拒绝和隐瞒。卫生监督人员对医疗保健机构提供的技术资料负有保密的义务。医疗保健机构应当根据其从事监督检查业务，配备相应的人员和医疗设备，对从事母婴保健监督检查工作的人员加强岗位业务培训和执业道德教育。

二、法律责任

（一）擅自从事母婴保健技术服务的法律责任

《母婴保健法》规定，未取得国家颁发的有关合格证书，有下列行为之一，县级以上地方人民政府卫生行政部门应当予以制止，并可根据情节给予警告或者处以罚款：（1）从事婚前医学检查、遗传病诊断、产前诊断、或者医学技术鉴定的；（2）施行终止妊娠手术的；（3）出具法律规定的有关医学证明的。同时，违法出具的医学证明视为无效。

《母婴保健法实施办法》规定，母婴保健机构或者人员未取得母婴保健技术许可，擅自从事婚前医学检查、遗传病诊断、产前诊断、终止妊娠手术和医学技术鉴定或者出具有关医学证明的，由卫生行政部门给予警告，责令停止违法行为，没收违法所得；违法所得5000元以上的，并处违法所得3倍以上5倍以下的罚款；没有违法所得或者违法所得不足5000元的，并处5000元以上2万元以下的罚款。

《母婴保健法》规定，未取得国家颁发的有关合格证书，施行终止妊娠手术或者采取其他方法终止妊娠，致人死亡、残疾、丧失或者基本丧失劳动能力的，依照刑法有关规定追究刑事责任。《刑法》第 336 条第 2 款规定，未取得医生执业资格擅自为他人进行节育复通手术、假节育手术、终止妊娠手术或者摘取宫内节育器，情节严重的，处 3 年以下有期徒刑、拘役或者管制，并处或者单处罚金；严重损害就诊人身体健康的，处 3 年以上 10 年以下有期徒刑，并处罚金；造成就诊人死亡的，处 10 年以上有期徒刑，并处罚金。

（二）出具虚假医学证明文件的法律责任

《母婴保健法》规定，从事母婴保健技术服务的人员违反规定出具虚假医学证明文件的，由医疗保健机构或者卫生行政部门根据情节给予行政处分；情节严重的，依法取消执业资格。

《母婴保健法实施办法》规定，从事母婴保健技术服务的人员出具虚假医学证明文件的，依法给予行政处分；有下列情形之一的，由原发证部门撤销相应的母婴保健技术执业资格或者医师执业证书：（1）因延误诊治，造成严重后果的；（2）给当事人身心健康造成严重后果的；（3）造成其他严重后果的。

（三）违反规定进行胎儿性别鉴定的法律责任

《母婴保健法》规定，从事母婴保健技术服务的人员违反规定出具有关虚假医学证明或者进行胎儿性别鉴定的，由医疗保健机构或者卫生行政部门根据情节给予行政处分；情节严重的，依法取消执业资格。

《母婴保健法实施办法》规定，违反规定进行胎儿性别鉴定的，由卫生行政部门给予警告，责令停止违法行为；对医疗、保健机构直接负责的主管人员和其他直接责任人员，依法给予行政处分。进行胎儿性别鉴定 2 次以上的或者以营利为目的进行胎儿性别鉴定的，并由原发证机关撤销相应的母婴保健技术执业资格或者医师执业证书。

［疑难案例］ 非医学需要鉴定胎儿性别案

2013 年 7 月 1 日，某县卫生行政部门发现某县镇中心卫生院医师高某使用 B 超为孕妇王某做了胎儿性别鉴定，并将鉴定结果告知了王某，王某当场付给高某 600 元鉴定费。另外，高某曾因利用 B 超为他人进行非医学需要的胎儿性别鉴定受到该县卫生行政部门处罚。

【案例评析】本案涉及禁止非医学需要的胎儿性别鉴定的问题。《母婴保健法》第32条第2款规定，严禁采用技术手段对胎儿进行性别鉴定，但医学上确有需要的除外。同时《关于禁止非医学需要的胎儿性别鉴定和选择性别人工终止妊娠的规定》第3条规定，禁止任何单位或者个人实施非医学需要的胎儿性别鉴定和选择性别人工终止妊娠。未经卫生行政部门批准，任何机构和个人不得开展胎儿性别鉴定和人工终止妊娠手术，法律法规另有规定的除外，县级以上卫生行政部门监管并组织、协调非医学需要的胎儿性别鉴定和选择性别人工终止妊娠的查处工作。本案中，经查证，高某使用B超为孕妇王某做了胎儿性别鉴定，并将鉴定结果告知了王某，并收取600元鉴定费。依据《母婴保健法》第37条规定，从事母婴保健工作的人员违反本法规定，出具有关虚假医学证明或者进行胎儿性别鉴定的，由医疗保健机构或者卫生行政部门根据情节给予行政处分；情节严重的，依法取消执业资格。高某曾因利用B超为他人进行非医学需要的胎儿性别鉴定受过行政处罚又从事该活动，属于"情节严重"情形。因此，依法可以对高某作出吊销《医师执业证书》的行政处罚决定，并可以给予其开除公职的行政处分。

公共卫生监督管理法律制度

◆【本章知识结构图】

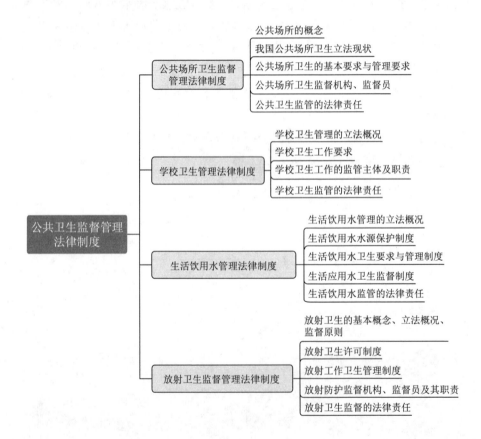

◆【引导案例】

人们随着生活水平的不断提高，对酒店住宿的需求也不断增加，酒店卫生状况的好坏直接与住客的健康息息相关。2020 年 11 月 24 日，网传"万豪国际集团旗下深圳彭年万丽酒店服务员用浴巾擦马桶"，引发网友热议。深圳彭年万丽酒店官方微博发布声明称，客房服务员当天实际操作中未能遵照清洁标准进行客房清洁，酒店对此深表歉意。近年来，五星级酒店被曝光卫生乱象频发：北京多家五星级酒店被曝存在换客不换床单、不刷马桶、不洗浴缸等问题；杭州 JW 万豪五星酒店被曝一块布擦完马桶擦杯子；哈尔滨五星级酒店马桶刷刷茶杯；2018 年 11 月，近 20 家五星级酒店被曝光用脏浴巾等擦拭杯子、洗手台、镜面、马桶……事后，深圳卫生监督局对该酒店进行了突击卫生检查，涉事员工承认了他在清洁客房时的不正当操作行为。卫监局依据《公共场所卫生管理条例实施细则》对其作出了行政处罚，并将处罚结果在网上予以公示。

酒店卫生事件频发暴露了部分酒店在管理和服务上存在漏洞，但更凸显了公共卫生监督管理的重要性。各地旅游、卫生等监管部门应认真履行职责，加大对酒店卫生状况及服务质量水平的监督和检查，以敦促酒店做好卫生、安全等各方面服务工作，根本遏制星级酒店的卫生乱象。

思考：公共卫生监督管理法律制度对酒店卫生是如何规定的？

◆ 【基本原理】

第一节 公共场所卫生监督管理法律制度

公共场所内的人口相对集中，相互接触频繁，人员流动性大，设备物品供公众重复使用，易污染，健康与非健康个体混杂，易造成疾病特别是传染病的传播，与整体人群的健康极其密切，因此应加强管理保障其卫生条件，避免危害公众健康，提高公众健康水平。

一、公共场所的概念

根据国务院 2019 年修订的《公共场所卫生管理条例》规定，我国公共场所包括以下七类：

第一，宾馆、饭馆、旅店、招待所、车马店、咖啡馆、酒吧、茶座；

第二，公共浴室、理发店、美容店；

第三，影剧院、录像厅（室）、游艺厅（室）、舞厅、音乐厅；

第四，体育场（馆）、游泳场（馆）、公园；

第五，展览馆、博物馆、美术馆、图书馆；

第六，商场（店）、书店；

第七，候诊室、候车（机、船）室、公共交通工具。

随着经济发展，我国社会生活中涌现出许多新兴公共场所，如网吧、卡拉 OK 厅、健身房、证券交易所营业厅等。这些场所人群密集，流动性大，但却不在法律规定的公共场所范畴之内，出现了公共场所卫生监督立法的空白。对此，需要调整法律对公共场所界定所采用的列举方式，取而代之是对公共场所的性质予以准确界定的定义方式。根据《公共场所卫生管理条例》规定，公共场所是指供公众进行工作、学习、经济、文化、社交、娱乐、体育、参观、医疗、卫生、休息、旅游和满足部分生活需求所使用的一切公用建筑物、场所及其设施的总称。

二、我国公共场所卫生的立法概况

1987 年 4 月 1 日，国务院发布了《公共场所卫生管理条例》，对全国公共场所的卫生工作实行法制管理。这是新中国成立以来，由国家最高行政机关发布的第一部公共场所卫生管理法规。2016 年 2 月 6 日，国务院对《公共场所卫生管理条例》进行了第 1 次修订；2019 年 4 月 23 日又进行了第 2 次修订。

为了更好地实施《公共场所卫生管理条例》，加强公共场所卫生监督管理。1987 年卫生部发布了《公共场所卫生管理条例实施细则》，1991 年又对该实施细则进行了修订并予以重新发布，使之更具操作性。2011 年卫生部发布了再次修订《公共场所卫生管理条例实施细则》；2016 年、2017 年，国家卫生计生委对该实施细则作了进一步修正。此外，1987 年卫生部制定了《公共场所卫生监督监测要点》和《公共场所从业人员培训大纲》。以后又陆续制定了《旅店业卫生标准》等十几项公共场所国家卫生标准和《公共场所卫生监测技术规范》。2006 年卫生部发布了《公共场所集中空调通风系统卫生管理办法》。2007 年卫生部与商务部组织制定了《住宿业卫生规范》、《沐浴场所卫生规范》和《美容美发场所卫生规范》，与国家体育总局组织制定了《游泳场所卫生规范》。

经过多次修改《公共场所卫生管理条例实施细则》对公共场所的卫生管理、卫生监督等相关工作作出明确规定，解决了公共场所卫生监督执法主体、公共场所经营者责任及行政处罚力度等问题；增加了公共场所集中空调通风系统卫生管理要求、公共场所禁止吸烟的规定等，完善了公共场所卫生监督管理相关制度。

三、公共场所卫生管理的主要内容

（一）公共场所卫生的基本要求

根据《公共场所卫生管理条例》与《公共场所卫生管理条例实施细则》的规定，对公共场所卫生的基本要求包括：

1. 公共场所经营者应当遵守相关的公共场所卫生标准，开展公共场所卫生知识宣传，预防传染病，保障公众健康，为顾客提供良好的卫生环境。

2. 公共场所行业组织应开展行业自律教育，宣传、普及公共场所卫生知识。

3. 体育场（馆）、公共交通工具外的公共场所，经营者应当及时向卫生行政部门申请办理卫生许可证。

4. 公共场所的选址、设计和装修，以及其通风、采光照明、噪声、水质、提供给顾客使用的用品用具、卫生设施设备等均应符合相关卫生规范和规定的要求。

（二）公共场所的卫生管理要求

1. 取得卫生许可证。公共场所经营者应当按照规定向县级以上地方人民政府卫生行政部门申请卫生许可证。未取得卫生许可证的，不得营业。公共场所卫生许可证应放置在经营场所醒目位置公示。该证有效期限为四年，每两年复核一次。

2. 建立卫生管理制度和卫生管理档案。公共场所的法定代表人或者负责人是其经营场所卫生安全的第一责任人。公共场所经营者应当设立卫生管理部门或者配备专（兼）职卫生管理人员，具体负责本公共场所的卫生工作，建立健全卫生管理制度和卫生管理档案。公共场所卫生管理档案应当有专人管理，分类记录，至少保存两年。

公共场所卫生管理档案应当主要包括：（1）卫生管理部门、人员设置情况及卫生管理制度；（2）空气、微小气候（湿度、温度、风速）、水质、采光、照明、噪声的检测情况；（3）顾客用品用具的清洗、消毒、更换及检测情况；（4）卫生设施的使用、维护、检查情况；（5）集中空调通风系统的清洗、消毒情况；（6）安排从业人员健康检查情况和培训考核情况；（7）公共卫生用品进货索证管理情况；（8）公共场所危害健康事故应急预案或者方案；（9）省、自治区、直辖市卫生行政部门要求记录的其他情况。

3. 建立卫生培训制度。公共场所经营者应当建立卫生培训制度，组织从业人员学习相关卫生法律知识和公共场所卫生知识，并进行考核。对考核不合格的，不得安排上岗。

4. 从业人员持证上岗。公共场所经营者应当组织从业人员每年进行健康检查，从业人员在取得有效健康合格证明后方可上岗。患有痢疾、伤寒、甲型病毒性肝炎、戊型病毒性肝炎等消化道传染病的人员，以及患有活动性肺结核、化脓性或者渗出性皮肤病等疾病的人员，治愈前不得从事直接为顾客服务的工作。

5. 建立卫生设施设备维护制度。公共场所经营者应当建立卫生设施设备维护制度，定期检查卫生设施设备，确保其正常运行，不得擅自拆除、改造或者挪作他用。公共场所经营者应当根据经营规模、项目设置清洗、消毒、保洁、盥洗等设施设备和公共卫生间。公共场所设置的卫生间，应当有单独通风排气设施，保持清洁无异味。公共场所经营者应当配备安全、有效的预防控制蚊、蝇、蟑螂、鼠和其他病媒生物的设施设备及废弃物存放专用设施设备，并保证相关设施设备的正常使用，及时清运废弃物。

6. 进行卫生检测。经营者应当按照卫生标准、规范的要求对公共场所的空气、微小气候、水质、采光、照明、噪声、顾客用品用具等进行卫生检测，检测每年不得少于一次；检测结果不符合卫生标准、规范要求的，应当及时整改。公共场所经营者不具备检测能力的，可以委托检测。公共场所经营者应当在醒目位置如实公示检测结果。

7. 健康事故应急与事故报告。公共场所经营者应当制定公共场所危害健康事故应急预案，定期检查公共场所各项卫生制度、措施的落实情况，及时消除危害公众健康的隐患。公共场所发生危害健康事故的，经营者应当立即处置，防止危害扩大，并及时向县级人民政府卫生行政部门报告，不得隐瞒、缓报、谎报或者授意他人隐瞒、缓报、谎报。

四、公共场所的卫生监督

（一）公共场所卫生监督机构与职责

《公共场所卫生管理条例实施细则》规定，国家卫生计生委主管全国公共场所卫生监督管理工作；县级以上地方各级人民政府卫生计生行政部门负责本行政区域的公共场所卫生监督管理工作。公共场所卫生监督的具体范围由省、自治区、直辖市人民政府卫生计生行政部门公布。国境口岸及出入境交通工具的卫生监督管理工作由出入境检验检疫机构按照有关法律法规的规定执行。上述公共场所卫生监督机构的具体职责包括：

1. 卫生监督职责。（1）对公共场所进行卫生监测和卫生技术指导；（2）监督从业人员健康检查，指导有关部门对从业人员进行卫生知识的教育和培训；（3）对新建、扩建、改建的公共场所的选址和设计进行卫生审查，并参加竣工验收；（4）对违反《公共场所卫生管理条例》的单位和个人进行行政处罚。

2. 监督检查依据和方法。县级以上地方人民政府卫生计生行政部门对公共场所进行监督检查，应当依据有关卫生标准和要求，采取现场卫生监测、采样、查阅和复制文件、询问等方法，有关单位和个人不得拒绝或者隐瞒。县级以地方上人民政府卫生计生行政部门应当加强公共场所卫生监督抽检，并将抽检结果向社会公布。

3. 卫生监测体系和监督计划。县级以上地方人民政府卫生计生行政部门应当根据公共场所卫生监督管理需要，建立健全公共场所卫生监督队伍和公共场所卫生监测体系，制定公共场所卫生监督计划并组织实施。鼓励和支持公共场所行业组织开展行业自律教育，引导公共场所经营者依法经营，推动行业诚信建设，宣传、普及公共场所卫生知识。

（二）公共场所卫生许可

根据《公共场所卫生管理条例》规定，国家对公共场所以及新建、改建、扩建的公共场所的选址和设计实行卫生许可证制度；除公园、体育场（馆）、公共交通工具外的公共场所，经营单位应当及时向卫生行政部门申请办理卫生许可证。《公共场所卫生管理条例实施细则》也规定，公共场所经营者取得工商行政管理部门颁发的营业执照后，还应当按照规定向县级以上地方人民政府卫生计生行政部门申请卫生许可证，方可营业。

1. 卫生许可证的申请。公共场所经营者申请卫生许可证的，应当提交下列资料：（1）卫生许可证申请表；（2）法定代表人或者负责人身份证明；（3）公共场所地址方位示意图、平面图和卫生设施平面布局图；（4）公共场所卫生检测或者评价报告；（5）公共场所卫生管理制度；（6）省、自治区、直辖市卫生计生行政部门要求提供的其他材料。如使用集中空调通风系统的，还应当提供集中空调通风系统卫生检测或者评价报告。

2. 公共场所卫生许可证的审批。县级以上地方人民政府卫生计生行政部门应当自受理公共场所卫生许可申请之日起 20 日内，对申报资料进行审查，对现场进行审核。符合规定条件的，作出准予公共场所卫生许可的决定；对不符合规定条件的，作出不予行政许可的决定并书面说明理由。

3. 公共场所卫生许可证的变更和延续申请。公共场所经营者变更单位名称、法定代表人或者负责人的，应当向原发证卫生计生行政部门办理变更手续。公共场所经营者变更经营项目、经营场所地址的，应当向县级以上地方人民政府卫生计生行政部门重新申请卫生许可证。公共场所经营者需要延续卫生许可证的，应当在卫生许可证有效期届满 30 日前，向原发证卫生计生行政部门提出申请。

（三）公共场所卫生监督员及其职责

卫生防疫机构根据需要设立公共场所卫生监督员，执行卫生防疫机构交给的任务。卫生监督员有权对公共场所进行现场检查，索取有关资料，经营单位不得拒绝或隐瞒。卫生监督员对所提供的技术资料有保密的责任。

五、违反公共场所卫生监督管理的法律责任

（一）未取得公共场所卫生许可证擅自营业的法律责任

对未依法取得公共场所卫生许可证擅自营业的，由县级以上地方人民政府卫生计生行政部门责令限期改正，给予警告，并处以 500 元以上 5000 元以下罚款；有下列情形之一的，处以 5000 元以上 3 万元以下罚款：（1）擅自营业曾受过卫生计生行政部门处罚的；（2）擅自营业时间在 3 个月以上的；（3）以涂改、转让、倒卖、伪造的卫生许可证擅自营业的。对涂改、转让、倒卖有效卫生许可证的，由原发证的卫生计生行政部门予以注销。

（二）未按照规定履行公共场所卫生职责的法律责任

1. 公共场所经营者有下列情形之一的，由县级以上地方人民政府卫生计生

行政部门责令限期改正，给予警告，并可处以 2000 元以下罚款；逾期不改正，造成公共场所卫生质量不符合卫生标准和要求的，处以 2000 元以上 2 万元以下罚款；情节严重的，可以依法责令停业整顿，直至吊销卫生许可证：（1）未按照规定对公共场所的空气、微小气候、水质、采光、照明、噪声、顾客用品用具等进行卫生检测的；（2）未按照规定对顾客用品用具进行清洗、消毒、保洁，或者重复使用一次性用品用具的。

2. 公共场所经营者有下列情形之一的，由县级以上地方人民政府卫生计生行政部门责令限期改正；逾期不改的，给予警告，并处以 1000 元以上 1 万元以下罚款；对拒绝监督的，处以 1 万元以上 3 万元以下罚款；情节严重的，可以依法责令停业整顿，直至吊销卫生许可证：（1）未按照规定建立卫生管理制度、设立卫生管理部门或者配备专（兼）职卫生管理人员，或者未建立卫生管理档案的；（2）未按照规定组织从业人员进行相关卫生法律知识和公共场所卫生知识培训，或者安排未经相关卫生法律知识和公共场所卫生知识培训考核的从业人员上岗的；（3）未按照规定设置与其经营规模、项目相适应的清洗、消毒、保洁、盥洗等设施设备和公共卫生间，或者擅自停止使用、拆除上述设施设备，或者挪作他用的；（4）未按照规定配备预防控制鼠、蚊、蝇、蟑螂和其他病媒生物的设施设备以及废弃物存放专用设施设备，或者擅自停止使用、拆除预防控制鼠、蚊、蝇、蟑螂和其他病媒生物的设施设备以及废弃物存放专用设施设备的；（5）未按照规定索取公共卫生用品检验合格证明和其他相关资料的；（6）未按照规定对公共场所新建、改建、扩建项目办理预防性卫生审查手续的；（7）公共场所集中空调通风系统未经卫生检测或者评价不合格而投入使用的；（8）未按照规定公示公共场所卫生许可证、卫生检测结果和卫生信誉度等级的。

3. 公共场所经营者安排未获得有效健康合格证明的从业人员从事直接为顾客服务工作的，由县级以上地方人民政府卫生计生行政部门责令限期改正，给予警告，并处以 500 元以上 5000 元以下罚款；逾期不改正的，处以 5000 元以上 1.5 万元以下罚款。

4. 公共场所经营者对发生的危害健康事故未立即采取处置措施，导致危害扩大，或者隐瞒、缓报、谎报的，由县级以上地方人民政府卫生计生行政部门处以 5000 元以上 3 万元以下罚款；情节严重的，可以依法责令停业整顿，直至吊销卫生许可证。构成犯罪的，依法追究刑事责任。

5. 公共场所经营者违反其他卫生法律、行政法规规定，应当给予行政处罚的，按照有关卫生法律、行政法规规定进行处罚。

（三）卫生行政部门及其工作人员的法律责任

县级以上人民政府卫生计生行政部门及其工作人员玩忽职守、滥用职权、收取贿赂的，由有关部门对单位负责人、直接负责的主管人员和其他责任人员依法给予行政处分。构成犯罪的，依法追究刑事责任。

［疑难案例］ 美容店违反健康管理规定案

2016 年 4 月 19 日，某市卫生计生行政执法人员对某美容店现场检查时发现：三名员工正在为顾客提供美容服务，其中周某未能出示健康合格证明；店主张某不能提供卫生管理档案；美容店消毒间内的消毒液过期。卫生计生行政执法人员当场制作现场笔录，其后在询问笔录中核实了周某未取得健康证直接为顾客提供美容服务及该店未建立卫生管理档案的违法事实。卫生计生行政执法人员调取了 2015 年曾经责令该美容店立即建立卫生管理档案的卫生监督意见书，并通过进一步询问笔录向店主张某确认了该事实。对于使用过期消毒液的情况，张某称检查当天消毒间内的小瓶消毒液早已用完，里面是分装了未过期的大瓶消毒液。最终，执法人员认定该美容店存在以下违法行为：第一，在 2016 年 4 月 1 日至 4 月 19 日期间，安排未取得有效健康合格证明的周某直接为顾客提供美容服务；第二，未建立卫生管理档案且逾期不整改。某市卫生计生行政部门认为该美容店的行为违反了《公共场所卫生管理条例》第 7 条、《公共场所卫生管理条例实施细则》第 10 条第 1 款、第 7 条第 2 款的规定，依据《公共场所卫生管理条例》第 14 条第 1 款第 2 项、《公共场所卫生管理条例实施细则》第 38 条、第 37 条第 1 项的规定，决定予以：第一，警告；第二，违反健康管理规定罚款人民币 2000 元，未建立卫生管理档案且逾期不改罚款人民币 2000 元，合计罚款人民币 4000 元的行政处罚。该美容店自觉履行了行政处罚，于 2016 年 6 月 3 日结案。

【案例评析】对公共场所经营者未建立卫生管理档案且逾期不改的行政处罚是《公共场所卫生管理条例实施细则》实施后新出现的事由，具有借鉴意义。《公共场所卫生管理条例实施细则》中对卫生管理档案的表述为经营者应当建立健全卫生管理档案，档案应当包括制度、检测报告、从业人员健康证及培训情况等九大类内容，并由专人管理。可处罚的违法行为是未建立卫生管理档案且逾期不改。本案中卫生监督员抓住"未建立"和"逾期不改"两个关键点：一是注意了卫生管理档案"未建立"和"不健全"的区别，只有"未建立卫生管理档案"时才可以给予行政处罚。同时，卫生管理档案易整改到位，当事人有可能事后提供并拒不承认未建立档案。调查取证中，卫生监督员在现场笔录中明确记录了当事人"未建立卫生管理档案"，并在询问笔录中向当事人再次核实确认了该事实，有效的固定了未建立卫生管理档案的违法事实。二是对"逾期不改"的认定。卫生监督员调取了 2015 年卫生监督意见书，并向当事人出示，在询问笔录中记录了当事人对 2015 年未建立卫生管理档案的事实认可，对收到 2015 年责令其整改的卫生监督意见书的事实确认。此外，本案中卫生监督员关于违反健康管理规定的调查，通过现场笔录和询问笔录对违反健康管理规定的几个关键点进行了取证：（1）周某为该美容馆在岗从业员工；（2）周某未取得有效健康合格证明；（3）周某在未取得健康合格证明期间在该美容店从事了直接为顾客服务的工作。

第二节　学校卫生管理法律制度

学校卫生，包括普通中小学、农业中学、职业中学、中等专业学校、技工学校、普通高等学校的卫生。加强学校卫生管理，消除各种不利于儿童和青少年学习和生活的因素，创造良好的学校教育环境，保护和促进学生的正常发育、身心健康，实现德、智、体全面发展的社会主义教育目标。因此，必须根据儿童和青少年生长发育的特点，制定相应的法律规范明确相应的学校卫生要求和卫生标准。

一、学校卫生管理的立法概况

为加强学校卫生工作，提高学生的健康水平，1990 年 4 月 25 日，经国务院批准，国家教育委员会和卫生部联合制定了《学校卫生工作条例》，对学校卫生工作的要求、管理、监督、奖励与处罚等作出了具体的规定，使学校卫生工作走上了法制化的轨道。

为推动学校卫生工作的顺利开展，教育部、国务院及卫生行政部门还制定了一系列规章。1999 年卫生部根据 WHO《健康促进学校发展纲要》制定了《健康促进学校工作指南》。2003 年 7 月，国务院办公厅转发了教育部、卫生部《关于加强学校卫生防疫与食品卫生安全工作的意见》。2009 年 11 月，教育部、卫生部联合发布了《学校甲型 H1N1 流感防控工作方案》。2010 年 9 月，卫生部、教育部联合发布了《托儿所幼儿园卫生保健管理办法》。2015 年 7 月 15 日，国家卫生计生委办公厅、教育部办公厅联合发出《关于建立疫情通报制度进一步加强学校艾滋病防控工作的通知》。2019 年 2 月，教育部、国家市场监督管理总局、国家卫生健康委制定《学校食品安全与营养健康管理规定》。

根据卫生保健的要求，国家还批准颁布了一系列学校卫生国家标准，包括：《中小学校建筑设计规范》（GBJ99–1986）、《中小学校教室采光和照明卫生标准》（GB 7793–1987）、《学校课桌椅卫生标准》（GB 7792–1987）等。

二、学校卫生工作要求

根据《学校卫生工作条例》，学校卫生工作的主要任务是监测学生的健康状况；对学生进行健康教育，培养学生良好的卫生习惯；改善学校卫生环境和教学卫生条件；加强对传染病、学生常见病的预防和治疗。

（一）教学过程卫生

1. 教学和作息时间。教学过程要严格遵守卫生保健原则，根据学生年龄，合理安排教学进度和作息时间，使学生的学习能力能保持在最佳状态。学生每日学习时间（包括自习），小学不超过 6 个学时，中学不超过 8 个学时，大学不超过 10 个学时。学校还必须保证学生有课间休息时间，课间休息时间应当至少保持 10 分钟。学校或者教师不得以任何理由和方式，增加授课时间和作业量，加重学生学习负担。

【扩展资料】 中小学校开展减负措施改革

2018 年底，教育部等九部门联合印发《中小学生减负措施》（以下简称《措施》），以习近平新时代中国特色社会主义思想为指导，贯彻落实党的教育方针，坚持社会主义办学方向，遵循教育规律，落实立德树人根本任务，明确并强化政府、学校、校外培训机构、家庭等各方责任，推进育人方式改革，发展素质教育，扭转不科学的教育评价导向，引导全社会树立科学教育质量观和人才培养观，促进中小学生健康成长，培养德智体美劳全面发展的社会主义建设者和接班人。

为切实减轻违背教育教学规律、有损中小学生身心健康的过重学业负担，《措施》严控书面作业总量。小学一二年级不布置书面家庭作业，三至六年级家庭作业不超过 60 分钟，初中家庭作业不超过 90 分钟，高中也要合理安排作业时间。此外，《措施》还倡导学生积极开展实践锻炼。组织学生参加文体活动，培养运动兴趣，确保每天锻炼 1 小时，条件允许的情况下尽量安排在户外。教育学生坐立行读写姿势正确，认真做好广播操和眼保健操。加强劳动生活技能教育，指导学生参与社会实践，乐于科学探索，热心志愿公益服务。

2. 劳动卫生。学校应当根据学生的年龄，组织学生参加适当的劳动，安排适当的劳动工种和劳动量。对参加劳动的学生，要进行安全生产教育，严格遵守操作规程。普通中小学校组织参加劳动，不得让学生接触有毒有害物质或者从事不安全工作作业，不得让学校参加夜班劳动。普通高等学校、中等专业学校、技工学校、农业学校、职业中学学生参加生产劳动，接触有毒有害物质的，按照国家规定，提供保健待遇。学校应当定期对他们进行体格检查，加强卫生防护。学校在安排体育课以及劳动等体力活动时，应当注意女学生的生理特点，给予必要的照顾。

3. 体育卫生。学校保证学生每天至少有 1 个小时的体育活动时间，体育成绩及格率在 85% 以上。学校要根据学生的生理承受能力和体质健康状况，合理安排适合学生的运动项目和运动强度，防止发生伤害事故。此外，应注意女学生的生理特点，给予必要的照顾。

（二）教学设施卫生

1. 学校教学建筑、环境噪声、室内微小气候、采光、照明等环境质量以及黑板、课桌椅的设置应当符合国家有关标准。

2. 新建、改建、扩建校舍，其选址、设计应当符合国家的卫生标准，并取得当地卫生行政部门的许可。竣工验收应当有当地卫生行政部门参加。

3. 学校应当按照有关规定为学生设置厕所和洗手设施。寄宿制学校应当为学生提供相应的洗漱、洗澡等卫生设施。

4. 学校应当为学生提供充足的符合卫生标准的饮用水。

5. 学校体育场地和器材应当符合卫生和安全要求。

（三）学生卫生保健

1. 学校应当把健康教育纳入教学计划。普通中小学必须开设教育健康教育课；普通高等学校、中等专业学校、技工学校、农业中学、职业中学应当开设健康教育选修课或者讲座。学校应当开展学生健康咨询活动，通过有目的、有计划地向在校学生传授卫生保健知识和技术，强化卫生意识，树立卫生观念，提高自我保健能力。

2. 学校应当根据条件定期对学生进行健康检查。有条件的应每年对中、小学生作一次体检；暂时无条件的地区可在学生进入初小、高小及初中时，各进行一次，初中及高中毕业时再进行一次。大学要认真做好新生入学体检复查工作。

3. 学校应当建立学生健康管理制度。根据条件定期对学生进行体格检查，建立学生体质健康卡片，纳入学生档案。学校对体格检查中发现学生有器质性疾病的，应当配合学生家长做好转诊治疗。学校对残疾、体弱学生，应当加强医学照顾和心理卫生工作。

（四）学校饮食卫生

学校应当认真贯彻执行食品卫生法律、法规，加强饮食卫生管理，办好学生膳食，加强营养指导。学校食堂的卫生管理，必须坚持预防为主的方针，实行卫生行政部门监督指导、教育行政部门管理督查、学校具体实施的工作原则。各级教育行政部门应将食品卫生安全管理工作纳入对学校的考核指标，学校应建立主管校长负责制，配备专职的食品卫生管理人加强学校食堂的卫生管理，防止食物中毒或者其他食源性疾病事故发生。

〔疑难案例〕 学生午餐中毒谁负责？

某镇第一小学为方便学生午间管理，从 2010 年 9 月 1 日开始每月向每名学生收取 180 元午餐费，在中午统一为学生配发午餐，午餐由镇里一家名为"好又来"的饭店提供。2011 年 4 月 15 日该小学 302 名学生吃完学校统一配发的午餐（均为芹菜牛肉、白菜、芸豆、米饭）后 1 小时左右开始陆续出现恶心、呕吐、腹痛、腹泻等症状，经及时治疗，302 名学生于 2011 年 4 月 18 日全部好转出院。卫生行政部门在接到食物中毒报告后立即组织卫生监督员和检验员赶到现场调查取证，在一份混合午餐（芹菜牛肉、白菜、芸豆、米饭）中检出大肠杆菌，同时对提供午餐的"好又来"饭店进行流行病学调查发现：在加工学生午餐的操作间里盛器、刀、砧生熟部分交叉感染，无消毒设施和措施。对饭店操作间采样 10 件，其中大肠杆菌显示阳性的有 8 件，事后 302 名学生于 2011 年 5 月 2 日集体提出诉讼，要求学校赔偿 3.85 万元人民币。而学校认为食物不是自己生产，在食物中毒事件中不存在过错，所以，不应该承担法律责任。

【案例评析】本案性质属于学校食物中毒事故。某镇第一小学为方便学生午间管理，向学生收取午餐费，在中午统一为学生配发午餐，午餐由一家名为"好又来"的饭店提供，即属于学校通过从供餐单位订餐的形式集中向学生提供食品的行为，本质上就是学校卫生监管范围。在学校管理的校内供餐单位提供的集体用餐导致 302 名学生发生食物中毒，根据《学校食物中毒事故行政责任追究暂行规定》第 5 条的规定，本案虽未出现死亡病例，但一次中毒已达 100 人以上，应属于较大学校食物中毒事故。根据相关法律规定，学校的主要负责人是学校食品卫生管理的第一责任人，发生较大学校食物中毒事故，追究直接管理责任人和学校主管领导的责任。应当依据食品安全法和相关规定，对直接负责的主管人员和其他直接责任人员，给予相应的处分；构成犯罪的，依法移送司法机关处理。同时，对承包经营单位和集体用餐配送单位不履行或不正确履行食品卫生职责，造成学校发生食物中毒事故的，依法追究法律责任。

（五）学校疾病预防与控制

1. 学校应当认真贯彻执行传染病防治法律法规，做好急、慢性传染病的预防和控制管理工作，同时做好地方病的预防和控制管理工作。

2. 学校要建立、健全本单位传染病等突发公共卫生事件的发现、收集、汇总与报告管理工作制度，指定专人或兼职教师负责本单位传染病疫情等突发公共卫生事件、因病缺勤等健康信息的收集、汇总和报告工作。

三、学校卫生工作的监督与管理

（一）学校卫生工作的监管主体与职责

教育行政部门负责学校卫生工作的监督指导。县级以上卫生行政部门对学校卫生工作行使监督权，包括对校舍的选址、设计，影响学生健康的学习、生活、劳动、环境、食品等方面的卫生、传染病防治工作，以及对学生使用的文具、娱乐器具、保健用品等实行卫生监督。

（二）中小学卫生保健机构

经卫生行政部门批准，可以成立区域性的中小学生卫生保健机构，专门调查研究本地区中小学生体质健康状况，开展中小学生常见疾病的预防与矫治，并对中小学卫生技术人员进行技术培训和业务指导。

（三）其他学校卫生管理机构

普通高等学校、中等专业学校、技工学校和规模较大的农业中学、职业中学、普通小学可以设立学校卫生管理机构，管理学校的卫生工作，按学生人数 600∶1 的比例配备专职卫生技术人员。

四、法律责任

（一）违反《学校卫生工作条例》的法律责任

1. 未经卫生行政部门许可新建、改建、扩建校舍的，由卫生行政部门对直接责任单位或个人给予警告并责令停止施工或者限期改建。

2. 学校环境设施不符合国家有关标准的，由卫生行政部门对直接责任单位或个人给予警告并责令限期改进；情节严重的，可以同时建议教育行政部门给予行政处分。

3. 在组织学生参加劳动时违反学校卫生有关规定致使学生健康受到损害的，由卫生行政部门对直接责任单位或个人给予警告，责令限期改进。

4. 供学生使用的文具、娱乐玩具、保健品，不符合国家有关卫生标准的，由卫生行政部门对直接责任单位或个人给予警告；情节严重的，可以会同工商行政部门没收其不符合国家卫生标准的物品，并处以非法所得两倍以下罚款。

5. 拒绝或者妨碍学校卫生监督员依照《学校卫生工作条例》实施卫生监督的，由卫生行政部门对直接责任单位或个人给予警告；情节严重的，可以建议教育行政部门给予行政处分或处以 200 元以下的罚款。

（二）违反《托儿所幼儿园卫生保健管理办法》的法律责任

1. 托幼机构有下列情形之一的，由卫生行政部门责令限期改正，通报批评；逾期不改的，给予警告；情节严重的，由教育行政部门依法给予行政处罚：（1）未按要求设立保健室、卫生室或者配备卫生保健人员的；（2）聘用未进行健康检查或者健康检查不合格的工作人员的；（3）未定期组织工作人员健康检查的；（4）招收未经健康检查或健康检查不合格的儿童入托幼机构的；（5）未严格按照《托儿所幼儿园卫生保健工作规范》开展卫生保健工作的。卫生行政部门应当及时将处理结果通报教育行政部门，教育行政部门将其作为托幼机构分级定类管理和质量评估的依据。

2. 托幼机构未取得《医疗机构执业许可证》擅自设立卫生室，进行诊疗活动的，按照《医疗机构管理条例》的有关规定进行处罚。

3. 托幼机构未按照规定履行卫生保健工作职责，造成传染病流行、食物中毒等突发公共卫生事件的，由卫生行政部门、教育行政部门依据相关法律法规给予处罚。县级以上医疗卫生机构未按照规定履行职责，导致托幼机构发生突发公共卫生事件的，由卫生行政部门依据相关法律法规给予处罚。

［疑难案例］　幼儿园食堂从业人员没有健康合格证可以上岗吗？

某区卫生行政部门对某幼儿园食堂进行现场卫生监督检查。检查过程中发现，正在幼儿园厨房烧菜的 2 名厨师刘某、钱某没有健康证。卫生行政部门派出的卫生监督员制作了现场检查笔录，对厨师刘某、钱某制作了询问笔录，幼儿园食堂负责人及其幼儿园园长分别承认厨师刘某、钱某没有健康证的事实。

【案例评析】这是一起典型的违反《食品安全法》《学校卫生工作条例》《托儿所幼儿园卫生保健管理办法》的相关规定，不按规定进行健康检查，无健康合格证从事食品生产的案件。《食品安全法》的规定，食品生产经营人员每年应当进行健康检查，取得健康合格证后方可参加工作。根据《学校卫生工作条例》和《托儿所幼儿园卫生保健管理办法》的规定，托幼机构的建筑、设施、设备、环境及提供的食品、饮用水等应当符合国家有关卫生标准、规范的要求；设有食堂提供餐饮服务的，应当按照《食品安全法》、《食品安全法实施条例》以及有关规章的要求，认真落实各项食品安全要求。作为幼儿园来说，应当认真贯彻执行食品安全法律法规，加强饮食安全管理，办好学生膳食，为学生提供优质安全的食品，保障身体健康。学校食堂与学生集体用餐的安全管理，必须坚持预防为主的工作方针，建立健全食品安全管理制度。本案中，幼儿园使用没有健康证的厨师，显然违反了相关法律制度，卫生行政部门应当对其做出相应的行政处罚。

第三节　生活饮用水管理法律制度

生活饮用水，是指供人生活的饮用水和生活用水，是人们日常生活必不可少的基本物质。生活饮用水卫生直接关系到人民群众的身体健康。防止介水传染病的发生、暴发和流行，一直是我国生活饮用水卫生监督管理的重要内容。

一、生活饮用水管理的立法概况

（一）生活饮用水卫生标准立法

我国生活饮用水卫生立法是从标准起步的。生活饮用水卫生标准是从保护人群身体健康和保证人类生活质量出发，对饮用水中与人群健康的物理、化学和生物等各种因素，以法律形式作的量值规定，以及为实现量值所作的有关行为规范的规定，经国家有关部门批准，以一定形式发布的法定卫生标准。

1985 年卫生部发布了我国第一个生活饮用水国家标准《生活饮用水卫生标准》（GB 5749-1985）；2006 年底，卫生部会同各有关部门完成了对 1985 年版标准的修订工作，并正式颁布了新版《生活饮用水卫生标准》（GB5749-2006），自 2007 年 7 月 1 日起全面实施；2022 年 8 月，住房和城乡建设部办公厅、国家发展改革委办公厅、国家疾病预防控制局综合司发布的《关于加强城市供水安全保障工作的通知》提出，自 2023 年 4 月 1 日起，城市供水全面执行《生活饮用水卫生标准》（GB 5749-2022）。为促进农村改水事业的发展，全国爱国卫生运动委员会和卫生部还发布了《农村实施〈生活饮用水卫生标准〉准则》，为农村居民点集中式给水和分散式给水提出了水质分级的技术要求。

生活饮用水卫生标准规定了生活饮用水水质卫生要求、生活饮用水水源水质卫生要求、集中式供水单位卫生要求、二次供水卫生要求、涉及生活饮用水卫生安全产品卫生要求、水质监测和水质检验方法，适用于城乡各类集中式供水的生活饮用水，也适用于分散式供水的生活饮用水。

（二）生活饮用水卫生规范与监督

为落实执行生活饮用水卫生标准，原卫生部制定了一系列附件规范，具体包括《生活饮用水水质卫生规范》《生活饮用水输配水设备及防护材料卫生安全评价规范》《生活饮用水化学处理剂卫生安全评价规范》《生活饮用水水质处理器卫生安全与功能评价规范》《生活饮用水集中式供水单位卫生规范》《涉及饮用水卫生安全产品生产企业卫生规范》《生活饮用水检验规范》等。

为了保障生活饮用水卫生，卫生行政部门严格按照法律规定对生活饮用水卫生进行监督，保证生活饮用水符合国家卫生标准。1996 年 9 月 1 日，建设部、卫生部合发布了《生活饮用水卫生监督管理办法》（以下简称《监督管理办法》）。2010 年 2 月 12 日，卫生部对《监督管理办法》进行了修正；2016 年 4 月 17 日，住房城乡建设部、国家卫生计生委发布修改后的《监督管理办法》，自 2016 年 6 月 1 日起施行。

（三）传染病防治法针对饮用水卫生的规定

1989 年通过的《传染病防治法》要求地方各级人民政府改善饮用水卫生条件，规定供水单位供应的饮用水必须符合国家规定的卫生标准，并设置了相应的法律责任。1991 年的《传染病防治法实施办法》，在生活饮用水卫生上作了进一步规定，要求集中式供水必须符合国家《生活饮用水卫生标准》。各单位自备水源，未经城市建设部门和卫生行政部门批准，不得与城镇集中式供水系统连接；饮用水水源附近禁止有污水池、粪堆（坑）等污染源；禁止在饮用水水源附近洗刷便器和运输粪便的工具等。2004 年修订的《传染病防治法》，对生活饮用水卫生作出了新的规定：饮用水供水单位供应的饮用水和涉及饮用水卫生安全的产品，应当符合国家卫生标准和卫生规范。饮用水供水单位从事生产或者供水活动，应当依法取得卫生许可证，并明确规定县级以上人民政府卫生行政部门负责对饮用水供水单位从事生产或者供水活动以及涉及饮用水卫生安全的产品进行监督检查。

二、生活饮用水水源保护

饮用水水源地必须设置水源保护区。根据《水污染防治法》规定，我国实行饮用水水源保护区制度。

（一）饮用水水源保护区的划定

饮用水水源保护区分为一级保护区和二级保护区；必要时，可以在饮用水水源保护区外围划定一定的区域作为准保护区。根据法律规定，饮用水水源保护区的划定权限和程序如下：

1. 一般饮用水水源保护区的划定。由有关市、县人民政府提出划定方案，报省、自治区、直辖市人民政府批准。

2. 跨市、县饮用水水源保护区的划定。由有关市、县人民政府协商提出划定方案，报省、自治区、直辖市人民政府批准；协商不成的，由省、自治区、直辖市人民政府环境保护主管部门会同同级水行政、国土资源、卫生、建设等部门提出划定方案，征求同级有关部门的意见后，报省、自治区、直辖市人民政府批准。

3. 跨省、自治区、直辖市的饮用水水源保护区的划定。由有关省、自治区、直辖市人民政府协商有关流域管理机构划定；协商不成的，由国务院环境保护主管部门会同同级水行政、国土资源、卫生、建设等部门提出划定方案，征求国务院有关部门的意见后，报国务院批准。

（二）饮用水水源保护区的禁止性规定

为确保饮用水安全，有关地方人民政府在饮用水水源保护区的边界设立明确的地理界标和明显的警示标志，并根据《水污染防治法》规定，对不同级别的饮用水水源保护区施行有针对性的禁止性措施。

1. 在饮用水水源保护区内，禁止设置排污口。

2. 禁止在饮用水水源一级保护区内新建、改建、扩建与供水设施和保护水源无关的建设项目；已建成的与供水设施和保护水源无关的建设项目，由县级以上人民政府责令拆除或者关闭。禁止在饮用水水源一级保护区内从事网箱养殖、旅游、游泳、垂钓或者其他可能污染饮用水水体的活动。

3. 禁止在饮用水水源二级保护区内新建、改建、扩建排放污染物的建设项目；已建成的排放污染物的建设项目，由县级以上人民政府责令拆除或者关闭。在饮用水水源二级保护区内从事网箱养殖、旅游等活动的，应当按照规定采取措施，防止污染饮用水水体。

4. 禁止在饮用水水源准保护区内新建、扩建对水体污染严重的建设项目；改建建设项目，不得增加排污量。县级以上地方人民政府应当根据保护饮用水水源的实际需要，在准保护区内采取工程措施或者建造湿地、水源涵养林等生态保护措施，防止水污染物直接排入饮用水水体，确保饮用水安全。

（三）饮用水水源保护区的风险评估与防范

县级以上地方人民政府应当组织环境保护等部门，对饮用水水源保护区、地下水型饮用水源的补给区及供水单位周边区域的环境状况和污染风险进行调查评估，筛查可能存在的污染风险因素，并采取相应的风险防范措施。

饮用水水源受到污染可能威胁供水安全的，环境保护主管部门应当责令有关企业事业单位和其他生产经营者采取停止排放水污染物等措施，并通报饮用水供水单位和供水、卫生、水行政等部门；跨行政区域的，还应当通报相关地方人民政府。

三、生活饮用水卫生管理

（一）生活饮用水卫生要求

《生活饮用水卫生监督管理办法》规定，供水单位供应的生活饮用水必须符合国家生活饮用水卫生标准。根据《生活饮用水卫生标准》，生活饮用水水质应当符合下列基本要求：

1. 生活饮用水中不得含有病原微生物。

2. 生活饮用水中化学物质不得危害人体健康。

3. 生活饮用水中放射性物质不得危害人体健康。

4. 生活饮用水的感官性状良好。

5. 生活饮用水应经消毒处理。

6. 生活饮用水水质应符合常规指标、非常规指标及其限值要求。

（二）生活饮用水卫生管理

根据《监督管理办法》，生活饮用水的卫生管理应做到：

1. 供水单位供应的饮用水必须符合国家生活饮用水卫生标准。

2. 集中式供水单位取得工商行政管理部门颁发的营业执照后，还应当取得县级以上地方人民政府卫生计生主管部门颁发的卫生许可证，方可供水。

3. 供水单位报建、改建、扩建的饮用水供水工程项目，应当符合卫生要求，选址和设计审查、竣工验收必须有建设、卫生计生行政主管部门参加。新建、改建、扩建的城市公共饮用水供水工程项目由建设行政部门负责组织选址、设计审查和竣工验收，卫生计生主管部门参加。

4. 供水单位应建立饮用水卫生管理规章制度，并配专职或兼职人员负责饮用水卫生管理。

5. 集中式供水单位必须有水质净化消毒设施及必要的水质检验仪器、设备和人员，对水质进行日常性检验，并向当地人民政府卫生计生主管部门和建设行政主管部门报送检测资料。城市自来水供水企业和自建设施对外供水的企业，其生产管理制度的建立和执行、人员上岗的资格和水质日常检测工作由城市建设行政部门负责管理。

6. 直接从事供、管水的人员必须取得体检合格证后方可上岗工作，并每年进行一次健康检查；直接从事供、管水的人员，未经卫生知识培训不得上岗工作。

7. 生产涉及饮用水卫生安全产品的单位和个人，必须取得卫生许可批准文件后，方可生产和销售。

8. 饮用水水源地保护区内严禁修建任何可能危害水源水质卫生的设施及一切有碍水源水质卫生的行为。

9. 二次供水设施选址、设计、施工及所用材料，应保证不使饮用水水质受到污染，并有利于清洗和消毒；各类蓄水设施要加强卫生防护，定期清洗和消毒。

10. 当饮用水被污染可能危及人体健康时，有关单位或责任人应立即采取措施，消除污染，并向当地人民政府卫生计生主管部门和建设行政主管部门报告。

〔疑难案例〕 污染生活饮用水后应如何处理？

2010 年 4 月 14 日，某家具有限公司为方便处理废硝基稀料（俗称香蕉水），将 2 桶约 0.5 吨废香蕉水免费送给员工常某。常某将香蕉水带回家中，埋在自己预先挖好的自留地坑里。2010 年 5 月期间由于木桶破裂造成两桶香蕉水泄漏，香蕉水经地下水渗透到邻居王某家的井水中，致使王某家的井水不能使用。在王某与常某多方交涉无果的情况下，王某向市环保局投诉，要求常某给予 4000 元的经济赔偿。环保局调查取证后，分析结果为：王某家的井水化学耗氧量浓度达到 4040mg/L，油的浓度达 56mg/L，严重超过生活用水标准。于是环保局对常某作出如下处罚：第一，罚款 5000 元；第二，赔偿王某各项损失 3000 元；第三，负责将王某家的井水抽干换水，直至井水各项指标达到生活有水的标准为止。

【案例评析】生活饮用水是供人生活的饮水和用水。王某家的井水是供家庭成员的饮水和用水，属于生活饮用水。根据《生活饮用水标准》（GB 5749-2022）关于生活饮用水水质的基本要求，生活饮用水中化学物质不应危害人体健康。本案中常某对废硝基稀料（俗称香蕉水）保管不善，导致该化学物质经地下水渗透到邻居王某家的井水中。经水质监测结果显示，王某家的井水已经不符合生活饮用水标准。根据《水污染防治法》第96条第1款规定："因水污染受到损害的当事人，有权要求排污方排除危害和赔偿损失。"王某对家中井水受污染的损害，有权要求常某排除危害和赔偿损失。另根据《水污染防治法》第77条规定，某家具有限公司有作为储存危险化学品的主体，应当采取措施防止危险化学品直接排入水体。因此，饮用水卫生监督机构应对某家具有限公司未妥善处理危险化学品，致使生活饮用水污染的行为予以行政处罚。

四、生活饮用水卫生监督

（一）饮用水卫生的行政监督

1. 饮用水卫生行政监督机构。国家对供水单位和涉及饮用水卫生安全的产品实行卫生许可制度。县级以上人民政府卫生计生主管部门负责本行政区域内饮用水卫生监督监测工作。饮用水卫生监督管理的对象包括：集中供水、二次供水单位，涉及饮用水卫生安全的产品。

2. 卫生行政部门的监督职责。（1）对新建、改建和扩建的集中式供水项目，参加其项目选址、工程设计审查和竣工验收，并进行预防性卫生监督，办理供水单位的卫生许可证；（2）对本行政区域内饮用水水源水质进行定期监测和评价，开展经常性卫生监督检测和卫生技术指导；（3）负责本行政区域内饮用水污染事故对人体健康影响的调查，参与事故处理，控制介水传播疾病；（4）对供水人员进行健康检查，指导卫生知识培训，核发健康合格证和开展培训考核工作；（5）对涉及饮用水卫生安全产品，进行安全卫生评价，核发批准文件；（6）对有关单位执行生活饮用水卫生法规、规章和标准情况进行监督检查，对违反规定的单位和个人进行行政处罚。

（二）医疗卫生单位的报告责任

医疗卫生单位发现因饮用水污染出现的介水传染病或化学中毒病例时，应及时向当地人民政府卫生行政部门和疾病预防控制机构报告。

（三）生活饮用水卫生监督员

县级以上卫生行政部门设饮用水卫生监督员，负责饮用水卫生监督工作。县级卫生行政部门可聘任饮用水卫生检查员，负责乡镇饮用水卫生检查工作。

铁道、交通、民航的饮用水卫生监督员，可由其上级行政部门聘任并发给证书。

（四）其他责任主体的报告责任

当饮用水被污染，可能危及人体健康时，有关单位或责任人应立即采取措施，消除污染，并向当地人民政府卫生行政部门和住房和城乡建设主管部门报告。

县级以上地方人民政府卫生行政部门负责本行政区域内饮用水污染事故对人体健康影响的调查。当发现饮用水污染危及人体健康，须停止使用时，卫生行政部门对二次供水单位应责令其供水；对集中式供水单位应当会同住房和城乡建设主管部门报同级人民政府批准后停止供水。

五、法律责任

（一）饮用水不符合国家卫生标准的法律责任

《传染病防治法》第73条规定，饮用水供水单位供应的饮用水不符合国家卫生标准和卫生规范，导致或者可能导致传染病传播、流行的，由县级以上人民政府卫生行政部门责令限期改正，没收违法所得，可以并处5万元以下的罚款；已取得许可证的，原发证部门可以依法暂扣或者吊销许可证；构成犯罪的，依法追究刑事责任。

《刑法》第330条规定，违反传染病防治法的规定，供水单位供应的饮用水不符合国家规定的卫生标准，引起甲类传染病传播以及依法确定采取甲类传染病预防、控制措施的传染病传播或者有传播严重危险的，处3年以下有期徒刑或者拘役；后果特别严重的，处3年以上7年以下有期徒刑。

（二）安排未取得体检合格证人员上岗的法律责任

根据《监督管理办法》规定，集中式供水单位安排未取得体检合格证的人员从事直接供、管水工作或安排患有有碍饮用水卫生疾病的或病原携带者从事直接供、管水工作的，县级以上地方人民政府卫生计生主管部门应当责令限期改正，并可对供水单位处以20元以上1000元以下的罚款。

（三）其他相关违法行为的法律责任

《监督管理办法》规定，有下列情形之一的，县级以上地方人民政府卫生计生主管部门应当责令限期改正，并可处以20元以上5000元以下的罚款：
（1）在饮用水水源保护区修建危害水源水质卫生的设施或进行有碍水源水质

卫生的作业的；（2）新建、改建、扩建的饮用水供水项目未经卫生行政部门参加选址、设计审查和竣工验收而擅自供水的；（3）供水单位未取得卫生许可证而擅自供水的；（4）供水单位供应的饮用水不符合国家规定的生活饮用水卫生标准的。

［疑难案例］　二次供水单位提供的管、供水服务应当符合何种标准？

为了确保居民生活饮用水卫生安全，某市卫生监督所开展了为期1个月的二次供水专项检查工作，检查的重点为从事供、管水人员的资质和培训，以及二次供水设施和设备及水质的情况。经检查发现，某些提供二次供水服务的单位存在以下卫生隐患：一些单位的泵房地面有污水、积水，房顶有蜘蛛网，无防鼠板；一些单位的生活饮用水水箱与消防水箱没有独立分开；还有一些供水水箱锁锈蚀，无法上锁，透气孔纱网生锈破损，水箱观察口有尘土不洁物，水箱内有沉淀物。经现场调查还发现，各单位均建立了管网巡查及二次供水设施日常运转、保养、清洗、消毒等制度，但具体工作没有落实到人；单位职工未落实水箱的定期清洗；职工没有进行过培训，不了解如何彻底清洗、消毒；清洗、消毒、保养记录不完整，也不规范；某些单位从未开展过水质检测。针对监督检查中发现的这些问题，卫生监督所根据《监督管理办法》《二次供水设施卫生规范》，对提供二次供水服务的单位下达了整改意见，并对水质严重不合格的几家单位作出了罚款的决定。

【案例评析】二次供水单位包括居民小区、企事业单位、宾馆饭店、商住楼、写字楼等。二次供水的水质应当符合国家标准，并达到下列要求：（1）资质：二次供水单位应持有二次供水卫生许可证。（2）人员：二次供水单位应有专职供管水人员。直接从事供、管水的人员必须取得体检合格证后方可上岗工作，并每年进行一次健康检查。凡患有痢疾、伤寒、病毒性肝炎、活动性肺结核、化脓性或渗出性皮肤病及其他有碍生活饮用水卫生的疾病或病原携带者，不得直接从事供、管水工作。直接从事供、管水的人员，上岗前须进行卫生知识培训，上岗后每年进行一次卫生知识培训。未经卫生知识培训或培训不合格者不得上岗工作。（3）环境、设施：二次供水设施周围应保持环境整洁，应有很好的排水条件，供水设施应运转正常。设施、设备合格，与饮水接触表面必须保证外观良好，光滑平整，不对饮水水质造成影响。（4）管理制度：二次供水设施的管理部门负责设施的日常运转、保养、清洗、消毒。

管理单位每年应对二次供水设施进行一次全面清洗、消毒，并对水质进行检验，及时发现和消除污染隐患，保证居民饮水的卫生安全。（5）事故处理：发生供水事故时，管理单位必须立即采取应急措施，保证居民日常生活用水，同时报告当地卫生行政部门并协助其进行调查处理。

按照《监督管理办法》、《二次供水设施卫生规范》和相关卫生规范要求，卫生监督部门应作出如下决定：第一，对不符合技术、卫生和安全防范要求的二次供水设施要求彻底改造，如要求对二次供水设施设置独立围护空间，保持供水水箱、蓄水池周边的环境卫生，做到加盖上锁，专人专管。第二，对二次供水单位的维护、保养、清洗、消毒活动加强监管，督促其每年至少一次对二次供水水箱、蓄水池及其他卫生设施进行专业化的清洗、消毒。第三，结合实际，帮助二次供水单位建立可操作性较强的饮用水污染事故应急处置预案。第四，供水单位供应的饮用水不符合国家规定的生活饮用水卫生标准的，责令限期改进，并可处以 20 元以上 5000 元以下的罚款。生活饮用水卫生关系着每个居民的生命、健康，卫生监督部门除了加强监管外，还应调动居民的积极性。如积极开展居民小区、公共场所二次供水卫生情况公示，向居民讲解了二次供水卫生防护的相关知识等。

为解决城镇二次供水服务不规范、水质二次污染风险高等突出问题，住房城乡建设部、国家发展改革委、公安部、国家卫生计生委于 2015 年联合下发通知，要求各地加强和改进城镇居民二次供水设施建设与管理，进一步创新运营机制，多渠道解决资金来源，落实监管责任，推动形成权责明晰、管理专业、监管到位的二次供水设施建设与管理工作新格局，解决好城镇供水"最后一公里"的水质安全问题，目前，这项工作正在稳步推进之中。

第四节　放射卫生监督管理法律制度

放射性同位素与射线装置，作为一种科学技术已广泛应用于生产、生活各个领域。由于放射性同位素与射线的固有特点，决定了它能造福人类，若不注意防护也能伤害人体健康、危害公众安全，因此必须通过立法形式加强管理，保护放射性工作人员与广大公众的健康和安全，促进放射卫生事业的发展。

一、放射卫生监督管理的概述

(一) 放射卫生的基本概念

放射性是不稳定原子核自发放出各种各样的辐射现象，即电离辐射。放射性物质是能产生电离辐射的物质，包括光子辐射物，如 X 射线、Y 射线等；粒子辐射如 α 粒子、β 粒子、中子、质子等。现代社会人们能够接触的放射性物质来源于现代战争、核武器试验、核泄漏事故、职业接触和日常接触等。日常生活中有些消费品因产品功能或制造工艺的需要，将放射性物质作为原料加入其中，或以密封放射源结构装置在内，或采用技术途径使其具有放射性。由于人类活动造成物料、人体、场所、环境介质表面或者内部出现超过国家标准的放射性物质或者射线，造成了放射性污染。放射性污染会对人类健康产生危害，引发白血病、甲状腺癌、肺癌、胃癌、多发性骨髓瘤等致癌效应，遗传效应以及造成免疫系统、消化系统、神经系统、内分泌系统、皮肤、骨骼、造血器官等功能的非随机效应。

(二) 我国放射卫生监督管理的立法概况

为保护广大民众的健康和安全，监督机构依据法规、标准对放射有关的活动进行强制性检查、评价与处理，实施放射卫生监督。我国放射卫生监管的立法起源于 1960 年国务院颁布的《放射性工作人员卫生防护暂行规定》(已废止)。现行有关放射防护的法律法规主要有 2003 年实施的《放射性污染防治法》；2005 年颁行的《放射保护条例》，并于 2014 年 7 月 29 日和 2019 年 3 月 2 日修订；2006 年颁布的《放射性同位素与射线装置安全许可管理办法》，于 2008 年 11 月 21 日和 2017 年 12 月 12 日以及 2021 年 1 月 4 日修正。

根据环境安全要求、国家经济技术条件，国务院环境保护行政部门制定了国家放射性污染防治标准。当前现行的放射防护安全标准主要是 2002 年国家质量监督检验检疫总局发布的《电离辐射防护与辐射源安全基本标准》(GB18871-2002)。

此外，国家鼓励、支持放射性污染防治的科学研究和技术开发利用，开展放射性污染防治的国际交流与合作。1999 年中国政府批准加入了《核安全公约》，成为履约国，并按相应规程多次参加履约活动，提交了国家报告。在放射源监管方面，中国政府向国际社会郑重承诺，遵守国际原子能机构发布的《放射源安全与保安行为准则》。

（三）放射卫生监督原则

为保证国家的卫生方针、政策的实施，防止危害事故和事件发生，保障放射性工作人员和公众的健康和安全，保持良好的环境质量，并进一步促进核能的合理开发利用，放射卫生监督机构根据反射性同位素或射线装置的性质及强度不同，按照分级管理原则，分别划归国家、省、市或县级卫生行政部门管理。

1. 国务院环境保护行政部门对全国放射性污染防治工作依法实施统一监督管理，负责对核设施、铀（钍）矿开发利用中的放射性污染防治进行监督检查。国务院卫生行政部门和其他有关部门依据国务院规定的职责，对有关的放射性污染防治工作依法实施监督管理。

2. 县级以上人民政府将放射性污染防治工作纳入环境保护规划。县级以上地方人民政府环境保护行政部门和同级其他有关部门，在本级行政区域内核技术利用、伴生放射性矿开发利用中的放射性污染防治进行监督检查。县级以上人民政府组织开展有针对性的放射性污染防治宣传教育，对放射性污染防治工作中作出显著成绩的单位和个人给予奖励。

3. 任何单位和个人有权对造成放射性污染的行为提出检举和控告。

二、放射卫生许可制度

国家对放射工作实行卫生许可制度。凡申办放射工作卫生许可证的单位，必须具备下列条件：

1. 建设项目的放射防护设施，经省级卫生行政部门设计审查与竣工验收认可；

2. 有放射性核素准购批件；

3. 涉及放射性废水、废气、固体废物排放的，还应有经环境保护部门批准的环境影响评价文件；

4. 放射工作场所、设施及设备符合国家有关标准和放射防护要求；

5. 有必要的放射防护措施和防护检测仪器设备；

6. 从事放射工作的人员经健康检查，放射防护专业知识和相关法规知识培训合格，持有《放射工作人员证》；

7. 设置放射防护管理机构或组织，配备专职或兼职放射防护管理人员；

8. 从事食品辐照工作加工的单位和个人，必须按所在省级卫生行政部门制定的卫生许可证发放管理办法，取得食品卫生许可证和放射工作许可证方可开展工作；

9. 建立、健全放射防护责任制和放射防护规章制度；

10. 符合放射卫生法规、规章规定的其他要求。

符合上述条件的单位，经省级卫生行政部门审查合格，发放放射工作卫生许可证。放射性工作单位取得行政许可证后，应于 30 日内到当地公安机关申请办理放射工作登记，逾期不办理放射工作登记的，卫生许可证自动失效。单位取得放射工作卫生许可证后，方可从事许可证范围内的放射性工作。

三、放射工作卫生管理制度

（一）放射性危险标志

《放射保护条例》规定，放射性同位素的生产、使用、贮存场所和射线装置的生产、使用、调试和维修场所以及在野外、室外从事放射工作时，必须画出安全防护区，并设置放射性标志。放射性物质和射线装置应当设置明显的放射性标识和中文警示说明；生产、销售、使用、贮存、处置放射性物质和射线装置的场所，以及运输放射性物质和含放射源的射线装置的工具，应当设置明显的放射性标志。

（二）放射性物质管理

1. 贮存管理。放射性核素不得与易燃、易爆、腐蚀性物品同库储存，不能超过储存场所防护设计的最大储量。储存场所必须采取有效的防火、防盗、防泄漏的安全防护措施和报警装置，并指定专人负责保管。储存、领取、使用、归还放射性核素时，要进行登记、检查，做到账物相符。

2. 运输管理。托运、承运、自行运输放射性核素时，按有关运输规定对所运货物进行包装，加贴放射性货包等级标志，并出具由检测机构签发的《放射性物质剂量检查证明书》，经承运单位检验无误后，才可办理运输手续。

3. 购销管理。任何单位和个人购置放射性核素时，事先在当地省级卫生行政部门办理准购批件，凭准购批件才能办理订货、购货及运货手续。销售单位要详细登记销售去向，并报省级卫生行政部门备案；禁止将其转让、调拨、出租给无卫生许可证的单位或个人。

4. 使用管理。放射性工作单位使用的含放射性核素设备或射线装置应定期进行稳定性检测和校正，凡安装、维修和更换与辐射源有关部件后的设备，经检测机构确认合格后，方可启用。

（三）放射性产品管理

1. 生产单位首次生产放射防护器材或者含放射性产品的，应当进行检测。未经检测或者经检测不符合有关标准和卫生要求的放射防护器材与含放射性产品，不得生产、销售、进口与使用。有下列情况之一的，应当进行重新检测：（1）已连续生产两年的产品；（2）进口的每批产品；（3）停产逾一年再投产的产品；（4）设计、生产工艺和原料配比有改变的产品。

2. 对于新研制且结构复杂的放射防护器材，生产单位应当提供两个以上使用单位的试用报告，经检测机构检测，取得《检测报告单》后，方可定型生产、销售。

3. 伴生 X 射线电器产品、天然石材、建筑材料、含磷肥料及其他含放射性产品应当符合有关标准和卫生要求。

（四）放射治疗管理

治疗装置和防护设施必须达到有关技术指标，符合国家卫生标准。放射性治疗装置临床试用、投产前，必须获得许可证件，购买、订购和无偿接受放射性治疗装置的单位，必须具备放射性工作许可证件。对受检者和患者使用放射性同位素进行诊断、治疗、检查时，必须严格控制受照剂量，避免一切不必要的辐射。

（五）放射工作人员健康管理

对已从事和准备从事放射工作的人员，必须接受体格检查，并接受放射防护知识培训和法规教育，合格者方可从事放射工作。放射工作单位必须严格执行国家对放射工作人员个人剂量监测和健康管理的规定。

（六）放射事故管理制度

发生放射事故的单位，必须立即采取防护措施，控制事故影响，保护事故现场，并向县级以上卫生、公安部门报告。对可能造成环境污染事故的，必须同时向所在地环境保护部门报告。

四、放射防护监督管理

（一）监督机构及其责任

1. 县级以上卫生行政部门负责本辖区内放射性同位素与射线装置的放射防护监督。其主要职责是：（1）负责对放射工作监督检查；（2）组织实施放射防护法规；（3）会同有关部门调查处理放射事故；（4）组织放射防护知识的宣传、培训和法规教育；（5）处理放射防护监督中的纠纷。

2. 省级环境保护部门对放射性同位素和含有放射源的射线装置在应用中排放放射性废水、废气、固体废物实施监督。其主要职责是：（1）审批环境影响报告书；（2）对废水、废气、固体废物处理进行审查和验收；（3）对废水、废气、固体废物排放实施监督监测；（4）会同有关部门处理放射性环境污染事故。

3. 县级以上公安部门对放射性同位素应用中的安全保卫实施监督管理。主要职责是：（1）登记放射性同位素和放射源；（2）检查放射性同位素及放射源保存、保管的安全性；（3）参与放射事故处理。

（二）放射防护监督员及其职责

县级以上卫生行政部门设放射防护监督员。放射防护监督员由从事放射防护工作并具有一定资格的专业人员担任，由省级卫生行政部门任命。放射防护监督员有权按照规定对本辖区内放射工作进行监督和检查，并可以按照规定采样和索取有关资料，有关单位不得拒绝和隐瞒，对涉及保密的资料应当按照国家保密规定执行，并负有保密责任。

五、法律责任

1. 对违反《放射保护条例》的单位或者个人，县级以上卫生行政部门，可以视其情节轻重，给予警告并限期改进、停工或者停业整顿，或者处以罚款和没收违法所得，直至会同公安部门给予吊销其许可登记证。

2. 在放射性废水、废气、固体废物排放中造成环境污染事故的单位和个人，由省级环境保护部门，按照国家环境保护法规的有关规定处罚。

3. 发生放射事故的单位或者个人，应当赔偿受害者的经济损失及医学检查治疗费用，并支付处理放射事故的各种费用。但如果能够证明该损害是由受害人故意造成的，不承担赔偿责任。

4. 违反《放射防护条例》而发生放射事故尚未造成严重后果的，可以由公安机关按照《治安管理处罚法》予以处罚；对造成严重后果，构成犯罪的，由司法机关依法追究刑事责任；利用放射性同位素或者射线装置进行破坏活动或者有意伤害他人，构成犯罪的，由司法机关依法追究刑事责任。

〔疑难案例〕 吉林省白山市人民检察院诉白山市江源区卫生和计划生育局、白山市江源区中医院环境公益诉讼案[1]

白山市江源区中医院（以下简称中医院）新建综合楼时，未建设符合环保要求的污水处理设施即投入使用。调查发现中医院通过渗井、渗坑排放医疗污水。经对医疗污水及渗井周边土壤的取样检验，发现化学需氧量、五日生化需氧量、悬浮物、总余氯等均超过国家标准。还发现白山市江源区卫生和计划生育局（以下简称区卫计局）在中医院未提交环评合格报告的情况下，对其《医疗机构职业许可证》校验为合格，且对其违法排放医疗污水的行为未及时制止，存在违法行为。吉林省白山市人民检察院（以下简称市检察院）向白山市中级人民法院（以下简称法院）提起公益诉讼要求：第一，确认被告区卫计局于 2015 年 5 月 18 日为第三人中医院校验《医疗机构执业许可证》的行为违法；第二，判令区卫计局履行法定监管职责，责令其对中医院的医疗污水净化处理设施进行整改；第三，判令中医院立即停止排放医疗污水的违法行为。

法院作出（2016）吉 06 行初 4 号行政判决，确认被告区卫计局于 2015 年 5 月 18 日对第三人中医院《医疗机构执业许可证》校验合格的行政行为违法；责令被告区卫计局履行监管职责，监督第三人中医院在三个月内完成医疗污水处理设施的整改。同日，法院作出（2016）吉 06 民初 19 号民事判决，判令中医院立即停止排放医疗污水的违法行为。一审宣判后，各方均未上诉，判决已经发生法律效力。

【案例评析】法院生效裁判认为，根据《医疗机构管理条例》第 5 条和第 40 条的规定，区卫计局对辖区内医疗机构具有监督管理的法定职责。《吉林省医疗机构审批管理办法（试行）》第 44 条规定，医疗机构申请校验时应提交校验申请、执业登记项目变更情况、接受整改情况、环评合格报告等材料。区卫计局在中医院未提交环评合格报告的情况下，对其《医疗机构执业许可证》校验为合格，违反上述规定，该校验行为违法。中医院违法排放医疗污水，导致周边地下水及土壤存在重大污染风险。区卫计局作为卫生行政主管部门，未及时制止，其怠于履行监管职责的行为违法。中医院通过渗井、

---

[1] 最高人民法院指导案例 136 号。

渗坑违法排放医疗污水，且污水处理设施建设完工及环评验收需要一定的时间，故区卫计局应当继续履行监管职责，督促中医院污水处理工程及时完工，达到环评要求并投入使用，符合《吉林省医疗机构审批管理办法（试行）》第44条规定的校验医疗机构执业许可证的条件。《民法典》规定因污染环境造成损害的，污染者应当承担侵权责任。因污染环境发生纠纷，污染者应当就法律规定的不承担责任或者减轻责任的情形及其行为与损害之间不存在因果关系承担举证责任。本案中，根据公益诉讼人的举证和查明的相关事实，可以确定中医院未安装符合环保要求的污水处理设备，通过渗井、渗坑实施了排放医疗污水的行为。从检测机构的检测结果及检测意见可知，其排放的医疗污水，对附近地下水及周边土壤存在重大环境污染风险。中医院虽辩称其未建设符合环保要求的排污设备系因政府对公办医院投入建设资金不足所致，但该理由不能否定其客观上实施了排污行为，产生了周边地下水及土壤存在重大环境污染风险的损害结果，以及排污行为与损害结果存在因果关系的基本事实。且环境污染具有不可逆的特点，故作出立即停止违法排放医疗污水的判决。

全称简称对照表

【法律】

《中华人民共和国宪法》简称《宪法》

《中华人民共和国民法典》简称《民法典》

《中华人民共和国刑法》简称《刑法》

《中华人民共和国刑事诉讼法》简称《刑事诉讼法》

《中华人民共和国立法法》简称《立法法》

《中华人民共和国行政处罚法》简称《行政处罚法》

《中华人民共和国行政复议法》简称《行政复议法》

《中华人民共和国行政强制法》简称《行政强制法》

《中华人民共和国治安管理处罚法》简称《治安管理处罚法》

《中华人民共和国基本医疗卫生与健康促进法》简称《基本医疗卫生与健康促进法》

《中华人民共和国食品安全法》简称《食品安全法》

《中华人民共和国药品管理法》简称《药品管理法》

《中华人民共和国反食品浪费法》简称《反食品浪费法》

《中华人民共和国标准化法》简称《标准化法》

《中华人民共和国传染病防治法》简称《传染病防治法》

《中华人民共和国献血法》简称《献血法》

《中华人民共和国突发事件应对法》简称《突发事件应对法》

《中华人民共和国职业病防治法》简称《职业病防治法》

《中华人民共和国广告法》简称《广告法》

《中华人民共和国卫生检疫法》简称《卫生检疫法》

《中华人民共和国国境卫生检疫法》简称《国境卫生检疫法》

《中华人民共和国进出口商品检验法》简称《进出口商品检验法》

《中华人民共和国动植物检疫法》简称《动植物检疫法》

《中华人民共和国公务员法》简称《公务员法》

《中华人民共和国劳动法》简称《劳动法》

《中华人民共和国劳动合同法》简称《劳动合同法》

《中华人民共和国精神卫生法》简称《精神卫生法》

《中华人民共和国社区矫正法》简称《社区矫正法》

《中华人民共和国母婴保健法》简称《母婴保健法》

《中华人民共和国人口与计划生育法》简称《人口与计划生育法》

《中华人民共和国妇女权益保障法》简称《妇女权益保障法》

《中华人民共和国未成年人保护法》简称《未成年人保护法》

《中华人民共和国放射性污染防治法》简称《放射性污染防治法》

《中华人民共和国水污染防治法》简称《水污染防治法》

【法规规章】

《中华人民共和国食品卫生管理条例》简称《食品卫生管理条例》（已失效）

《中华人民共和国食品安全法实施条例》简称《食品安全法实施条例》

《中华人民共和国药品管理法实施条例》简称《药品管理法实施条例》

《中华人民共和国进出口食品安全管理办法》简称《进出口食品安全管理办法》

《中华人民共和国政府信息公开条例》简称《政府信息公开条例》

《中华人民共和国国境卫生检疫法实施细则》简称《国境卫生检疫法实施细则》

《中华人民共和国传染病防治法实施办法》简称《传染病防治法实施办法》

《中华人民共和国社区矫正法实施办法》简称《社区矫正法实施办法》

《中华人民共和国母婴保健法实施办法》简称《母婴保健法实施办法》

《放射性同位素与射线装置安全和防护条例》简称《放射保护条例》

《中华人民共和国国境卫生检疫条例》简称《国境卫生检疫条例》（已失效）

《中华人民共和国急性传染病管理条例》简称《急性传染病管理条例》（已失效）

《职业病范围和职业病患者处理办法的规定》（已失效）

《中华人民共和国食品卫生法（试行）》简称《食品卫生法（试行）》（已失效）

【司法解释】

　　《最高人民法院、最高人民检察院关于办理妨害预防、控制突发传染病疫情等灾害的刑事案件具体应用法律若干问题的解释》（法释〔2003〕8号）简称《办理妨害预防、控制突发传染病疫情等灾害的刑事案件的解释》

　　《最高人民法院和最高人民检察院发布的关于办理利用信息网络实施诽谤等刑事案件适用法律若干问题的解释》（法释〔2013〕21号）简称《办理利用信息网络实施诽谤等刑

事案件的解释》

《最高人民法院、最高人民检察院关于办理危害食品安全刑事案件适用法律若干问题的解释》（法释〔2021〕24 号）简称《办理危害食品安全刑事案件的解释》

【机构名称】

中华人民共和国国家卫生健康委员会 简称"国家卫生健康委"

中国疾病预防控制中心 简称"国家疾控中心"

中华人民共和国国家卫生和计划生育委员会 简称"国家卫生计生委"

中华人民共和国国家质量监督检验检疫总局 简称"国家质量监督检验检疫总局"

中华人民共和国农业农村部 简称"农业农村部"